あさ出版
パートナーズ
ASA
PARTNERS

まえがき

私は前作『物語が伝えるもの―『ドラえもん』と『アンデルセン童話』他―』で、物語は想像力を喚起させ、人間の心の真実を伝え、壮大なイメージで世界を見、幸福を追求するものであるということを書きました。

今回の『物語を旅する―夢物語と妖怪物語―』では、夢と妖怪を通して物語が伝えるものを見ていこうと思います。結論から先に言いますと、夢も妖怪も人の心が生み出すものであるということです。「怒り心頭（心の中）に発する」という言葉がありますが、怒りに限らず、全てが心頭に発していると思います。有名なユネスコ憲章の前文の言葉「戦争は人の心の中で生まれるものであるから、人の心の中に平和のとりでを築かなければならない」がそのことを思い出させてくれます。人を愛する思いも、人を憎む思いも、してはいけないことをしたい思いも、全て心の中から出てきます。

心はどこにあるのでしょうか？　長い間、心は心臓にあると考えられてきました。この考え方は、人々の日常経験からきています。胸がときめいたり、痛んだりすることから、心は心臓にあると思えたのです。多くの言語もこの考え方を受けて、心と心臓を同じ言葉で表してきました。ラテン語のcor《コル》、ギリシャ語のcardia《カルディア》、英語のheart《ハート》、ドイツ語のHerz《ヘルツ》、フランス語のcoeur《クール》、イタリア語のcuore《クオーレ》、等です。漢字の「心」も大和言葉の「こころ」もそうです。「心」という漢字は、心臓の形を象った象形文字で、古代中国では心臓の鼓動と精神作用を結びつけて考えていました。「こころ」は、凝《こ》るまたは凝《ここ》るが語源で、凝るとは、同質のものが一つに寄り固まることをいい、心臓もそうしてできた臓器の一つですが、心臓は特に大切な生命の役割を担っていることから、そこに精神も宿ると考えたのです。

しかし、科学が発達し、脳の機能が解明されてくると、心は脳にあるという考え方が大勢を占めるようになりました。では、心は脳のどこにあるのでしょうか？　最新の脳の研究では、心はどこか一定の場所にあるのではなく、脳全体の神経細胞の相互作用と、身体まで加えた総体のダイナミックな相互作用で、脳内に、極めて高度で、複雑な能力を発現し、その過程で、意識や心という現象が創発されていると考えられるようになってきました。

そのようにして生まれてくる心の世界はとても広くて深く、漱石の『三四郎』の広田先生の言葉「日本より、頭の中のほうが広い」や、パスカルの言葉「考えるという一点で、人間は広大な宇宙に優る」が思い出されます。

こうした広く深い心から生まれてくる夢や妖怪の世界が、広く深いものであるのも当然のことのように思われます。物理学者の寺田寅彦は、「化け物は、科学、宗教、芸術のいずれにも通じる世界であり、人が発明、創作した作品の中でも最もすぐれた傑作である」と言っています。この本では、そうした夢や妖怪の物語を多方面から分析し、人間理解に少しでも近づけたらと思っています。

第一章「夢について」では、長い間夢は、神や悪魔のお告げであると考えられていましたが、近代以降は、夢は深層心理の現れであると考えられるようになってきたことを見ていきます。第二章

「夢の考察」では、『邯鄲の夢』、明恵上人の『夢記』、『華厳経』の世界、河合隼雄氏が解き明かす明恵上人の『夢記』、『胡蝶の夢』を取り上げて、夢の考察を行います。第三章「夢の文学」では、アニメ映画『君の名は。』、宮沢賢治の「シグナルとシグナレス」、川端康成の『掌の小説』、夏目漱石の『夢十夜』、黒澤明監督の映画『夢』を取り上げて、それらが伝えているものを見ていきます。第四章「妖怪の造形化」では、どのようにして妖怪が造形されてきたかを知り、第五章「妖怪の意義」では、妖怪は「共同幻想」の一つであり、恐怖を和らげるための工夫であることを見ていきます。また、江戸時代に妖怪ブームがあったことや、妖怪物語を含めた物語の負の面も考察し、現代における異界の意義を考えます。第六章「妖怪物語」では、水木しげる氏の『ゲゲゲの鬼太郎』、真倉翔氏の『地獄先生ぬ〜べ〜』、上田秋成の『雨月物語』、小泉八雲の『怪談』を取り上げて鑑賞し、これらが伝えているものを学びたいと思います。

佐藤　義隆

二〇一八年九月

第一部　夢物語

第一章　夢について

第二章 夢の考察

第三章　夢の文学

第六章　妖怪物語

第一部
夢物語

第一章　夢について

1 日本人と夢

日本人の精神史に、夢は大きな比重を占めてきました。それは、日本語版アルファベットに当たる「いろは歌」と「とりな歌」の両方に夢が出てくることからも肯けます。(注①)「いろは歌」はこうなっています。

色は匂へど　散りぬるを　我が世誰ぞ　常ならむ　有為の奥山　今日越えて浅き夢見じ
酔ひもせず

(色鮮やかで香り豊かな花でさえ散ってしまうのに、この世で一体何が永久恒常であろうか。移ろい行く現象世界の山々を今日も越えて、浅い夢なんか見ないでおこう、酔い痴れることもなく)

「いろは歌」では、夢は、空しい現世の象徴となっています。全ての文字を一回ずつ織り込み、七五調のリズムで中世日本人の世界観・人生観が歌われていて、言葉の遊技としては最高級のもので、弘法大師作と言われ、日本仏教文化の成果の一つであり、長い間親しまれてきました。

ところが明治になると、「いろは歌」は厭世的で暗く、文明開化・富国強兵に相応しくないのではないかという声が出てきて、新いろは歌を作ろうということになり、今となっては作者不詳なのですが、「とりな歌」ができました。「とりな」とは、最初の三文字のことです。全ての文字も織り込み、万葉調の勇壮な歌になっています。

　鳥鳴く声す　夢さませ　見よ明け渡る東《ひんがし》を　空色映えて　沖つ辺に帆舟群れゐぬ　靄《もや》のうち

「いろは歌」が、この世は儚い夢のようなものだが、そんな夢に惑わされないぞと言っているのに対して、「とりな歌」では、夢は儚いには違いないが、夢は単に夢で、ねぼけのようなもので、今の時代は、日本の夜明けなのだから、いつまでもぼうっとしていてはいけない、と言っています。

長い伝統のある和歌にも夢がよく出てきます。『古今集』から小野小町の歌を二首見てみます。

思いつつ寝ればや　人の見えつらむ　夢と知りせば　さめざらましを

（ひたすら思いながら寝ていたので、恋しい人が見えたのでしょう。夢だと知っていたのなら、目覚めずにおいたものを）

うたた寝に　恋しき人を見てしより　夢てふものは　たのみそめてき

（うたた寝の夢に恋しい人を見てからは、夢というものにまで、期待し始めるようになりました）

都都逸にも夢がよく出てきます。江戸時代、都都逸は花柳界を中心に発達したもので、題材は「恋」と「寝る」が殆どなので、当然夢がよく出てきます。リズムは七七七五です。

夢に逢うのが　只々うれし　夢に浮き名は　立たぬ故

夢に見るようじゃ　惚れようが足らぬ　本当に惚れたら　眠られぬ

落語にも夢はよく出てきます。船頭が機転をきかせてかどわかされた娘を救いだし、お礼に二十両貰ったところで眼が覚める「夢金《ゆめきん》」や、財布を拾ったのは夢だったことにして夫を真面目に働かせ、店を持つまでにさせた魚の行商人の妻の話である「芝浜」等がありますが、少し詳しく紹介したい落語に「心眼」があります。これは盲人の悲哀を主題にした大変奥行きのある話です。

按摩の梅喜は幼い頃に失明しました。だから、まだ目が見えていた頃の世界の印象は心の底に懐かしく焼きついていました。梅喜は盲目という障害はあったものの、なかなかの美男で、仕事の腕もしっかりしていたので、花柳界等にも顧客を多く持っていました。家へ帰れば、優しくて気のつく妻もおり、それなりに満ち足りていました。しかしある日梅喜は盲目であるという理由で、ひどい蔑みを受けます。そこで、悔しさと、昔見た世界への憧れとで、何とかして目が見えるようになりたいという思いが募り、信心を始めました。やがて満願の日、最後の祈禱を捧げると、思いが天に通じ、目が見えるようになりました。早速妻にも知らせようと、家へ帰る道々、懐かしく風景を見ていると、友人に出会いました。喜び合いながら、ふと友人に、妻はどんな顔をしているのかと尋ねると、気立てはいいが、顔の方は、と言います。また行くと、馴染みの客の芸者に会いました。芸者も彼の幸せを喜んでくれましたが、あろうことか、彼を口説いたのです。先程の友人の言葉もあって、彼は芸者の口説きに応じてしまいます。そして遂には邪魔者の妻を殺す密議をこらすまでになります。梅喜は家へ帰り、叫び声、うめき声の修羅場を迎えます。「あんた、どうしたんだい、そんなにうなされて」と、優しい妻の声がします。我に返れば、盲目のままの目覚めでした。「ああ、夢だったのか。恐ろしい夢だった。しかし、めくらというものは不思議なものだ、眠っている間はよく見える」で終わります。

「心眼」を書いたのは、人情噺「文七元結」で有名な三遊亭圓朝で、圓朝は江戸末期から明治にかけての名人で、演者としてだけではなく、創作者としても天才でした。江戸落語の完成者であると同時に、明治新文学や海外翻訳小説も摂取しています。二葉亭四迷が『浮雲』を書く際に圓朝の落語口演筆記を参考にしたとされ、明治の言文一致運動にも大きな影響を及ぼしました。現代日本語の祖とも言われています。「心眼」は、盲人と夢という設定で、夢という不思議な精神作用の中、初めは哀切な願望が、やがて醜い欲望へ変わる人間の弱さや、落ちの諦観の黒い笑いなど、ドラマとしても優れています。ジイドの『田園交響曲』と主題がよく似ています。

2 夢は神や悪魔のお告げ（古代～近代）

夢で見る不思議な物語には、どんな意味があるのでしょうか？

夢は未来のことを教えてくれたり、病気を癒してくれたりする力を持っているように思われ、昔から人々は夢を人生の指針にしてきた面があります。

古代から近代までの人々は、夢は神や悪魔のお告げであると考えることが多かったようです。人食い人種に追われ、その槍に穴が開いている夢を見て、ミシンを発明したとか、十八世紀の音楽家タルティーニの「悪魔のトリル」は、夢の中で悪魔が弾いてくれた曲を譜面に写したものだとかいう話が伝わっています。

また、大天使ガブリエルが、イエスを身籠ることをマリアに告げる「受胎告知」の夢は有名です。『聖書』中の最大の夢は、世の終わる様子について告げる「黙示録」が有名ですが、『聖書』では、神の意志は神によって啓示された律法に示され、預言者の夢や幻視によって補われます。夢は神と交わる回路なのです。

古代ギリシャでは、夢はゼウスや夢の神オネイロス、夢の分析の神アスクレピオスによって人々に送られてくるものだと考えられていました。ホメロスによると、夢たちはオケアノス（大洋）の西に住んでいました。そこは太陽の沈むところで、死の国の隣にありました。夜になると、夢たちはそこから人間界に飛来していたとあります。そして、アスクレピオスの神殿に籠って眠り、夢を授かると病気が治ると信じられていました。

日本でも神々の夢のお告げを得るために、神に祈って清めた寝床に寝たことが『古事記』『日本書紀』『風土記』等に書かれています。これが後に法隆寺等の「夢殿」に発展していきました。寺に籠って、夢で仏様に会う努力もしました。有名なのが長谷寺の「わらしべ長者」の話ですね。簡単にあらすじをまとめておきます。

昔、ある貧しい男が、長谷の観音様にお籠りをすると、夢に、明朝一番に手に掴《つか》んだものを大切にしなさいというお告げがありました。男は、朝起きて寺の門を出た途端、躓《つまず》いて転び、その拍子に道に落ちていた一本のわらしべ（わら）を拾いました。つまらないものを拾ったものだと思いましたが、夢のお告げなので、大切に持って歩いて行きました。虻《あぶ》がうるさく顔のまわりを飛ぶので、捕まえてわらしべに結び、ぶんぶん飛び回らせながら歩いて行くと、貴人の子どもと家来に出会いました。子どもは、わらしべに結んだ虻を面白がり、欲しいというので、みかん三つと交換しました。また行くと、疲れて座り込んでいるお姫様の一行に出会いました。みかんを差し上げると、お礼に絹の布をくれました。さらに行くと、馬が倒れて立ち往生している人に出会いました。そんな馬でも構わないからと布と交換すると、やがて馬は息を吹き返したので、馬を連れて歩いて行くと、武家屋敷で呼び止められ、これは名馬だということで、大金で買ってくれました。こうして男は金持ちになり、幸せになりました。

夢のお告げで長者になった物語でもう一つ有名なものとしては、「だんぶり長者」というのがあります。これは観音様のお告げではなく、一人の老人がある娘の夢に現れて、お告げをする話です。あらすじは次の通りです。

昔、出羽国の独鈷《とっこ》村（現在の秋田県大館市比内町独鈷）に気立ての良い娘がいました。ある夜、娘の夢に老人が現れ、「川上に行けば夫となる男に出会うだろう」と告げました。お告げ通り、娘は川上の小豆沢（現在の鹿角《かづの》市八幡平小豆沢）で一人の男に出会い、夫婦となって貧しいながらも仲睦まじく暮らしました。ある年の正月、また老人が夢に現れ、「もっと川上に住めば徳のある人になるだろう」と告げたので、夫婦は川をさかのぼり、米代川の源流に近い田山村（現在の岩手県八幡平市田山）に移り住み、よく働きました。ある日、夫が野良仕事に疲れてうとうとしていると、一匹のだんぶり（とんぼ）が飛んで来て、夫の口に尻尾で二、三度触れました。目を覚ました夫は妻に、「不思議なうまい酒を飲んだ」と話し、二人でだんぶりの後を追いました。そして岩陰に酒が湧く泉を見つけます。酒は尽きることがなく、飲めばどんな病気も治りました。夫婦はこれのお陰で金持ちになり、多くの人々が夫婦の家に集まってきました。人々が朝夕に研ぐ米の汁で川が白くなり、いつしか川は米代川と呼ばれるようになりました。夫婦には秀子という優しく美しい娘がいましたが、やがて継体天皇（二十六代・在位：五〇七―五三一）に仕えて、吉祥姫と呼ばれました。夫婦も天皇から「長者」の称号を与えられ、「だんぶり長者」として人々に慕われました。年月が過ぎ、夫婦がこの世を去ると、酒泉はただの泉になりました。両親の死を悲しんだ吉祥姫は、都から戻り、小豆沢の地に大日霊貴《おおひるめむち》神社を建てて供養しました。この姫も世を去ると、村人たちは姫を大日霊貴神社の近くに埋葬し、銀杏の木を植えました。これが、大日霊貴神社の境内にあった大銀杏と言われています。

「だんぶり」というのはとんぼの古名で、とんぼそのものは二億五千万年前からいるそうです。世界には、名前がつけられているものだけで六千種くらいいて、日本には約二百種程いるそうです。ヨーロッパでは、とんぼは世の中に災いを起こすために魔王から送られたものと考えられ、「悪魔の縫い針」とも呼ばれ、子供たちは嘘をつくととんぼに口を縫われると聞かされて育つという話も伝わっています。日本では『記・紀』に、天皇の腕を噛んだ虻を蜻蛉《あけず》（とんぼの古名の一つ）が捕ったので、とんぼを讃える歌を詠んだという物語があるように、良いイメージで捉えられています。盆行事の時期のとんぼを、精霊の姿、あるいは精霊を送迎するものとみる風習は全国的にあります。岡山県では赤とんぼを盆とんぼといい、捕ったりすると盆が来ないと言ったりするそうです。おはぐろとんぼにはかみさまとんぼという別名がありますし、田の神の姿であるといって尊ぶ地方もあるそうです。アメリカン・ネイティヴの人々の中にも、とんぼは超自然的な力を持つと考える人たちがいるそうです。

こうして世界のとんぼに関する言い伝えに触れてみると、「だんぶり長者」に出てくるとんぼも超自然的な力を持っていて、働き者で徳のある主人公たちに褒美として酒の湧く泉を授け、人々の幸せのために貢献できるようにしたのだなあということが伝わってきます。

良い夢を見るための工夫もあります。日本の古代には、袖を折り返して寝ると、夢で恋人に会えるという俗信がありました。『万葉集』には、作者不詳の歌として、

白たへの　袖折り返し　恋ふればか　妹が姿の夢にし見ゆる

というのがあります。また、元日もしくは二日目の夜や節分に、宝船の絵を枕の下に置いて寝ると良い夢が見られると信じられていました。宝船の絵だけでは寂しいので、七福神や呪文も付け加えられました。呪文は、上下どちらからも読める回文《かいぶん》になっています。その回文とは、「長き夜の遠のねぶりの皆めざめ波乗り船の音の良きかな」という歌です。この回文の意味は、折口信夫によれば、「長い夜に深い眠りもしないで農民が働いたお陰で、良い収穫となった」ということです。

悪い夢を良い夢に変える工夫もあります。中国の古書には、伯奇という悪夢を食う神の名前が出て来ます。獏も中国の古書に出て来ますが、夢を食う記述はなく、獏を、悪夢を食う魔除けの霊獣としたのは日本独特の発想のようです。法隆寺には、悪夢を良夢に変えて下さる夢違観音がおられます。ネイティヴ・アメリカンの間には、「ドリーム・キャッチャー」といって、悪い夢はキャッチし、良い夢だけを通してくれる装置があります。私もアメリカへ行った時買ってきました。後でわかったのですが、日本でも売られています。近所のモールでも見つけました。

3 夢は深層心理・無意識の現れ（近代～現代）

古代から近代までの夢を概観してわかったことは、夢というものは自分の外から来るものと考えられていたということです。

ところが近代になると、夢というものは、どこか他から人間の中に入って来るものではなく、人間の内から生まれてくるものだと考えられるようになりました。つまり夢は、人の無意識・深層心理の現れであると考えられるようになったということです。簡単に言えば、無意識・深層心理とは、「私の中にあって私ではないもの」「もう一人の私」ということになります。夢とは、無意識内のもう一人の内なる自分が伝えようとしていることなのだということになります。

近代から現代の夢の解釈については、フロイトとユングに負うところが大きいので、二人の仕事をまとめながら、今一度私たちも理解を深めていきたいと思います。

❖フロイトの功績（注②）

フロイトの功績は、人間心理の無意識層に光をあてたことです。フロイトの理論は三つから成っています。

①人間の精神過程の多くは無意識的であること。
②あらゆる人間の行動は、究極的に、性欲によって動機づけられていること。

③性衝動に付随する強力な社会的タブーのため、私たちの願望や記憶は抑圧されていること。

この三つの理論をもう少し具体的に見てみましょう。

フロイトは精神を三つの心的領域に分割しました。「イド」「自我」と「超自我」です。「イド」はリビドー（性的衝動）の貯蔵所であり、あらゆる心的エネルギーの主要な源泉でもあります。

リビドーには、性欲だけでなく、食欲、排泄欲も含まれています。イドは意識や理性的秩序を欠落させていて、途方もない力を備え、無定形な活力を内に秘めている点に特徴があります。イドは人間の攻撃的性格及び欲求全ての根源です。無法で反社会的で、道徳意識を欠落させています。その機能は、社会的慣習や法的倫理、あるいは道徳的規制等に無頓着に、快楽本能を満足させることにあります。抑圧されることがないので、イドは私たちにどんなことでもさせようとします。イドの関心はひたすら本能的欲望の充足に向けられます。イドで表されるようなリビドーを、フロイト以前の人々も当然知っていましたが、それは外から来る力、つまり悪魔の仕業と考えていました。

イドはそうした危険なエネルギーを孕んでいるので、そうした機能を抑えて、個人と社会を守る心的機能が当然必要なわけで、その働きをするのが「自我」です。これは、心の中の理性的管理機関と言えます。自我は本能的衝動を規制し、たとえそれが解放された場合でも、破壊的行動に走らせない働きをします。一言で言えば、イドは放縦な欲望であり、自我は理性と慎重さです。

「超自我」は良心と自尊心の貯蔵所で、大部分がイドと同じ無意識内にあり、社会を守るのが主な働きです。超自我は、自ら直接行動するにせよ、自我を介して間接的に行動するにせよ、イドの衝動を抑止し、規制して、社会が受け入れ難いと見做す快楽衝動を抑止して、無意識層へ押し戻す働きをします。しかし超自我の過度の活動は、無意識の内に罪の意識を心に植え付けてしまい、悲劇を生むことがありますので、要注意です。

以上のことを別の言い方で簡潔にまとめると、イドは快楽原則の支配を受け、自我は現実原則に支配され、超自我は道徳原則の支配を受けると言えます。イドは私たちを悪魔に変貌させ、超自我は私たちに天使の振る舞いを要求します。一方自我は、これら二つの対立する力の間に立ち、バランスを取りつつ、私たちを健全な人間に保とうとする任務を帯びていると言えます。

こうしたフロイトの無意識の理論に基づいて、フロイト派の夢分析は行われます。

*フロイト派の夢分析の一例

ある男性がラスベガスでスロットマシーンをやった夢を見ました。

フロイト派は、次のように分析していきます。その人によく聞いてみると、前日にラスベガスで大当たりした有名人のニュースを新聞で見たことがわかりました。新聞には他にもいろいろ記事が載っていたのに、なぜラスベガスのことが夢に出て来たのでしょうか？　フロイトは、夢は抑圧された性的願望であると考えましたので、フロイト派の分析者は、この夢も抑圧された性的願望であると分析しました。スロットマシーンの突き出た棒はペニスの変形であり、それを上下にがちゃがちゃ動かすことは性交にあたり、大当たりすると溢れ出るコインは、オルガスムスを意味しています。この夢を見た人に更にいろいろ訊いてみると、幼児期に体験した賭け事の好きな父に対する母の恨みや、いつも性交で終わる夫婦喧嘩を盗み見た記憶と関わっていることがわかってきました。

以上のことをまとめると、無意識の中には、自分では受け入れることのできなかった過去のドロドロした、いやな体験が抑圧されていて、それがあるきっかけで夢となって現れるということです。この人のきっかけは新聞でスロットマシーンの記事を見たことです。抑圧された体験がそのままの形で夢になって現れると、ショックが大きいため、意識下のどこかで検閲を受け、形を変えて夢に現れてきたということです。

ユングの功績（注③）

ユングはフロイトの弟子でしたが、師の方法論的狭さを嘆いて、師とは袂を分かちました。ユングは、フロイトとは違って、リビドーには性的なものだけではなく、それ以上の意味が含まれていると考えました。ユングは、フロイトの個人的無意識を拡大解釈し、その奥底に、あらゆる人間の精神的遺産を共有する、原始的で普遍的な無意識が潜んでいると主張しました。人間の体の器官には、魚の脳とか、爬虫類の脳といった、古い器官もあるように、心にも古い部分があり、それをユングは普遍的無意識と呼びました。普遍的無意識とは、全人類に共通する過去からの記憶ということができます。動物の本能が遺伝的に伝わるように、普遍的無意識も遺伝として継承されていくとユングは考えます。これをユングはアーキタイプ（元型）と呼びました。元型は遺伝的に伝えられた精神的行動様式であり、有史以前から人間の心の中に深く浸み込んでいて、永遠に継承されていくとユングは考えています。元型は精神的本能であり、人は知らず知らずのうちに、この元型に動かされて行動するのだと考えられます。神話、民話、昔話、童話は、元型を意識世界に明瞭な形で提示したものと言えます。元型はまた人の夢にも現れます。元型は夢の中に複雑な形で現れるので、専門家に分析してもらわないと、自分の見た夢の本当の意味はわかりませんが、元型の勉強をすれば、ある程度はわかるはずです。

ユングの主な元型(注④)六つを頭に入れた上で、ユング派の夢分析の一例を見てみたいと思います。

①影(shadow)

ユングによれば、人は誰でもあらゆる可能性をもって生まれてきますが、その人の素質や遺伝的要因、環境、様々な巡り合わせによって、その一部だけを発達させます。だからいろいろなタイプの人が現れ、それぞれ違うパーソナリティを発達させるといいます。後に残された未発達の可能性は、無意識の中に留まり、どこか暗く、未熟で、幼稚なもう一つの人格を形成します。それがシャドウ、すなわち、普段は自分でも気がつかない影のような存在です。その人の意識の中では生きられなかった部分で、もう一人の自分ということになります。影は疲れた時等に密かに現れて、いろいろないたずらをします。たとえば、普段は頭が切れて、要領がよく、明るく親切で、こだわりのない人が、どうかすると、ひどく自己中心的で、わがままな影の一面を見せることがあります。あるいは、普段は真面目そのもののような人が、乱れだすと手がつけられなくなることがあります。これが極端になると、ジキル博士とハイド氏のような、正反対の性格を持つ二重人格になってしまいます。

夢の中で影は、見知らぬ人、感じの悪い奴、その他様々な形をとって現れますが、特徴的なのは、同じ性の人物として現れる点です。同じ性の人物が現れたら、どんな人でも一応影と考えて、その人が自分のどんな面を表しているのか考えてみるといいと思います。また、鬼、妖怪、悪魔、化け物、怪獣といったものは、人間の影を表しているという一面もありますので、こうしたものが夢に出てきたら、自分のどんな影を表しているのか考えてみるのもいいですね。

②ペルソナ(persona)

ペルソナは、人が現実の社会に対して見せている顔であって、建前のようなものです。persona は ギリシャ語で「仮面」のことで、人間の本質を「仮面をかぶったもの」として捉えていることがわかります。person（人間）、personality（人格）は、persona から派生した言葉です。大勢の人の前では誰でも外向きの顔を作って、あまり自分が傷つかないように、その裏に隠れたり、自分を曝け出し過ぎて恥ずかしい思いをしたりしないように、ある程度仮面をつけます。その仮面がペルソナです。

夢の中では、その人の身分や趣味、雰囲気等を表す衣服等、身につけるものとして出てきます。出かけようとしたら、上衣が妙に小さくて、袖が短くて気になった夢を見たとしたら、他人に見せている態度が子供っぽく、幼稚な感じを他人に与えているという意味かもしれません。また、出かける時に靴がみつからなかったり、場違いの服を着ていて恥ずかしい思いをしたという夢を見たら、自分の立場や人に与える印象に気をつけなさいという信号かもしれません。

③アニマ(anima)

アニマは、男性が無意識の中に秘めている未発達な女性原理で、情緒性やムード、恋愛感情等を司るものです。男性は心の中に、「この女性ただ一人」という、魂のような女性のイメージを持っています。試験勉強や緊張を要する仕事の後などで、ほっとした時に、このムードが現れて、やたらに女性が恋しくなったり、甘く、ふんわりした情緒に浸りたくなったりします。勉強や仕事の最中にこれが現れてきて、集中できなくなったりすることもあります。とんでもない女性にアニマのイメージを抱いてその女性に引きずられ、罠にはまって動きが取れなくなる場合もあります。これは無意識的なものなので、自分でコントロールできませんし、手の施しようがないのです。アニマは男性を素晴らしい完成した人間に導くこともありますし、破滅の淵に引きずり込むこともあります。

夢の中でアニマは、暗く、妖しげな雰囲気を持った女性として登場することが多いようです。アニマは人間の女性としてばかりではなく、昆虫や動物、想像上の生物等の形をとって現れることもありますから、そうしたものが夢に現れたら、何を意味しているのか見極める努力をしてみてはどうでしょうか。そういう努力をし続ければ、夢の意味が少しずつわかってくるかもしれません。

④アニムス(animus)

アニムスは、女性の無意識に潜む未発達の男性的な知性や理念や決断力のことで、こうしたものを備えている女性は、知らず知らずのうちにアニムスのイメージを成長させてきたことになります。女性の心の中のアニムスは、最初は父親的なものから始まり、年齢と経験を重ねていくうちに惹かれる対象が変わっていき、最後には老賢人のイメージに成長するといいます。

夢にアニムスが出てくる時には、暗い顔色の見知らぬ人であることが多いようですが、身近な男の友人の場合もあります。夢にアニムスが現れると、今必要な、客観的で、冷静なものの考え方を教えてくれる場合があります。またアニムスは、アニマと同様に、昆虫・鳥・動物等の姿で現れることもあるそうです。

因みに、プラトンは、人間はもともと男性性と女性性の両面を持っていたが、傲慢になったために、神によって二つに分けられたので、男性も女性ももとの相方を求め合うのだと言っています。ユングはこの話を基に、アニマとアニムスを人間の心の中に想定しました。

⑤グレート・マザー(great mother)

グレート・マザーは、あらゆるものを育てる偉大な母なるもののイメージで、女性の成長の究極的な目標であるとユングは考えています。しかし、グレート・マザーには、育てる面（無償の愛）と飲み込む面（自立の妨げ）があるので、注意しなければなりません。多くの女性はこのことに気づかず、我が子を愛するあまり、我が子の自立を妨げていることがよく見られます。過保護の親は、子供を本能的に可愛がり、子供の自立を妨げているのですが、これは自分でも知らないうちにグレート・マザーのマイナスの力に振り回されている状態です。グレート・マザーは男性にも重要な関わりをもっています。男性が一人前の大人に成長するには、現実の母親から独立するだけではなく、自分自身の心の中にあるこのイメージからの独立も図らねばなりません。おとぎ話や神話に見られる怪魚に呑まれる主題や、怪獣退治の物語は、このグレート・マザーとの闘いと考えることもできます。自我の象徴である英雄が、グレート・マザーと闘ってこれを退治し、新たなる自我の確立を図るお話というようにユングは解釈しています。女性はグレート・マザーの二面性に気づいた時、初めて本当の母親になると言えます。そのことを伝えている仏教説話に「鬼子母神」の話があります。鬼子母は、人の子を捕って食う恐ろしい女でしたが、自分の子を掠われて嘆き悲しみ、お釈迦様に諭されて、やっと子供への真の愛に目覚め、それからは全ての子供に愛を注ぐものとして、子育ての神、鬼子母神として祀られたといいます。この恐ろしくも素晴らしい女性の変容は、グレート・マザーの呑み込む面と育てる面を表したもので、女性がこの力を自覚するかしないかで、大きな違いが出てきます。

夢に現れるグレート・マザーは、年長の女性、母親のような女性、女神、老婆、魔女等の姿で現れたり、化け猫、怪魚、怪獣、ドラゴンの形を借りることもあり、さらに、渦巻き模様や迷路、大きな花瓶、落とし穴、洞窟、地下の世界等の姿で現れることもあります。

⑥老賢人（old wise man）

老賢人は、男性の成長の最終的到達点です。男性の理想像で、仙人のイメージを思い浮かべるとよくわかります。仙人はしばしば童子に姿を変えて現れます。つまり老賢人は永遠の少年でもあり、若さ、永遠の生命、力、理性等を完全に持ち合わせ、人間のあらゆる可能性を自分のものとした完成した人間、天の英知に輝く父なるものということです。グレート・マザー同様、老賢人にもプラスの面とマイナスの面がありますから注意が必要です。

夢の中で老賢人は、権威のある姿で現れ、夢を見ている人を高い山の上へ連れていったりして、人生の様々な問題に対する自覚を促し、男らしさや勇ましさをもたらします。また一方で、悪の大王となって現れ、男性を懲らしめることもあります。また老賢人のイメージは、女性のファーザー・コンプレックスとも密接に関わっています。あるファーザー・コンプレックスを持った女性の夢に、実り豊かな畑の中の雄々しい穀神である巨人の手の平の上で遊んでいる情景が出てきましたが、それは彼女が人生を自分で生きずに、心の中に住む父なるもの、すなわち老賢人のイメージによりかかり、いつまでもその保護のもとで遊んでいるという心理状態を表しています。これではこの女性はいくつになっても大人になれませんし、甘ったれで、依存的で、一人立ちできません。人は、グレート・マザーや老賢人のマイナス面に呑み込まれずに、プラス面をいかすことに気づきたいものです。

ユング派の夢分析は、こうした元型のことを踏まえた上で夢を分析していきます。

＊ユング派の夢分析の一例

ある女性が岩の上に座って海を見ている夢を見ました。

人間の無意識には、フロイトの言う抑圧された性的願望やアドラーの言う幼稚な権力欲が渦巻いているだけではなく、人間の創造力も隠されているとユングは考えていて、夢分析でも、この未知の可能性を引き出すことに力を注ぎます。

それで、上記の夢をどのように分析していくかというと、その夢に出てきた情景に細部を加えて豊かにし、その時の気分をより明確にして再体験させます。次に古今東西の類似した情景や物語を加え、この情景の背後にあるかもしれないあらゆる可能性を検討していきます。ある女性が岩の上に座って海を見ている情景からは、何年も帰らぬ恋人に忠節を誓って、海を眺めて待つ女性の出てくるグリーグの『ペールギュント』が浮かんできますし、夫の留守中に他の男と通じ、帰国と同時に夫を殺すために海の見える城砦から毎日沖合を眺めていたミケナイ城主アガメムノンの妻の姿も浮かんできます。ユング派の夢分析には、できるだけ多くの神話、民話、おとぎ話、小説、絵画、音楽、映画、演劇等の知識を持っているほうが有利です。

こういう知識が自分の心の体験とつながり、深く理解されることで夢の意味がわかり、大きな創造の世界へ飛躍できるようにさせてくれます。ユング派の夢分析は、小説や芸術や演劇のような、高度に洗練された人間の創造力を夢から引き出そうとする、プラス思考的な面が強いのです。夢は人間の無意識の声を伝えますが、ユングは夢を創造の原動力として捉えています。ユング派の夢分析は、元型の持つ創造力を意識の面に引き出すことを心掛けています。それが達成されれば、感動と喜びが生まれてくることになります。

＊ユング心理学の目標

ユング心理学の究極目標は、「個性化」または「自己実現」と呼ばれるものです。個性化とは、「普遍的無意識」（人類の記憶）の中にある「元型」と対決し、心の全体性を獲得し、到達目標（悟り）

へ至る過程、自己実現の過程のことです。個性化を実現させる心の働きを「自己」といいます。「意識」の中心が「自我」で、「意識」と「無意識」を含めた心全体の中心が「自己」です。自己は心の中の対立的要素を統合する働きのことです。「自己」も「元型」の一つで、老賢人、童子、女神等、超人的姿で人格化されて表現されることが多いですね。「自己」は、男性的なものと女性的なものの統合とか、理性と感情、善と悪の統合とか、要するに、意識と無意識を統合します。個性化で必要なのは、「本当の自分」を知ることです。気がつかなかった自分、見ないできたいやな自分、嫌いな自分等を意識化し、それらを自分の心の中で統合していくのが個性化です。そのようにして自己理解を深めていけば、人生は豊かになるはずです。

4 シュルレアリスム（注⑤）

フロイトの深層心理学は、いろいろな分野に影響を及ぼし、芸術の分野でその影響を色濃く受けて登場したのがシュルレアリスムです。シュルレアリスムは、一九二〇年代に、ダダイスムに続いてフランスに起こった芸術運動です。ダダイスムは、既成の権威・道徳・習俗・芸術形式の一切を否定し、自発性と偶然性を尊重し、意味のない音声詩、コラージュ、オブジェ、フォトモンタージュ、パフォーマンスなどを生み、何でも芸術になりうることを証明しました。

シュルレアリスムでは、ヘーゲルの哲学、フロイトの深層心理学、アポリネールの詩法、キリコの画風などの影響のもとに、意識下の世界や不合理、非現実の世界を探究し、既成の美学・道徳とは無関係に、内的生活の衝動を表現することを目的とします。文学ではアンドレ・ブルトン（一八九六―一九六六）、ロベール・デスノス（一九〇〇―一九四五）、ポール・エリュアール（一八九五―一九五二）、など、美術ではマックス・エルンスト（一八九一―一九七六）、ジョアン・ミロ（一八九三―一九八三）、サルバドール・ダリ（一九〇四―一九八九）などで、超現実主義と訳され、シュールと短くして言われたりもします。

シュルレアリスムのキーワードは「オートマティスム」という言葉です。これは、自分の意識とは無関係に動作を行ってしまう現象のことです。シュルレアリスムでは、このオートマティスムによって、理性による一切の制約、美学上ないし道徳上の一切の先入観を離れた思考の書き取りを目指します。夢や催眠術、霊媒現象では、自分の意識とは無関係に、理性の統御を受けない純粋な思考が生まれます。意識に支配される世界が現実だとしたら、その現実を超えた現実こそが無意識の世界であり、それこそが高次の現実であり、絶対的な現実であるので、その世界を発見し、獲得して、真の生を生きようとする活動がシュルレアリスムであると言うことができます。そのための方法は多彩で、二十世紀及び二十一世紀の文学・芸術に大きな影響を及ぼすに至っています。主なものをいくつか紹介したいと思います。

❖デペイズマン（フランス語）

もともとの意味は、「異郷の地に送ること」ですが、シュルレアリスムにおける意味は「意外な組み合わせを行うことによって、受け手を驚かせ、途方に暮れさせる」ということです。文学や絵画で用いられる用語です。

＊場所のデペイズマン（物を、それが本来あるはずがない場所に置くこと）

・ルネ・マグリットの「秘密の遊技者」では、野球をする人たちの上に黒いオサガメが浮かんでいます。

・ジョルジョ・デ・キリコの「谷間の家具」では、豪華な椅子が屋外の荒涼とした場所に置かれています。

＊大きさのデペイズマン（対象を実際よりもはるかに大きく、あるいは小さく描くこと）

・ルネ・マグリットの「盗聴の部屋」では、部屋いっぱいに、巨大なリンゴが描かれています。

・ルネ・マグリットの「身の回り品」では、部屋の中に家具より大きな櫛やグラスがあります。

　これらの他に、絵の一部が夜なのに、他の一部が昼であったりする時間のデペイズマンや、物の形はそのままで、素材が全く異質なものに置き換えられている材質のデペイズマンや、上半身が魚なのに、下半身が人間であったり、上半身が石膏像なのに、下半身が人間であったりするものや、体の一部に木目が入っていたり、石膏像が血を流していたり、靴の先が足になっているなどの、人体のデペイズマンがあります。シュルレアリスムの様々な技法は、シュルレアリスムだけに見られるものではなく、それ以前にもいろいろなところで見られます。ギリシャ神話のミノタウロス（人身牛頭）も人体のデペイズマンですし、ヒンズー教のシヴァ神の息子ガネーシャも人身象頭のデペイズマンの姿をしています。

梶井基次郎の、積み上げられた画集の上に置かれたレモンもデペイズマンと言えます。

❖コラージュ（フランス語）

もともとの意味は「糊付け」ですが、いろいろな要素を貼り付けて創る芸術技法のことです。絵画におけるコラージュは、キュビズム時代にパブロ・ピカソとジョルジュ・ブラックらが始めたパピエ・コレに端を発すると言われています。パピエ・コレとは貼り紙のことで、新聞紙、壁紙、レッテル、切符などの紙片を貼り付けて製作するものです。「意想外の組み合わせ」としてのコラージュは、一九一九年にシュルレアリストのマックス・エルンストが発案しました。主に新聞、布切れ、針金、ビーズなどの、絵具以外の物をいろいろと組み合わせて、画面に貼り付けることにより、特殊効果を生み出すことができます。

こうしてコラージュは、様々な方向で工夫されて発展し、現在に至っています。ダダイストやシュルレアリストたちは、コラージュを通じて現実支配から距離を置き、人間を解放することへの意志を表明したのです。

コラージュは文学にも及び、「コラージュ文学」というジャンル分けもできています。コラージュ文学の特徴は引用の多さで、T・S・エリオットの詩集『荒地』がその代表例です。ダンテ、チョーサー、ボードレール、シェイクスピア、ワーグナー、『聖書』、等々、いろいろな作品からの引用を貼り付け、『荒地』を創造しています。貼り付けですから、今浸透している言葉で言えば、コピペ（コピーアンドペースト）で、高級なコピペといった感じもしないではありません。彼の立場は古典主義なので、古典を多く引用することで、自分がヨーロッパの文学的伝統と強く結びついていることのアピールにもなっているようです。

そのようにして創られたこの作品の全体像は「アーサー王と円卓の騎士の聖杯伝説」であり、フレイザーの『金枝篇』に書かれたオシリス、アティア、アドニスの植物神の死と再生です。荒地という言葉は、「聖杯伝説」からとられているそうです。それは、聖杯が失われたことで国土が荒廃したというイメージを表していますが、エリオットは、その荒地のイメージを同時代のヨーロッパに重ねています。この詩が書かれたのは一九二二年前後のことで、ヨーロッパは第一次世界大戦による荒廃のイメージに包まれていました。そんな時代にあってエリオットは、ヨーロッパが荒廃に陥った原因とそこからの解放の可能性を求めてこの詩を書いたように思われます。

この詩の中では、いたるところで都市生活の腐敗に言及されています。このような腐敗が積み重なってヨーロッパは荒廃への道を辿った、とするのがエリオットの基本的な見方です。そしてそうした腐敗を齎《もたら》したのは、現代の機械文明なのだとする時代認識がエリオットにはあって、そうした認識がこの詩のいたるところに出てきます。彼の機械文明批判は、人間までをも機械として見る見方などに鋭く現れています。

荒廃とそこからの解放の可能性ということについては、『金枝篇』からのオシリスなどの神話と重ねながら語っています。オシリス神話の主なモチーフは、死と再生です。オシリスは弟のセトに殺され、バラバラに切り刻まれてナイル川に投げ捨てられましたが、妻のイシスがそれらを拾い集めてつなぎ合わせると、再生して冥界の王となりました。この隠喩のような形において、一度死んだヨーロッパに復活する可能性はあるのかというモチーフを持ち出し、この詩の一つの柱としました。

「コラージュ文学」のもう一つの代表として紹介しておきたいのは、アメリカの作家ジョン・ドス・パソスの『U・S・A』です。この作品は、アメリカで二十世紀の初めから三十年ほどの間に、資本主義に歯向かい、敗れていった人々の物語です。

三部作から成る長編ですが、十九世紀風の小説におけるような主人公はいなくて、十二人の主要人物の物語が、時代の流れに従って、中断されては、交互に織り合わされていき、人間像よりは時代そのものの様相を描き上げていくという仕組みになっています。そして、中断されながらも、それぞれの物語は、それ自体の筋を追っていきますが、その途中において、一つの物語の人物は、他のどれかの物語の人物と、何らかの関係や接触を持たされ、それによって、縦に分断された物語が、横につながって、「時代の物語」に幅を与えていきます。

そして更に、その交互に断続する物語の間には、この小説を有名にした三種類の技巧的な短章が挿まれています。「ニューズ・リール」とタイトルされた、新聞記事や広告や流行歌からの抜粋によるコラージュ、時代の各分野の大立者や象徴的人物たちの簡潔でシニカルな伝記、そして、「カメラ・アイ」というタイトルの、作者自身の視点による表現派的な内的独白による散文詩の三つです。

この三つの挿入部が、「時代の物語」を立体化し、深化させる効果を上げています。デペイズマンやコラージュの他にもシュルレアリスムの技法はいろいろありますが、そのうちの二つを紹介したいと思います。一つはデカルコマニーというもので、絵に絵具を塗り、それを二つに折るか、別の紙を押し付けるかして写し取る画法で、偶然的・幻想的形態が得られます。もう一つはフロッタージュといって、粗目の布、岩、木などに紙を置き、鉛筆や木炭などで擦り、一種の拓本をとって絵画的効果を出す方法です。

シュルレアリスムの源泉と広がり

フロイトの深層心理学によってシュルレアリスムは花開きましたが、それ以前にも、人間の無意識と関わるものとして、超常現象への関心がありました。超心理学説や隠秘学者、神秘学者たちの著作もシュルレアリスムの重要な思想的源泉です。魔術、錬金術、占星術などの再評価とその応用は、彼らの主要な貢献の一つです。この他にも、人類学や社会学、民俗学に触発された未開人の心性への関心、神話や伝説の採用、東洋哲学への傾倒、狂人や霊媒による絵画の研究等、人間・文化の内なるものの発見に関わるものがありました。

シュルレアリスムは、もともと文学・芸術の枠を超え、人間の全的解放に達しようとする運動であったため、従来の制度化された文学史・思想史の通念は覆され、新たな系譜の作成が試みられることになりました。文学上、彼らは自らを、ネルバル、ボードレール、ランボー、ロートレアモンらロマン主義・象徴主義の詩人たちの延長線上に位置づけます。

美術面でも、原始時代から二十一世紀に至る絵画の呪術的機能を再評価しつつ、同時代の大衆芸術、ポスター、看板、カタログ、日用品、廃品等々に新しい不可思議を見出し、それを作品に応用・導入する試みが行われています。こうした広範な遡及、発掘、価値転換の作業は、現代の文学・芸術のあり方のみならず、研究のあり方にも大きな影響を及ぼしています。日本人のシュルレアリストとしては、西脇順三郎や滝口修造が知られています。

5 SF映画における夢

フロイトやユングによって開拓された人間の心の深層の知識のお陰で、SF映画の世界で夢は格好の素材となり、様々な映画が作り出されてきました。二、三触れておきたいと思います。

一九九九年には『マトリックス』(The Matrix) が公開されました。大手ソフトウェア会社のプログラマーであるトーマス・アンダーソンには、天才ハッカー・ネオという顔もありました。

しかし彼は、起きていても、夢を見ているような感覚に悩まされていて、「今生きているこの世界は、夢なのではないか」という違和感を抱いていたところ、モーフィアスという人物から、「貴方が生きているこの世界は、コンピュータによって作られた仮想現実だ」と告げられ、このまま仮想現実で生きるか、現実の世界で目覚めるかの選択を迫られます。現実の世界で目覚めることを選択したトーマスは、現実の世界は、コンピュータの反乱によって人間社会が崩壊し、人間の大部分はコンピュータの動力源として培養されていることを知ります。ネオは、コンピュータの支配を打

ら解放する戦いに身を投じていくことになります。

「Matrix」という英語は、ラテン語の「母」を意味するmaterから派生した語で、転じて「母体」「基盤」「基質」「そこから何かを生み出す背景」などの概念を表しています。

映画では、コンピュータの作り出した仮想現実をMatrixと呼んでいます。

『パプリカ』は、筒井康隆原作、今敏監督の二〇〇六年のアニメーション映画です。夢のモニタリングや夢への介入によって精神疾患を治療するPT（サイコセラピー）の技術が発達している近未来が舞台で、PT治療の第一人者千葉敦子は、他人の夢に潜入して精神病を治療する夢探偵パプリカという裏の顔も持っていました。敦子は、時田浩作の発明した、夢を共有する装置DCミニを使ってPTを行っていましたが、ある日、そのDCミニが研究所から盗まれてしまい、それを悪用して他人の夢に強制介入し、悪夢を見させ、精神を崩壊させる事件が発生するようになりました。敦子たちは、犯人の正体・目的、そして終わり無き悪夢から抜け出す方法を探っていきます。

『インセプション』(Inception)は、クリストファー・ノーラン監督、脚本、製作の二〇一〇年の作品です。コブは、標的の無意識に侵入し、標的の夢から重要情報を引き出す、「引き出し人」と呼ばれる産業スパイです。日本人実業家サイトウはコブに、標的の無意識に、ある考えを植え付ける（インセプション）、遂行困難な仕事を依頼します。見返りとして、コブの殺人容疑を取り消して、子供たちの待つ家へ戻れるように影響力を行使することを約束します。そしてコブは、仲間たちと、このミッションの遂行に取り組んでいきます。

◎注

①『夢の本』、(別冊宝島⑮)、JICC出版局、一九八六年
②小此木啓吾『フロイト』、NHKブックス、一九七三年
③山根はるみ『ユング心理学入門』、ごま書房、一九九四年
④『夢の本』、(別冊宝島⑮)、JICC出版局、一九八六年
⑤速水豊『シュルレアリスム絵画と日本―イメージの受容と創造』、NHKブックス、二〇〇九年

第二章　夢の考察

第一章で「夢は神や悪魔のお告げ」であるとか、「夢は深層心理・無意識の現れ」であるとかの考察を見てきましたが、ここでは、その他の様々な考察の中から、興味深いものを選んで紹介していきたいと思います。これらの事柄は、よく考えれば、そのどちらかに、あるいは両方に入るものだとは思いますが、便宜上、「その他のもの」として紹介したいと思います。

1『邯鄲《かんたん》の夢』を巡って

◆『邯鄲の夢』

『邯鄲の夢』は、一言で言えば、人の栄枯盛衰は所詮夢に過ぎないと、その儚さを表す言葉として知られていますが、果たしてそれだけなのでしょうか？　物語を辿ることによって、検討してみたいと思います。

唐の玄宗の開元年間のこと、呂翁《ろおう》という道士が邯鄲（河北省、趙の旧都）の旅舎で休んでいると、みすぼらしい身なりの若者がやってきて、呂翁に話しかけ、しきりに、あくせく働きながら苦しまねばならぬ身の不平をかこちました。若者の名は盧生《ろせい》といいました。

やがて盧生は眠くなり、呂翁から陶器の枕を借りて眠ります。枕の両端には穴が開いていて、眠っているうちにその穴が大きくなり、盧生はそこへ入っていきます。夢の始まりです。するとそこには立派な家があり、そこの娘を娶り、とんとん拍子に出世していきます。ところが、時の宰相に妬まれ、左遷されてしまいます。再び召されて宰相になりますが、また無実の罪で投獄されて、流罪になります。数年後、天子はそれが冤罪であったことを知り、一国を任せます。五人の子はそれぞれ高官に上り、天下の名家と縁組をし、十余人の孫を得て、極めて幸福な晩年を送ります。しかし年齢には勝てず、死を迎えます。

欠伸をして眼を覚ますと、傍らには呂翁が座っています。彼が眠る前に蒸していた黄粱はまだできあがっていません。

「ああ、夢だったのか！」

と盧生が言うと、呂翁は笑って言います。

「人生のことは、みんなそんなものさ」

盧生はしばらく憮然としていましたが、やがて呂翁に感謝して言います。

「栄辱も、貧富も、死去も、何もかもすっかり経験しました。これは先生が私の欲をふさいで下さったものと思います。よくわかりました」

呂翁に懇ろにお辞儀をして、盧生は邯鄲の道を去っていきました。（注①）

河出書房新社の『中国故事物語』では、次のような説明が付け加えられています。

以上は、唐の沈既済《しんきせい》（七五〇〜八〇〇頃）の小説『枕中記《ちんちゅうき》』のあらすじである。同じような説話の簡単なものは、すでに六朝時代の干宝の『捜神記』のなかにも見られる。『枕中記』より後のものには唐の李公佐の小説『南柯太守伝《なんかたいしゅでん》』、明の湯顕祖の戯曲『南柯記』が同じ構想のものである。

この『枕中記』の説話から、栄枯盛衰の極めて儚いことをたとえて、「邯鄲の夢」とか、「一炊の夢」「黄粱《こうりょう》の夢」という言葉が生まれた。また「邯鄲の枕」とも「邯鄲夢の枕」ともいう。

『南柯太守伝』『南柯記』で語られる「南柯の夢」も、儚いことのたとえに使われています。「南柯の夢」は、唐の淳于棼《じゅんうふん》という人が、酔って古い槐《えんじゅ》の木の下で眠り、槐《かい》安国に行き、王から南柯郡主に任ぜられて二十年間、栄華を誇りますが、その後失脚するなどの栄枯盛衰を極めたところで眼が覚めます。夢から覚めてみれば、蟻の国の出来事に過ぎなかったというお話です。

話を『邯鄲の夢』に戻しますと、盧生が呂翁から借りた枕が「陶枕《とうちん》」（陶磁器製の枕）であることは興味深いですね。枕の歴史は木製から始まったようですが、唐代には、高貴な人用に陶枕が作られるようになったそうです。中は空洞ですが、そのまま焼成すると割れるので、空気穴があけられます。その際、敢えて中に陶片を入れたものもあって、振ると音がします。陶枕の代表は磁州窯ですが、この窯は、河北省邯鄲市郊外で六朝時代（二二一―五八九）から今日まで続く民窯の総称です。『邯鄲の枕』の舞台は邯鄲なので、盧生が借りた枕が陶枕なのは納得がいきます。

陶枕は、やや鉄分を含んでいて、生地に白化粧を施すことが基本で、宋代（九六〇―一二七九）が絶頂期です。白化粧が乾かぬうちに細い竹等で線彫りして文様を表す劃花《かっか》や、白化粧を篦《へら》で掻き落とし、生地の褐色を文様でくっきりと浮かび上がらせるのが剔花《てきか》というそうです。

当時は絵付けがまだ存在せず、これらは大きな衝撃をもって人々に迎えられたといいます。金代（一一一五―一二三四）には、睡眠時の魔除けとして虎が伏せた形の陶枕が作られたり、子孫繁栄を願って童子形の陶枕が作られたりしました。元代（一二七一―一三六八）には、山水や人物が描かれ、風雅で洒脱な陶枕となり、明代（一三六八―一六四四）には、硬い陶枕に替わるものが出てきて、陶枕は姿を消します。日本にも早くから陶枕が輸入されていたことは、斎宮の遺跡からも陶枕の破片が出土したことから、わかります。斎宮は七世紀から十四世紀初めまでありました。

テレビの「なんでも鑑定団」に宋代の磁州窯の劃花の技法で蓮池紋の陶枕が出たことがありましたが、鑑定は百万円でした。

❖能『邯鄲』

能の演目にも『邯鄲』というのがあります。『邯鄲の枕』の故事を基に創られたものですが、呂翁にあたる役が宿屋の女主人だったり、夢の内容も『枕中記』とは異なっていますので、あらすじを辿ってみたいと思います。

昔、中国の蜀という国に、盧生という男が住んでいました。彼は日々、ただ漠然と暮らしていたのですが、ある時、楚の国の羊飛山に偉いお坊さんがいると聞いて、どう生きるべきか尋ねてみようと思い立ち、旅に出ます。羊飛山への道すがら、盧生は邯鄲という町で宿をとりました。その宿で、女主人に勧められて、粟の御飯が炊けるまでの間、「邯鄲の枕」という不思議な枕で一眠りすることになりました。この枕は、以前女主人がある仙術使いから貰ったもので、未来について悟りを得られるといういわくつきの枕でした。

盧生が寝ていると、誰かが呼びに来ました。それは楚の国の皇帝の勅使で、盧生に皇位を譲るために遣わされたというのです。盧生は思いがけない申し出に不審を抱きながらも、玉の輿に乗り、宮殿へ行きました。そして五十年が過ぎました。宮殿では在位五十年の祝宴が催されます。寿命を長らえる酒が献上され、舞人が祝賀の舞を舞うと、盧生も興に乗り、自らも舞い始めました。すると、春夏秋冬が目まぐるしく移り変わる様子が眼前に展開され、盧生もそれを面白く楽しんでいると、やがて途切れ途切れになり、一切が消え失せます。気づけば、宿の女主人が、粟御飯が炊けたと起こしにきていて、盧生は目覚めます。皇帝在位五十年は夢の中の出来事だったのです。

五十年の栄華も、一睡の夢であり、粟御飯が炊ける間の一炊の夢でした。盧生はそこで、この世は全て夢のように儚いものだという悟りを得ます。

そしてこの邯鄲の枕こそ、自分の求めていた人生の師であったと感謝して、望みを叶えて帰途につくのでした。

三島由紀夫の『邯鄲』(注②)

三島由紀夫も『近代能楽集』の中に、能『邯鄲』を現代風の戯曲に翻案した『邯鄲』という作品を書いています。三島も『枕中記』とは違う内容及び結末にしていますので、あらすじを見ておきましょう。

次郎は十年ぶりに以前の使用人菊のもとを訪ねます。菊のところへ来る気になったのは、自分の人生はもう終わったと思ったことと、出奔した菊の夫から不思議な枕の存在を聞いていたからです。

次郎は、銀座を歩いていた時に、出奔してその時はチャップリンの格好をしてサンドイッチマンをしていた菊の夫と偶然出会っていたのでした。その時、菊が持っている不思議な枕の話を聞いていました。夫は菊が買い物に行っている間にそれを見つけ、それで昼寝をしたら、菊が帰って来る前に出奔し、それきり帰っていないとのことでした。

あの枕は、唐土の邯鄲という里からきて、まわりまわって菊の家の宝物になっていたもので、夫が言うには、あの枕で寝て夢を見たら、こんな女と暮らしているのがなぜだかわからなくなって、家を飛び出してしまったということでした。

主人がいなくなって、庭の植物はみな生気を失くしましたが、あの枕のお陰で言い寄る男たちを撃退することができ、操を守れたと菊は言っています。言い寄ってくる男たちをあの枕で眠らせると、起きた時には浮世が馬鹿馬鹿しくなって、菊には目もくれなくなり、流離《さすら》いの旅へ出て、行方知らずになってしまったと言います。

菊からそうした話を聞かされても、次郎は動じる様子がありません。なぜなら、次郎は、自分たちの住んでいる世界は、みんなシャボン玉に映った世界だとわかっているからです。それを悟ったので、自分の人生はもう終わったのだと思っているのです。だから僕だけはあの枕で寝ても安心だと思うので、それを試しにきたのだと次郎は菊に言います。菊はあの枕で寝ることは怖いので、自分では一度も使ったことはありません。次郎が大丈夫だと言っても、あの枕で寝かせて次郎にまで自分のもとを去られるのは悲しいと菊は心配しますが、君の旦那さんのようにはならないと言って次郎は邯鄲の枕で寝ます。

夢が始まりました。仮面をつけた美女が登場し、この女性との奇妙な結婚生活が続きます。次に仮面をつけた三人の半裸の踊り子が来て踊ります。次に背広姿の仮面の中年男が登場し、美女と踊り子たちは退場します。男は次郎の秘書で、次郎は会社の社長であることがわかります。次に仮面をつけた二人の紳士が登場し、次郎の三年後のことを語り出します。この三年の間に次郎は社長を辞め、政界入りし、権力を手中に収めています。最後に、仮面の老国手と医師二人が登場します。老国手は次郎に毒を飲むように促しますが、次郎はまだ死にたくないと言って断ります。このクライマックスが、『枕中記』とは違うところなので、少し詳しく辿ってみます。

老国手は、自分たちが邯鄲の里の精霊であることを告げ、なぜ次郎を亡き者にしようとしているのかを説明します。この枕で寝たものは、悟りを開かねばならない定めになっていること、昔から粟が炊きあがるまでに波乱万丈の一生を懸命に生きる夢を見て、現世の儚さを悟ってきたこと、等を語り、それなのにあんたは夢の中でさえもまともに生きようとしなかったと責め立てます。

しかし次郎は、夢の中でだって人間は自由であることを主張し、生きようが、生きまいがあんたの知ったこっちゃないとくってかかります。こんな主張をする無法者にはこの世の儚さを悟らせようがないので、生かして帰すわけにはいかないと老国手は考えます。しかし死ぬのはいやだと次郎は言います。それは矛盾していると老国手は言います。あんたは一度だってこの世で生きようとしたことがないじゃないか。つまり、あんたは生きながら死んでいる身なんだ。それが死にたくないとはおかしいじゃないか。それでも僕は生きたいんだ！　毒を飲ませようとする老国手と抗う次郎の揉み合いになり、次郎は老人の手にある薬を叩き落とします。老人はあっと叫んで消えていきます。障子がしらじらと明るんできます。次郎はもとのままの姿で寝ています。外の小鳥たちの囀りが増え、菊がやってきて次郎を起こします。

いろんな夢を見ていたことを菊に話します。そして、人生は思っていた通りで、ちっとも驚くに値しないと語ります。菊の不安を察して、僕はどこへも行かないで、ここにずっといると言います。こんなすがすがしい朝はないと喜ぶ菊。

障子を開けると、庭じゅうの花が咲いている！　庭が活き返った不思議さに感動する菊。

芥川龍之介の「黄粱夢《こうりょうむ》」(注③)

芥川龍之介も能『邯鄲』をモチーフにして「黄粱夢」という作品を書いています。

盧生は「邯鄲の枕」で夢を見て、寵辱《ちょうじょく》の道も窮達《きゅうたつ》の運も味わいます。寵辱の道とは、寵愛されることと恥辱を受けることの道筋のことで、窮達の運とは、困窮と栄達との運命のことです。ここまでは同じですが、目覚めた後の呂翁とのやりとりが違っています。

呂翁が得意げに、「生きると云うことは、あなたの見た夢といくらも変わっているものではありません。これであなたの人生の執着《しゅうじゃく》も、熱がさめたでしょう。得喪の理も死生の情も知って見れば、つまらないものなのです。そうではありませんか」と言い終わるのを待ちかねて、盧生は眼を輝かせながら、こう云ったのです。

「夢だから、なお生きたいのです。あの夢のさめたように、この夢もさめる時が来るでしょう。その時が来るまでの間、私は真に生きたと云へるほど生きたいのです。あなたはそう思いませんか」

呂翁は顔をしかめたまま、然りとも否とも答えませんでした。

「邯鄲の夢」あれこれ

唐の沈既済の『枕中記』は、人生の栄枯盛衰が極めて儚いことを物語にしてあって、ここから「邯鄲の夢」とか、「一炊の夢」とか、「黄粱の夢」という言葉が生まれましたが、この『枕中記』をベースにして、能でも取り上げられ、能『邯鄲』が誕生しました。

能の『邯鄲』では、呂翁にあたる役が宿屋の女主人になっていたり、生き方を教えてもらいに偉いお坊さんを訪ねる途中で「邯鄲の枕」に出会い、「邯鄲の枕」こそ自分が求めていた人生の師であったと感謝して、望みが叶った形で帰途につくという話に変えてあります。

三島由紀夫の近代能楽『邯鄲』も、三島ならではの換骨奪胎が施されています。時代も現代に移し、「邯鄲の枕」の機能はそのままですが、主人公次郎は「邯鄲の枕」で世の儚さを知る前からすでにそのことを知っていたため、「邯鄲の枕」の影響を受けることなく夢から覚めます。

次郎の、儚い人生でも、人間には生きる自由があるという主張には勇気づけられますね。死んだようになっていた庭は、「邯鄲の枕」に毒されて家を出ていった夫を失った菊の孤独な心の象徴であるのでしょう。庭が活き返ったのは、次郎がどこへも行かないと言ってくれたことで、もう大切な人を失わなくて済むと安堵した菊の喜びの心の象徴ということになると思います。三島は「邯鄲の枕」を使って、このような作品を創造したのですね。

芥川の「黄粱夢」も結末が違っていますね。人生は夢のように儚いものであっても、覚める時まで、「真に生きたと云へるほど生きたい」と芥川は盧生に言わせています。

三島の『邯鄲』も、芥川の「黄粱夢」も、前向きで、人を励ましてくれるものに変えられているところがいいですね。「文学は人を励ますものでなければならない」と言った大江健三郎の言葉が思い出されます。

また、『邯鄲の夢』は、栄枯盛衰の儚さを象徴した物語であるだけでなく、時の流れの不思議さも語っているように思われます。過ぎ去ってしまった時間を後から振り返ると、あっという間だったと、誰しも感じると思います。どんなに長く、波乱万丈の人生でも、振り返ると、一瞬の出来事、一炊の夢と変わらない短さだったという感慨を持ちます。しかし、そういうことを嘆いていてもしかたありません。今が全てだ！　と思えば、栄枯盛衰の儚さや時の流れの速さに振り回されずに、心穏やかに生きていくことができる。こういう心境になったので、「実存主義」や「禅」が生まれてきたのではないでしょうか。『邯鄲の夢』は、そうしたことを考えさせてくれる作品ですね。

❖昆虫の「邯鄲」(注④)

　コオロギの一種に「邯鄲」というのがあります。秋の鳴く虫の代表格で、雄は夜間、葉にあいた穴やえぐれなどから頭を覗かせてルルルル……と連続して鳴きます。図鑑その他ではよく「穏やかな声」で鳴くとされていますが、これは野生の生息地で多くの草本により音が遮蔽され、和らげられるからで、至近距離や室内で聞く声は、大音量のティピピピピピ……というようなやかましいものだそうです。日本全国、サハリン、沿海州、朝鮮半島等に分布していて、クズやヨモギ等の葉上によく見られます。雌は鳴きません。雄が鳴くのは雌を呼ぶためで、雌が接近すると雄は、後胸背板にあるハンコック腺から特殊な匂いを出し、雌を惹きつけます。雌がこのハンコック腺を舐めている間に交尾が行われます。邯鄲属は世界で六十六種知られていますが、日本には五種生息していると考えられています。

　和名は中国の古都邯鄲から来ています。そのとても美しい鳴き声と、その透き通るような半透明の姿や成虫としての短い寿命を栄枯盛衰や儚さになぞらえて名づけられました。夏の終わりから晩秋までの二か月間近くその音色を聞くことができます。

　天皇陛下は那須御用邸に滞在中、邯鄲の美しい鳴き声を皇后様とお聞きになり、その時の情景を詠まれた歌が、二〇一七年一月十三日の皇居・宮殿における歌会始の儀で詠みあげられました。お題は「野」で、

　邯鄲の鳴く音聞かむと那須の野に集ひし夜をなつかしみ思ふ

という歌でした。

2 明恵《みょうえ》上人『夢記《ゆめのき》』

❖明恵上人が歩まれた道

明恵は、鎌倉時代前期の華厳宗の僧で、華厳宗中興の祖とされている人物です。明恵が特異な存在なのは、十九歳から五十九歳までの四十年間に見た夢を『夢記』として記録したということです。明恵には大変な魅力があって、多くの作家が彼のことを書いています。私もこの項目を書くにあたって、次の四冊を参考にしました。『河合隼雄著作集第九巻　仏教と夢』(注⑤)、白洲正子『明恵上人』(注⑥)、光岡明『恋い明恵』(注⑦)、紀野一義『明恵上人　静かで透明な生き方』(注⑧)。

夢を解釈するためには、夢を見た人の意識状態を知っておく必要があると河合氏が書いておられますので、まずは河合氏のご著書に書いてあることをまとめる形で、明恵上人が歩まれた道を紹介したいと思います。

明恵が生きた時代は、日本の歴史において転回点と言える、それまでの天皇を中心とした政治から武家政権へと変わった時代でした。このような政治的大変革に呼応するかのように、思想界においても大きな変革が起こりました。明恵が生きた時代の前後、約一世紀足らずの間に、法然、親鸞、栄西、道元、日蓮、一遍が、それぞれの新しい思想をもって活躍するのです。河合氏が作られた「明恵とその時代」の略年表を後掲しました(一部は省略してあります)。

これを見ると、明恵がいかに激動の時代に生きていたかがよくわかります。明恵が生まれた承安三年(一一七三)は平家全盛の頃で、彼の父平重国は平家に属する武士であり、家庭内は喜びに満ちていたと思われます。ところが明恵八歳の時に、源頼朝が伊豆で挙兵し、その戦乱の中で父が戦死します。その少し前に母が病死していたので、明恵は八歳で両親を失ってしまったのです。

頼朝の挙兵から五年後、平家は滅亡してしまいます。その間に、人々は戦火に巻き込まれ、西日本では大凶作のため多くの人々が餓死しました。仏教のいう無常ということが、全ての人々に、実感をもって迫っていました。

明恵は、養和元年（一一八一）、九歳の時に、母方の叔父上覚を頼って高雄山神護寺に入山しました。明恵の母は、彼を懐妊した時から、将来は彼を神護寺の薬師如来に捧げようと決心していたので、名も薬師丸とつけ、明恵自身もそうした雰囲気の中で育ったため、ごく自然に、法師になると決めていたように思われます。

和気清麻呂が開基した神護寺は、京都市右京区高雄にある、高野山真言宗遺跡《ゆいせき》本山の寺院で、空海が東寺や高野山の経営に当たる前に一時住した寺であり、最澄もここで法華経の講義をしたことがあるなど、日本仏教史上、重要な寺院です。そんな神護寺も、二度の火災で、平安時代末期には荒廃するのですが、神護寺再興に尽力したのは、『平家物語』などで知られる武士出身の僧文覚でした。彼は仁安三年（一一六八）、神護寺を参詣し、八幡大菩薩の神意によって創建され、弘法大師空海ゆかりの地でもあるこの寺が荒れ果てているのを嘆き、再興の勧進を始めました。そして、後白河法皇や源頼朝らの援助を得て寺の再興を進め、弟子の上覚によって完遂されました。因みに、厄除けのかわらけ投げという習俗は神護寺が発祥とされています。

文治四年（一一八八）、十六歳の明恵は、東大寺で具足戒（比丘・比丘尼の守るべき戒。比丘に

承安三年（一一七三）	一歳	正月八日、紀州有田郡石垣庄吉原に誕生。 同年、親鸞生まれる。
治承四年（一一八〇）	八歳	正月、母死す。八月、源頼朝挙兵。九月、 父平重国、上総にて敗死。
養和元年（一一八一）	九歳	母方の叔父上覚を頼って神護寺に入山。 この年、平清盛没。諸国大飢饉。
元暦元年（一一八四）	一二歳	神護寺出奔を決意するが、夢告により思い止まる。 二月、一の谷の戦い。
文治元年（一一八五）	一三歳	二月、平氏滅亡。この年、捨身を試みる。
同　四年（一一八八）	一六歳	上覚について出家。
建久元年（一一九〇）	一八歳	『遺教経』に接し、釈迦の遺子を自覚。
同　二年（一一九一）	一九歳	仏眼仏母尊を本尊とし、『夢記』書き始める。
同　六年（一一九五）	二三歳	東大寺出仕を止め、神護寺を出て紀州白上の峰にこもる。
同　七年（一一九六）	二四歳	白上で右耳を切り、文殊菩薩の示現にあずかる。

同　九年（一一九八）	二六歳	八月、高雄に戻り、秋、再び白上へ帰り、生地に近い筏立に移る。 この年、法然『選択本願念仏集』、栄西『興禅護国論』成る。
建仁二年（一二〇二）	三〇歳	筏立近傍の糸野において、天竺行を計画。
同　三年（一二〇三）	三一歳	正月、春日明神の神託により、天竺行を中止。
元久二年（一二〇五）	三三歳	再び天竺行を計画するも中止。
建永元年（一二〇六）	三四歳	十一月、後鳥羽院より高山寺の地を賜う。
承元元年（一二〇七）	三五歳	二月、法然・親鸞配流。秋、院宣により、東大寺尊勝院の学頭となる。
建暦二年（一二一二）	四〇歳	十月、『摧《さい》邪《じゃ》輪《りん》』を著す。鴨長明『方丈記』成る。
承久三年（一二二一）	四九歳	五月、承久の乱起こる。後鳥羽院以下、三上皇配流される。 六波羅探題北条泰時に対面。
貞応二年（一二二三）	五一歳	善妙寺を建て、朝廷方貴族の子女を収容。
寛喜二年（一二三〇）	五八歳	二月中旬より「不食の病」を患う。
同　三年（一二三一）	五九歳	十月、前年来の病状悪化。大飢饉。
貞永元年（一二三二）	六〇歳	正月十日、重態。十九日、示寂。 八月、泰時、「貞永式目」を制定。

二五〇戒、比丘尼に三四八戒あるという）を受け、いろいろな仏教を精力的に学んでいきます。仁和寺で真言密教を実尊や興然に、東大寺尊勝院で、華厳宗・倶舎宗を景雅や聖詮に、悉曇《しったん》（インドの音声に関する学問）を尊印に、禅を栄西に学んでいます。

建久元年（一一九〇）、十八歳の時に、明恵は『遺教経』を読んで、釈迦の遺子たることを自覚します。『遺教経』は、釈尊が入滅直前に弟子たちに説いた最後の説法です。身を節制し、五欲を慎んで戒律を守り、喧噪を避けて禅定を修し、智慧を得ることを説いたものです。『遺教経』には仏教のエッセンスが書かれていて、一貫して説かれていることは、心を制御することについてです。五根（眼・耳・鼻・舌・身）による欲望は、心から発するものなので、心を取り押さえて、我儘にならないように修行して、心を説き伏せて従わせるべきであることが説かれています。欲望から起こる苦しみや悩みから抜け出す一つの方策として、「足るを知る」ことが説かれています。満ち足りない人は物があっても心は貧しく、足るを知る人は、物はなくても心は豊かです。大切なことは、心の方向を忘れないことだといいます。心の方向を忘れない人には、あらゆる煩悩という賊も入り込む隙がありません。心を落ち着かせ、安らかな状態にしていないと、生死無常の姿である縁起という真理が見えてきません。座禅はその一つの方法です。修行によって真実なる智慧を得れば、貪り、執着の心は起きないと説かれています。こうした『遺教経』で釈迦の教えに触れるにつけ、明恵の心は釈迦で占められていきます。明恵の信仰は、時空を越えて、ひたすら釈迦に向けられていくことになります。河合氏も、「明恵にとって仏教とは、すなわち釈迦という人に向けられた彼の深い帰依の感情を意味するものであった」と書いておられます。

明恵は『遺教経』で釈迦への思慕を深めた頃、仏眼仏母《ぶつげんぶつも》を自分の念持仏とするようになります。仏眼仏母は、密教で崇められる仏の一尊で、真理を見つめる眼を神格化したものです。彼は仏眼仏母画像の前で瞑想を重ね、彼の中では釈迦を父、仏眼仏母を母とみなすような心理が形づくられていきました。

この仏眼仏母画像には彼の書き込みがあります。

モロトモニ、アハレトヲボセミ仏ヨ、キミヨリホカニ、シル人モナシ　無耳法師之母御前也

これは一応百人一首の天台座主行尊の、「もろともにあはれと思へ山桜　花よりほかに知る人もなし」の本歌取りの歌といえるのですが、明恵の歌は歌として独立した美しさをもったものというより、ふと口をついて出た言葉が、自然に三十一字を形づくる、といった、生活に密着したものであるという内容のことを白洲正子さんは書いておられます。

建久二年（一一九一）、明恵十九歳、『夢記』を書き始めます。明恵の夢の話については、「河合隼雄氏が解き明かす明恵の夢」のところで触れたいと思います。

建久六年（一一九五）明恵二十三歳、秋、神護寺を出て、紀州白上の峰に籠ります。僧たちが破戒し、名利を求めて行動するのを見ていることに耐えられなかったからです。峰から見える太平洋が、西日を受けて銀色に輝く海に明恵は魅せられました。美しいものにはどこまでものめりこんでいきました。峰から見える島々に渡ってみたくなり、渡ります。この島には桜の大樹があって、この桜を見るのが好きで、度々訪れました。栂尾高山寺に住むようになってからも忘れられず、島宛

に手紙を書いています。島、桜、海、といった自然のことを仏教用語では器世間（きせけん）といいますが、明恵はこうした森羅万象に心があると信じていた人でした。そういう人だったということがわかると、明恵が全力で島に手紙を書いたことも肯けます。鷹島に滞在した時は、そこの海水に浸かった石を一つ持ち帰り、肌身離さず大切にしました。釈迦の遺跡を洗った川の水が海へ注ぎ、その海水が鷹島の石に触れたということは、それは釈迦とつながっていることになるからです。

建久七年（一一九六）明恵二十四歳、白上の仏眼仏母画像の前で右耳を切ります。剃髪や墨染めの衣を身にまとうのは、驕慢心を避けるためなのに、多くの僧たちが、美しく頭を丸めることや、着飾ることに心を砕き、仏陀の本来の意志を踏みにじっていると日頃から感じていました。明恵としては、剃髪、僧衣以上に身をやつして仏道への志を示し、仏道を極めるために耳を切ったのです。耳を切った翌日、文殊菩薩の顕現する夢を見た明恵は、自分の信仰に自信を得、一人で、経文を頼りに、内的世界へ没入していきます。

釈迦への思慕の念深かった明恵は、二度インド渡航を企てましたが、二度とも放棄せざるをえない事情で断念しています。一度目は、建仁二年（一二〇二）三十歳の時で、この時は、天竺へは行かず、人間のための導師になってほしいという春日明神の託宣で中止しました。二度目は、元久二年（一二〇五）三十三歳の時で、計画を進めていくと不可解な病気になり、籤で占ったら渡るべからずと出たので断念すると、たちまち病気は平癒したといいます。これ以降はインド渡航のことは考えなくなります。

建永元年（一二〇六）三十四歳の時、後鳥羽上皇より栂尾の地を賜ります。明恵はそこに高山寺を開き、華厳教学の研究などの学問や座禅修行などの観行に励み、戒律を重んじて顕密諸宗の復興に尽力します。明恵は、華厳の教えと密教との統一・融合を図りました。高山寺の寺号は、『華厳経』の「日出でて先ず高山を照らす」という句によったと言われています。

明恵の人柄は、無欲無私で、その上世俗権力・権勢を恐れませんでした。彼の打ち立てた華厳密教は、誰もが理解しやすいように工夫されています。専修念仏を厳しく非難しながらも、その易行の形に学んで、在家の人々には、「南無三宝後生たすけさせ給え」あるいは「南無三宝菩提心、現当二世所願円満」等の短い言葉を唱えることを勧めていきます。

そうすることによって、従来の学問中心の仏教からの脱皮を図ろうとしました。

建暦二年（一二一二）、四十歳の時に、法然批判の書『摧邪輪《ざいじゃりん》』を著します。摧邪とは、邪を摧《くだ》くという意味です。明恵は、他宗に対して極めて柔軟な姿勢を示していますが、法然の『選択集《せんちゃくしゅう》』に対しては、とても激しい攻撃を加えています。明恵はあくまで釈尊の説いた仏教に還ることを理想としていましたので、法然の考えには強く反発しました。明恵の法然に対する批判は、菩提心を捨てる過失と聖道門を群賊に譬える過失の二点に絞られると河合隼雄氏は述べておられます。学問も戒律も一切不要で、ただ一向に念仏すれば救われるという教えは、わかりやすく、たやすいので、下級武士、庶民の救いとなっていきました。しかし、一向専修の行は菩提心を不必要とし、更に一向専修が念仏以外の聖道門を群賊に譬えていることは、到底許せるものではなく、仏法の本義に背き、仏法の堕落であるとして、その怒りと悲しみを『摧邪輪《ざいじゃりん》』で爆発させました。凡夫が菩提心（正しい悟りを求める心、求道心、向上心）を起こすのは難しいのではないかという考えに対して明恵は、教えれば菩提心は起こるはずだから、愚昧だからといって差別をつけるべきではないし、学問のあるなしにかかわらず、解脱や道を求める心に変わりはないと明恵は主張しています。

承久三年（一二二一）、明恵四十九歳の時、承久の乱が起こります。これは、後鳥羽上皇が鎌倉幕府を討とうとして挙兵し、敗れた内乱のことで、三人の上皇の配流、朝廷領の没収、守護・地頭制の強化が行われました。そして乱後十一年目の貞永元年（一二三二）には、それまでの律令制に代わるものとして、「貞永式目《じょうえいしきもく》」が制定されました。正式名称は「御成敗式目」ですが、制定時の年号によって、「貞永式目」とも言われます。式目とは法式と条目のことで、中世における成文法のことです。「貞永式目」の中心思想は「道理」という理念で、武士の一般的正義感を基礎に、裁判担当者の公正観念を通じて具体化されました。北条泰時が制定した「貞永式目」は、日本の法制史上画期的なもので、明治憲法に至るまで、日本を支える有効な方法として活用されました。

泰時が「貞永式目」を制定するにあたって、その原理的背景に、明恵の説く「あるべきやうわ」の本質が生かされていることを発見したのは山本七平氏であると河合隼雄氏は指摘されています。泰時は、道理のおすところに従って制定したと言っていますが、この「道理のおすところ」は、明恵の「あるべきやうわ」を基にしているということです。「あるべきやうわ」は、明恵の処世訓として『栂尾明恵上人遺訓』に出てきます。

人は阿留辺幾夜宇和の七文字を持《たも》つべきなり。僧は僧のあるべきやう。俗は俗のあるべきやう。及至帝王は帝王のあるべきやう。臣下は臣下のあるべきやうなり。此のあるべきやうを背く故に一

切悪しきなり

「あるべきやうわ」とは、「あるべきあり方」のことで、僧は僧らしく、俗は俗らしく、帝王は帝王らしく、臣下は臣下らしく振舞うべきであり、この「らしさ」から逸脱するところに悪が生じるということで、明恵が幼い時から学んで得た釈迦の精神が、この七文字に集約されたものです。

平安時代に末法に突入し、鎌倉時代になると、苦しい現世は諦めて、死後に浄土を求める気持ちが切実になりました。それに応えたのが法然、親鸞ですが、明恵には現世を大切に生きるべきであるという思いが強くありました。彼の「あるべきやうわ」は、日常の細かな規律から生活全般に亘る実践的な思想であって、法然の到達した六字の名号と全く同じ重さを持っていると白洲正子氏は言っておられます。

泰時は明恵を師と仰ぎ、いろいろと教えを受けています。泰時の、どのような手段で天下を治めたらいいのかという問いに、明恵は、世の中の乱れの根本原因は欲にあるので、欲を無くせば天下泰平であると答えています。こうして明恵の無私の精神の波動を受けて、泰時の心魂は揺り動かされていきました。飢饉の時に泰時は、米を放出し、自分も食を切り詰め、飢え死に寸前までいきました。それを見ていた臣下たちも、泰時に倣い、米を放出し、食を節していきました。こうして泰時は、「道理」を愛する清廉な政治家として、当時より公武双方の称賛を受け、後世長く武家政治の亀鑑として仰がれていくことになります。

明恵は、「貞永式目」が制定された貞永元年（一二三二）に、弥勒の兜率天へ上生することを願いながら、六十歳で亡くなりました。弥勒は釈迦滅後、五十六億七千万年後にこの世に出る未来の仏で、阿弥陀のように無条件で救ってくれる仏ではありません。人間が五十六億七千万年努力して、素晴らしい社会を造り出した時に初めて姿を現す仏で、人間の努力を重視する明恵の心にぴったりの仏様ですね。こうしたぶれない生き様を示した明恵は、多くの人々に慕われ、死後、弟子二人と尼僧一人が後追い自殺したほどです。

❖「華厳縁起」

高山寺の「華厳宗祖師絵巻」は、七世紀の半ば唐に渡り、華厳宗を新羅に伝えた二人の祖師、義湘《ぎしょう》と元暁《げんぎょう》の行業を描いたものです。製作は十三世紀前半で、鎌倉時代初頭に南都の古宗である華厳宗を復興させた高山寺の明恵上人が、『宋高僧伝』を基に、自らこの物語を作り、側近の画家に描かせたものです。

明恵のことに深い関心を持たれた白洲正子氏は、華厳縁起を伝えるためだけなら、もっと名の知れたインドや中国の高僧とか、日本だったら東大寺の良弁をもってきたほうが効果的だろうに、なぜ新羅の僧で華厳縁起を作ったのかということに疑問を感じ、この絵巻は、義湘と元暁の名を借りて、自分の思想と体験を語った、いうなれば明恵の自伝なのではないかという閃きを得ました。白洲氏の『明恵上人』にはそのことが展開されていますので、順を追って、簡潔にまとめる形で紹介したいと思います。

義湘は、教えを求めに唐へ行くことを思い立ち、友人の元暁を誘って旅へ出るところから物語は始まります。二人は、旅の第一夜を山中の洞窟の中で明かしましたが、朝になってみると、ただの塚だと思っていたところは墓場で、骸骨が散らばっているのを見てぞっとします。外が嵐だったため、やむを得ずもう一晩泊まることにしたところ、元暁の夢に恐ろしい鬼が現れて、二人を襲おうとしました。このことを通して元暁は悟ります。きのうまでは、ただの塚だと思って安心して寝ていたのに、墓場と知った途端鬼に襲われたということは、一切の物事は、皆自分の心から生じるのだと。「心の他に師をたずぬべからず」と、志を翻して新羅に留まることにします。それで、義湘は唐へ、元暁は故郷へ帰って行きます。

義湘は、「唐の津」へ着くと、門口に立って物乞いを始めます。そこへ善妙という美しい娘が来合わせ、義湘を一目見て、恋してしまいます。自分の恋を叶えてほしいという善妙の望みに対して義湘は、自分は衆生のため仏道に命を捧げた身なので、あなたの恋を叶えることはできないと言うと、善妙は深く慚愧《ざんき》し、たちまち道心を起こして、長く仏法に帰依することを誓います。

明恵は若いころから美貌の聞こえ高く、女性の信者に慕われ、承久の乱で肉親を失った女性たちが沢山高山寺に集まったことを思うと、義湘が善妙に恋されたような経験も一度ならずあったように思われます。義湘と善妙の話には、明恵の体験が重ね合わされているようです。

数年後、義湘の帰国の船が出たあと、善妙は義湘を今生において護らんという大願を起こし、荒れ狂う海に飛び込み、竜に化身して船を背中に負い、無事送り届けます。新羅へ戻った義湘は、寺を造るための勝地を求めますが、そこはすでに他宗の僧たちに占められていて困っていると、その心を知った善妙が、神通力を発揮して、大きな石となって寺の上を飛び回ったので、僧たちは恐れをなして逃げ散ったので、義湘はそこに華厳道場を建てることができました。この因縁により、寺を「浮石寺」と名づけ、義湘は「浮石大師」と呼ばれるようになりました。

一方元暁のほうは、巷に琴を弾じ、歌を歌ったり、山水のほとりに座禅して、鳥や動物たちと遊ぶといった、自由で、何事にも拘らない生活を送っていました。元暁を描いている絵に描写されている山から海にかけての広々とした眺め、そこに浮かんだ島までも、白上の峰から湯浅湾を見渡した風景そのままで、華厳絵巻が明恵の自伝であることがよくわかると白洲氏は書いておられます。

そうした自由な生活を送っていた元暁をある日国王が「百座の仁王会」へ招こうとしますが、宮中のある者が妬みから、元暁は狂人のような振る舞いをすると言って、招かないことを勧めたため、国王もやむなく諦めてしまいます。明恵自身も世間の人々には「ものぐるはし」く見えていたので、元暁の生活ぶりには強い共感を持ったようです。

明恵の中には義湘と元暁が同居していました。義湘に似て、優しく、規律正しい人でしたが、同時に元暁のように、奔放で、野性的なところもあったのです。こうした自分を描くのに、義湘と元暁の物語はうってつけでした。

国王の妃が重い病になり、新羅の国には治す人も薬もなく、勅使を唐へ派遣します。その途上、勅使は南方の海で不思議な老人に出会い、妃の病の話をすると、老人は勅使を竜宮へ連れて行きます。竜王から一巻の経を譲られ、新羅へ帰って先ず大安聖者という人にこの経を整理させ、元暁大師に注釈を頼めば、病は直ちに快癒すると言われ、勅使は急いで新羅へ帰っていきます。

その通りにすると、妃の病は癒え、元暁はいよいよ尊敬されたというところで華厳絵巻は終わります。

明恵が、義湘と元暁の話を基に「華厳縁起」を作らせた目的は二つあるようです。一つは、義湘と元暁の中に自分との共通点があるので、二人を通して自分の自伝ともしたかったこと。もう一つは、義湘と元暁の伝記が、女性の悩みを癒すことに焦点があてられていて、竜がその奇縁になっているところから、善妙寺の尼僧たちを救うためだったと、白洲氏は考えておられます。

そう言われれば、確かにそのような気がしてきます。善妙の恋情が、捨身の行によって、普遍的な愛情に昇華される物語は、善妙寺の尼僧たちに大きな感動と希望を与えたことでしょう。

3『華厳経』の世界（注⑨）

明恵上人は華厳宗中興の祖であるので、明恵上人理解の一貫として『華厳経』の世界を覗いてみたいと思います。

『華厳経』は、正式には『大方広仏華厳経』といいます。「大方広」とは、深淵な教えという意味です。「仏華厳」は、仏陀を華で飾るという意味です。菩提樹の下で、長い間の修行の結果、遂に成仏という大事業を達成されたお釈迦様の偉業を讃えて、菩薩たちや神々がお釈迦様に美しい花環を捧げて、その成道をお祝いしたということです。『大方広仏華厳経』を短くして『華厳経』といっているのです。『華厳経』とは、お釈迦様が激しい修行の結果得られた「悟りの世界」「悟った心の世界」を表現した経典です。

華厳宗は、『華厳経』に基づいて、そこに説かれている思想を理論的に整理し、体系化した教理を研究する学派です。中国では、特に智儼《ちごん》（六〇二―六六八）が華厳宗の教理を創造し、弟子法蔵（六四三―七一二）が集大成し、華厳宗を確立しました。

日本の華厳宗は、聖武天皇の信任篤かった良弁が、法蔵に就いて学んだ審祥《しんじょう》に『華厳経』の講義を依頼したのが始まりで、その後、聖武天皇は総国分寺として東大寺を建立し、『華厳経』の教主・盧舎那仏の大仏を七五二年に造りました。もともと東大寺は、鎮護国家を標榜した八宗兼学の仏教宗団で、八宗とは、南都（奈良・平城京）の六宗である法相宗、三論宗、倶舎宗、成実宗、華厳宗、律宗と、天台宗、真言宗のことです。建立当時の東大寺は、総合仏教大学の観があり、今でもこの状況は受け継がれています。勿論東大寺の中心の仏教哲学は華厳宗です。

①法界《ほっかい》

仏教では、真理のあらわれとしての全世界のことを法界といいますが、華厳宗では法界を四つに分けて考えています。

①事法界

事法界とは、個々の事物がそれぞれあることが見られる世界のことです。

②理法界

理法界とは、それらの事物を貫く真理の世界のことで、もろもろの事物の本性は空性で、もろもろの事物は様々な原因や条件がより集まって成り立っており、永遠不変の固定的実体はないということです。いわゆる「空」とか「縁起」と言われているものです。

③理事無碍法界

理事無碍法界とは、事と理が一つであるということです。『般若心経』でいう「色即是空」（現象界の物質的存在には固定的実体がなく、空であるということ）や「空即是色」（固定的実体がなく、空であることによってはじめて現象界の万物が成り立つということ）がこれにあたります。

④事事無碍法界

事事無碍法界とは、事物と事物の関係が重重無尽の関係にあることをいいます。ものごとともの
ごとが個別的にバラバラに存在するのではなく、深く関わり合い、交わり合い、融合しあっているということです。あとで触れる「インドラの網」の話は、重重無尽の縁起の関係を語っているものです。

②唯心観

『華厳経』の中心思想である唯心観とは、全ては心の現れであるということです。自分が捉える世界は、心を離れては存在せず、客観的で、厳然とした世界があるのではなく、世界は自分の心が造り出したものだということです。『華厳経』「十地品」には、「三界は虚妄にしてただ是心の作なり」という言葉が出てきます。三つの迷いの世界も仮に現れている空虚なものであって、ただ心が造り出しているに過ぎないというものです。また、東大寺で日々唱えている唯心偈《ゆいしんげ》に「心造諸如来」（心

が如来を造る）というのがあります。迷いも如来も心が造るのですが、心は欲すままに向かいがちです。だから心を修めることが大切で、それができれば心は穏やかになり、迷いから生まれて来る苦しみも消えることになります。『華厳経』は、そういう悟りへの道を歩む中で起こる「気づき」によって、苦しみの世界は清らかで、美しい世界に転換すると説いています。

③善財童子の求道

『華厳経』「法界品《ほっかいぼん》」は、主人公の善財童子が菩提心を起こして、菩薩行を完全に知るために、南方に旅して五十三人の善知識を訪ね、教えを乞い、最後に普賢菩薩の教えを受けて究極の境地に到達する物語です。

『華厳経』の中心思想は、人間の価値は出家とか在家といった外形の区別によるのではなく、ただ菩提心の有無によるというものです。多くの善知識に教えを乞う旅も終わりに近づいた頃、善財童子は徳生童子《とくしょうどうじ》と有徳童女《うとくどうにょ》から教えを受けます。二人は、全ての存在はみんな幻であると説きます。なぜなら全ての存在は因縁所生なので、一切幻住なのだということです。私たちは父母の出会いという因縁により、数億分の一の可能性でこの世に生まれてきました。この世に生まれてくるということは、それほどの奇跡なのです。人間に限らず全ての生き物はこの奇跡を生きています。今ここにある生命は全て、過去一度もとぎれなかったから存在しているのです。先祖が一人でも欠けていたら、私たちはこの世にいません。今を生きている人間一人の先祖を三十代前まで遡ると、先祖の数は二十一億人になるといわれています。この二十一億人が一人も欠けなかったお陰で、今生きている人間が存在できているのです。仏教では、過去一度もとぎれていない命を仏身といいます。如来の命とも、仏の命とも表現されます。今ある命全てが仏身ですから、この地上は仏身が充満しているという言い方もできます。世界は仏身に満ちていて、華で厳《かざ》られた世界、華厳浄土と言えるのです。阿弥陀浄土のように、遠くにあるのではなく、現実世界が浄土であるということです。こういうことに気がつけば、この奇跡的な命を無駄にしてはいけないという思いに至るはずですが、こういうことに気がつけず、思いが及ばないために、人間は自分の欲望のままに行動し、愚かなことを行い、智慧不足のまま日々を送り、自ら苦しみを生み出していることが多いように思われます。徳生童子と有徳童女は、そういうことに対する対処策としていくつかのことを教えました。

箇条書きで示すと、次のようなことです。

＊一つでよいからよいことをすること。
＊一本のロウソクのように暗い場所を照らすような生き方をすること。
＊一つでよいから最後までやり通すこと。
＊一つでよいから何か願いを持って生きていくこと。
＊一つだけは絶対に堪えて生きていくこと。

菩薩のすることとして、

＊全ての人の心によい種子を蒔くこと。
＊欲張りを戒め、短気を諭し、愚痴をこぼさず、燃えて生きることを教えること。
＊一本の道を常に前向きに歩くこと。

＊よき師に出会って、大地のような心に生き、金剛のように堅固な心に生きる心を起こさせること。徳生童子と有徳童女の教えを受けたあと、善財童子は弥勒菩薩に、菩薩行を求めるのに必要な心構えを問いますが、それに対して弥勒は、「清らかな真心と知恵が大切である」と答えています。

こうした善財童子の求道の精神、無限向上の道を歩んでいく菩提心こそ一番大切なことであることがわかってきます。

④インドラの網

平成二十六年九月二十一日に、NHK教育テレビの「こころの時代」で、東京大学名誉教授の木村清孝氏による「さとりへの道―『華厳経』に学ぶ⑥　今、ここに出会う」が放映されました。この中で氏が解説された「インドラの網」をまとめる形で紹介したいと思います。

「インドラの網」の話は、『華厳経』以外の経典にも出てきますが、特に『華厳経』で大切な譬えとして使われています。もともとインドラはインドの神様ですが、仏教に入り、帝釈天になります。その帝釈天がお住まいの宮殿には大きな網がかかっています。その網の目の一つひとつに美しい珠玉がついています。その玉が、この網全体をそこに映し、お互いがまた映し合って輝くという譬えです。これは、この現実の世界が奥深い縁起的な関わり合いの中で成立していることをたとえたものです。物事と物事が決してバラバラに存在するのではなく、深く関わり合い、交わり合い、融合し合っているのが真実なのだという事事無碍法界を譬えているのが「インドラの網」です。

⑤宮沢賢治の「インドラの網」（注⑩）

宮沢賢治は、『華厳経』の「インドラの網」のたとえ話をヒントに「インドラの網」という文学作品を書いています。この作品では、コウタン大寺を砂の中から発掘した青木晃がひどく疲れていて、秋風の吹く中を草穂の間に倒れていた時に、天の世界に入り込み、天人の姿を見たり、三人の天の子供たちに出会い、インドラの網を見せてもらう幻視を体験するという構成になっています。

コウタンは、中華人民共和国新疆ウイグル自治区にある砂漠で、この地には紀元前二世紀から紀元後十二世紀まで栄えた都がありました。この地は十九世紀末から二十世紀にかけて、海外からも日本からも調査団が行っています。賢治もこのことを知っていて、作品の舞台をコウタンにしたものと思われます。

宮沢賢治の作品の主人公は皆賢治の「別の一面」あるいは「別の自分」であることを考えると、「インドラの網」では、賢治は考古学者青木晃として登場していることになります。考古学の仕事は、過去・現在・未来をつなげることです。別の言い方をすると、現在には過去と未来が含まれているということです。現在にいながら、現在とは異なる時代や場所を眺めることができます。

たとえば、三葉虫の化石が山頂で発見されることがありますが、三葉虫は五億年前の海に棲んでいた節足動物で、発見された山頂は太古の時代は海だったということで、もしかしたら将来にまた海になってしまうかもしれないという未来を想像させたりします。時間・空間を含む宇宙の全てがつながっていることを伝えている賢治の「インドラの網」の主人公が考古学者であることは、作品の趣旨にぴったりですね。

青木の幻視の中で、インドラの網を見せてくれる天の子供は、青木が掘り出したコウタン大寺の遺跡の壁画に描かれている三人のうちの一人です。見せてもらったインドラの網を青木は次のように描写しています。

私は空を見ました。いまはすっかり青ぞらに変ったその天頂から四方の青白い天末（空の端）まで、いちめんはられたインドラのスペクトル製の網、その繊維は蜘蛛のより細く、その組織は菌糸より緻密に、透明清澄で黄金でまた青く幾億互に交錯し光って顫《ふる》えて燃えました。

インドラの網の向こうには蒼孔雀がいました。

ここで三人の天の子供たちは見えなくなり、青木はぼんやりと目を覚ましたところで物語は終わります。

宮沢賢治研究者の一人ロジャー・パルバース氏は、賢治の世界観をひと言でまとめるなら、「わたしたちがおたがいにつながっている世界」（interconnectedness）だと言っておられます。（注⑪）これはまさに、『華厳経』の「インドラの網」によって示されている世界観であり、事事無碍法界の世界観ですね。生物であれ、無生物であれ、この宇宙に存在するものは全てがお互いに密接に関係し合っている世界、あるいは、お互いに密接に関係し合うことでしか何一つとして存在できない世界ということです。

賢治の「インドラの網」という作品は文学作品ですから、『華厳経』の説く世界観をこと細かに書くことはせず、象徴的に描いているだけなので、読む側が敷衍して広げて考えていくと、全てはお互いにお互いの運命を共有しているということになり、最終的には、賢治の幸福観である「世界がぜんたい幸福にならないうちは個人の幸福はあり得ない」につながっていくのだと思います。

⑥日本史の中の『華厳経』の足跡

奈良の東大寺が華厳宗の本山ですが、聖武天皇は、『華厳経』の説く理想的な安楽な仏国土を実現させるために、東大寺を建立されました。平安時代には美しい「華厳絵巻」が作られ、朝廷の貴人たちに信奉されました。鎌倉時代には、明恵上人が『華厳経』の教えを平易に世間に広めました。江戸時代に設けられた東海道五十三次の五十三という数字は、『華厳経』の善財童子が悟りを得るために五十三人の賢者を訪ねて、教えを聴くための旅をしたことに由来しています。そして、現代の観光地にも『華厳経』は生きていますので、少し例を挙げたいと思います。

安倍文殊院（華厳宗）

奈良県桜井市にある安倍文殊院では、善財童子の木彫り像を見ることができます。

ここの文殊さんは、京都府天橋立切戸の文殊、山形県亀岡の文殊と並び、日本三文殊の一つで、この寺は正式には「安倍山崇敬寺文殊院」といって、六四五年に大化の改新の折に左大臣となった安倍倉梯麻呂《はしまろ》により建立されました。ここは安倍一族の発祥地であり、奈良時代の遣唐使・安倍仲麻呂や平安時代の陰陽師・安倍晴明が出た寺院としても知られています。因みに、「あべ」姓は、現在「安倍」や「阿部」等、十二種類ありますが、日本家系図学会会長の宝賀寿男《ほうがとしお》氏によりますと、最初の「あべ」姓は、「阿倍」で、天皇の料理番という意味の職業が姓になったものだそうです。残りの十一種類は、全て「阿倍」から派生してできた名字だということです。

本尊は文殊菩薩で、獅子に乗り、四人の脇侍を伴う渡海文殊の形式で創られています。これらの渡海文殊群像は、快慶作で、国宝になっています。文殊菩薩は獅子に乗り、四人の脇侍を従えて海を渡ってくることが多いので、渡海文殊という形式ができました。『華厳経』において普賢菩薩と文殊菩薩は大きな役割を果たしていますが、普賢は悟りの実践的側面の象徴であり、文殊は悟りの知性的側面の象徴となっています。

文殊菩薩が従えている四人の従者の中に善財童子がいます。文殊五尊像の脇侍は、通常、善財童子、優填王《うてんおう》、最勝老人、仏陀波利三蔵ですが、安倍文殊院では、最勝老人を維摩居士に、仏陀波利三蔵を須菩提にしています。安倍文殊院の五尊像の並びは、向かって左から維摩居士、須菩提、文殊菩薩、善財童子、優填王です。

維摩居士は、『維摩経』に出てくる文殊菩薩との法輪の話で有名です。須菩提は、釈迦十大弟子の一人です。優填王は、西域・優填国の王子ですが、文殊との関わりは不明です。しかし、『華厳経』の新訳本が優填国の僧によって成されるなど、『華厳経』と密接な関係にあることから取り入れられたものと思われます。善財童子はいうまでもありませんが、『華厳経』「入法界品」に登場する純粋可憐な童子で、文殊菩薩の教導を受け、仏の悟りを得るために、諸所の善知識を歴参することで知られていますね。文殊菩薩をお乗せしている獅子が、善財童子が気になるのか、視線を彼のほうへ向けているのがユーモラスでいいですね。これはきっと快慶のアイディアなのでしょうね。体は横向きで合掌し、顔は正面に向けて歩んでいる善財童子の姿には心打たれます。

建仁三年（一二〇三）に東大寺で東大寺総供養が行われました。これは、後鳥羽上皇の行幸を得て、東大寺復興完成を祝う行事で、これに間に合うようになされたのが、東大寺南大門の金剛力士像造立であり、東大寺末寺である崇敬寺（安倍文殊院）の文殊五尊像の造立だったようです。両方を同時にやったので、快慶もさぞ忙しかったことでしょう。

安倍文殊院の他にも、奈良西大寺には文殊五尊像がありますし、京都醍醐寺にも文殊渡海図があり、探せばもっと『華厳経』の足跡が残っていると思います。

柴又帝釈天（日蓮宗）

柴又帝釈天といえば、映画『男はつらいよ』の車寅次郎ゆかりの寺として有名ですが、ここは経栄山題経寺という日蓮宗のお寺なのです。

題経寺は、寛永六年（一六二九）に日忠、日栄という二名の僧によって開かれました。境内には樹齢五百年の瑞龍の松があり、松の根方に霊泉が湧いていて、徳の高い場所ということで、この地に庵が結ばれたのが始まりで、今もこの御神水が湧き出ています。参道の一画には、山田洋次監督自筆の寅さんの口上の石碑が建っています。

「私生まれも育ちも葛飾柴又です　帝釈天で産湯をつかい　姓は車、名は寅次郎　人呼んで　フーテンの寅と発します」

寅さんが帝釈天で産湯をつかったのも、この御神水を使わせてもらったということなのですね。

九世日敬《にっきょう》の時に広く信仰が広がるようになりました。この寺には、宗祖日蓮が自ら刻んだという伝承のある板彫り本尊がありましたが、長年所在不明になっていました。しかし、日敬の時代に本堂を修理した時、棟木の上から発見されました。この板彫り本尊は、表に題目と『法華経』「薬王品」の要文が書かれ、裏には右手に剣を持った帝釈天像が彫られていました。帝釈天像は、悪魔降伏形相という怖いお顔をなさっているのですが、これは、日蓮聖人の夢に出てきた姿だと言われています。帝釈天はいうまでもなく、『華厳経』に出てくる「インドラの網」のインドラのことです。

これが発見されたのが安永八年（一七七九）の庚申の日であったことから、六十日に一度の庚申の日が縁日となりました。庚申とは干支の一つで、「かのえさる」のことです。道教によれば、人間の頭と腹と足には三尸《さんし》の虫という虫がいて、いつもその人の悪事を監視していて、庚申の日の夜に、その人が眠ってしまうと天に昇っていって、天帝（閻魔大王）に報告するので、三尸の虫が天に昇れないように、庚申の日には徹夜する信仰が成立しました。これを「庚申待」（注⑫）といいます。「庚申待」は平安時代から行われ、江戸時代に民間にも広がりました。仏教では庚申の本尊を青面金剛及び帝釈天に、神道では猿田彦神としています。

板彫り本尊を発見して四年後の天明三年（一七八三）に、日敬が板本尊を背負って江戸の町を歩き、天明の飢饉に苦しむ人々に拝ませたところ、不思議な効験があったため、柴又帝釈天への信仰が広まっていったといいます。こうして柴又帝釈天が有名になり、門前町が形成されたのもこの時からのようです。参道で最も古い店の一つに「い志い」があります。ここは、江戸末期に呉服店として始まりましたが、常連客に出していた茶菓子や漬物が評判になり、戦後茶店に衣替えし、今和菓子が大人気の店になっています。「フーテン寅焼き」も人気の一品だそうです。

柴又帝釈天は近代以降も、夏目漱石の『彼岸過迄』を始め、多くの文芸作品に登場しています。柴又帝釈天の中でも特に目を引くのは、帝釈堂内殿の外部東・北・西全面を覆った装飾彫刻で、見る者を圧倒します。これらの彫刻群の中でも特に有名なのは、『法華経』に説かれる代表的な説話十話を視覚化した「塔供養の図」で、大正十一年から昭和九年にかけて、加藤寅之助ら十人の彫刻師が一面ずつ分担制作したものです。一例を挙げると、「三車火宅の図」があります。炎に包まれた家は煩悩に満ちた現実世界の象徴で、煩悩を捨て、人格を高めよ、と教えている彫刻です。これらを見た五木寛之氏は、人物像の表情、手の動き、体の質感等、フィレンツェのルネサンス期の彫刻にも劣らない迫力だと絶賛されています。基壇部分の彫刻は四代目波の伊八が担当しています。華やかで、技巧的で、繊細な「塔供養の図」と比べ、基壇部分は素朴で、雄渾で、力強い造りになっています。初代波の伊八（本名・武志伊八郎信由）は安房国（千葉県）出身の宮彫師で、欄干彫刻の権威で、葛飾北斎も彼に教えを乞い、彼のお陰で「冨嶽三十六景神奈川沖浪裏」の波を描くことができました。初代波の伊八は昭和二十九年に亡くなった五代目まで、二百年間続きました。演歌で有名になった矢切の渡しも、柴又帝釈天から歩いて七分のところにあり、柴又帝釈天は一度は訪れてみたいところですね。引揚者であった山田洋次監督は、京都や奈良ではなく、この一帯に日本的なものを見出しました。ここが日本のふるさとだという山田洋次監督に共感した五木寛之氏は、いやアジアのふるさとだと言ってもよいと捉えています。若い頃、五木氏は、柴又で新聞配達をされていたそうです。

柴又帝釈天以外でも日本には多くの帝釈天が見られます。主なお寺を列挙するだけでも、法隆寺（奈良）、東大寺（奈良）、唐招提寺（奈良）、秋篠寺（奈良）、東寺（京都）、三十三間堂（京都）、醍醐寺（京都）、等々です。また、山の名前にもなっています。日光連山の帝釈山、帝釈山脈（福島県・栃木県境）の帝釈山等です。

❖河合隼雄氏が解き明かす明恵上人『夢記』

①明恵と夢

仏典には多くの夢が記されていて、深い意識層で把握された現実が語られています。麻耶夫人が釈迦を身籠る時、菩薩が白象に乗って胎内に入る夢を見たことが『過去現在因果経』に記されています。『阿難七夢経』は、阿難の見た七つの夢に対して、仏がその意味を述べたもので、それは、仏法が衰微し、出家者が堕落することの前兆であると述べてあります。これらは、仏典に出てくる夢が、吉兆いずれかの前兆を示すものと言えますが、夢を前兆としてではなく、一つの宗教体験として評価しているものもあります。明恵も影響を受けている『顕密円通成仏心要集』では、夢を観想に通じるものとして捉え、その功徳について述べられています。夢を見ることそのものが他の修行と等価であるとしています。こうしたことから僧たちは、夢の中での宗教体験を積極的に求めました。祖師たちの宗教体験が、夢想・夢告の形でなされているのも肯けます。明恵の『夢記』もこうした流れの中で見ていくことができます。

夢は人類にとって大きな関心事で、長い間、それは超越存在からのメッセージとして受けとめられてきましたが、啓蒙主義の時代から夢の価値が低落し、夢は不合理なもので、夢判断の類は迷信として退けられるようになりました。夢に再び焦点をあて、学問として取り上げたのがフロイトとユングです。

夢に現れる無意識を、フロイトは抑圧された願望と捉えましたが、ユングは、破壊的であると共に建設的で、創造の源泉として捉え、人間の自我はある程度の統合性を持っているがそれは一面的で、この一面性に対して無意識は補償的、平衡的働きをしていると考えています。夢の告げるところの意味を悟り、自分の自我のあり方と照合し、自分の生き方を改変していくと、高次の統合的な存在に向かって変化していくことになります。こうした過程を通じてこそ真の個性が生み出されてくるとして、こうした過程を「個性化」の過程、あるいは「自己実現」の過程とユングは呼びました。夢を記録し、夢を生きることで自己実現していった明恵は、ユングが唱えたことを既に十三世紀に行っていたことになります。

白洲正子氏の『明恵上人』（講談社、一九九二年）は、明恵の夢の本質について次のように述べています。「明恵の夢は夢ではない。覚めている時の生活の延長であり、そういう意味では、やはり過去の記憶と呼べるかも知れません。ただ、心理学者と違う所は、彼の夢は生きていることです。研究の材料ではなく、信仰を深めるための原動力なのであって、夢と日常の生活が、不思議な形で混じり合い、からみ合って行く様は、複雑な唐草模様でも見るようです」白洲氏のこの言葉は、河合氏の明恵に対する考えと殆ど変わらないと河合氏は言っておられます。

明恵の見た夢で最初に挙げられるものは、父母を亡くした後、九歳の時に親類を離れて高雄山に登り、当日の夜に見た夢のことです。（注⑬）それは、乳母の体が切り刻まれ、散在していたという夢です。身体切断の主題は、多くの神話や宗教に見られ、象徴性が非常に高いものです。エジプトの神話では、オシリスが弟セトに殺され、身体切断され、バラバラにされます。また、ディオニュソスの宗教においても、狂宴の果てに、犠牲となる動物の身体切断が行われます。ユングは、こうした身体切断の主題の意味を、錬金術との関連で述べています。

錬金術の本は、金を造り出す過程を述べたものではなく、人間の人格の発展の過程（ユング流に言えば個性化の過程）を述べているものと考えて、そのような観点から錬金術の本を読み解きました。錬金術の最初の過程は、全く未分化な原料が、分離、あるいは要素への分解の段階に進みますが、この段階は、身体の切断、動物の犠牲などによって示されます。このような錬金術における象徴的表現は、明恵の乳母の身体切断の夢に通じるものを感じさせると河合氏は分析しています。

明恵自身は、乳母の体が切り刻まれて散在していたこの夢に関して、乳母は平生から罪深い人間であったので、このような形で夢に出てきたのであろうが、だからこそその後生を助けてやらねばという、日本人らしい母性原理に基づく考えを持ったようですが、河合氏の分析によりますと、明恵の夢の中の乳母を、母性一般と置き換えてみると、母性の切断という、日本人には極めて難しい主題が予定されていたとも言うことができるのではないかと思われます。日本文化は包む機能を主とする母性原理が優位ですが、欧米文化は切る機能を主とする父性原理が優位的です。人間が成長していく過程には、必ずこの父性原理と母性原理との相克、共存などに伴う苦悶、苦悩を経験することになりますが、そうしたことがこの夢に既に予定されていたのかもしれません。こうした分析は河合隼雄氏のような専門家でないと到底できません。しかし、そうした専門家に分析していただいたお陰で、私たちは夢の奥深さを知ることができ、大変ありがたく思います。

夢には、無意識内の創造性が現れてくることがあります。タルティーニ作曲の「悪魔のトリル」やケクレのベンゼンリング発見などがそうです。また、ノーベル物理学賞を受賞した湯川秀樹博士は、『荘子』応帝王篇の「渾沌七竅《しちきょう》に死す」の物語を夢に見て、「中間子理論」のヒントを得たといいます。この物語は、人間的な有為のさかしらが、自然の純朴を破壊することを象徴的に説いた、『荘子』の中でも傑作の寓話です。明恵にも似たような体験があります。明恵が理解できないところを、当時の碩学・尊印に尋ねましたがわからずじまいだったところ、一人のインド僧が夢に現れ、疑問を一つひとつ解明してくれました。因みに、明恵の夢には、よくインド僧が現れるのが特徴です。夢で『理趣経』を授けてくれたのもインド僧ですし、明恵が耳を切った後すぐ見た夢にもインド僧が現れています。これらは、明恵が仏教をいかに仏陀と直結したものとして受けとめようとしていたかを示すものです。

明恵は十二歳の時、高雄を出て深山に籠り、修行しようと思ったのですが、夢でまだその時ではないと言われ断念しています。

十三歳の時には、老いを感じ、自殺しようとしています。十三歳で老いを感じるとは、不思議に思われるかもしれませんが、この時期は思春期の一歩手前で、それなりの完成に達します（それが一種の老いにあたるということ）が、思春期には性の衝動が起こり、それとどう取り組み、どう生きるかの危機状態に臨むことになります。十三歳での自殺衝動は、折角の完成を維持するためと思われます。犬や狼に喰われて死のうとしましたが果たせず、定業ではないことを悟り、その後は自殺のことは考えないようになったようですが、これは謂わば捨身行為と言えます。明恵はどうしてここまで強く自分の身体を否定したのでしょうか。一つには、求道のためや他の苦しみを救うために自分の命を捨てるのを惜しまないのは仏教の伝統であり、こうしたことへの憧れから捨身の決意をしたのではないかと思われます。もう一つ考えられるのは、武士の血を引く者としての潔さのようなものが作用していたことも否めないという内容の発言を白洲氏はされていますが、河合氏も同じ考えを持っておられます。

仏教の伝統である捨身への憧れからにせよ、武士の潔さによる捨身にせよ、明恵には若い頃から捨身願望がありましたが、夢にも捨身が出てきます。明恵が十六歳の時に東大寺戒壇院で具足戒を受け、出家したあとのある日、狼に喰われる夢を見ました。深層心理学の分析では、夢の中で自分の死を見ることは、何らかの意味で、人生における急激な変化と対応しているということです。『日本霊異記』の著者・景戒も自分の死の夢のことを書いています。夢の中で景戒が死に、その身体を焼く時に、彼の魂神《たましい》がうまく焼けるようにと、小枝で死体を突き刺し、裏返しにしたという夢です。

フロイトによれば、夢は、「抑圧された願望の偽装された充足」で、抑圧された願望とは性衝動のことですが、抑圧された願望はそれだけではなく、他にもいろいろあります。身体は煩悩に満ちていて、他のいろいろな欲望、たとえば財産や栄達を求めるなど、と結びついています。明恵の、狼に喰われて死んでしまう夢を別の視点で解釈するのに参考になるのが、錬金術の本に出てくる、王が狼に喰われている図です。錬金術は、前に見ましたように、人間の個性化の過程が、金を造り出す化学的過程に投影されたものですが、そうした視点で考えると、王の死は「意識の規範原理の死」を意味しています。これまでの規範原理は死んで、新しい規範原理が生まれてきます。錬金術の考えで明恵の捨身の意味を見てみると、子供時代が終わり、それまでの規範原理は破棄され、次の規範原理を自らのものとして確立するための過程であることが見えてきます。

明恵は十九歳から『夢記』を書き始めますが、仏眼仏母にまつわる多くの夢の体験をし、その意味の深さを感じて『夢記』を書き残すことにしたのであろうと河合氏は考えておられます。仏眼仏母尊、略して仏眼は、仏の目を人格化したものであり、また一切の諸仏の母とも考えられています。

目は多くの象徴的な意味を持っていて、ユングは、目は母の子宮であり、瞳孔はその中から生まれる子供である、と述べ、エジプトの神話には、目の中に入った神がそこから再生してくる話を伝えています。明恵にとって仏眼仏母は、おそらくこのような意味を持っているものと思われ、明恵は仏眼を本尊とすることによって、捨身での再生体験の継続として、母なるものの体内に戻り、そこから再生してくる過程を体験したものと思われます。明恵は仏眼を母と思い、それと同一化するような夢を次々と見ていきました。明恵がこれほどまでに帰依した仏眼仏母尊は高山寺に現存し、私たちも見ることができます。

明恵は二十四歳の時に右耳を切っています。これは、自分の姿を変えて仏道への志を示すためのものでしたが、この行為はいろいろな意味を持っていると河合氏は指摘されています。明恵には、自分の身体というものを拒否する気持ちが強くありました。幼少時から自分の顔を傷つけようとしたり、十三歳の時は前に見たように捨身を試みました。今回はとうとう決行し、今までの思いに一つのけりをつけたということになります。もう一つ考えられることは、これまで明恵は母なるものの世界に浸り切るような生き方をしていましたが、その世界を出て、父なるものの世界とも接触する必要が生じてきたものと思われます。いつまでも自分だけの世界に留まらず、社会と接触し、他人のためにも大きい仕事をする必要に駆られました。そのためには、母性性のみならず、父性性をも併せ持つ人格となることが必要であり、そのような強さを獲得するために、白上の峰での荒行もありましたし、その完結のためには、今まで一体であった母なるものに対して捧げるべき生贄が必要であり、父性的な強さを立証するための試練に耐えることも必要でした。その行為として耳を切るという行為があったということです。

そして明恵は自分の行為の判断を、魂の声としての夢に依存していました。耳を切った夜に見た夢は、彼の行為を承認するものでした。夢にインド僧が現れ、明恵に向かってこう言います。「自分は、頭、目、手足などを仏法のために惜しまない行為をしたことを記録する者である。この度、明恵が如来を慕い、仏のために身命を捨て、耳を切って如来を供養したことを記載し留めおく」と言って、大きい一冊の書に書き込みました。この夢は、明恵の行為が仏によって承認されたことを意味しています。

翌日、明恵が『華厳経』を読んでいると、明恵の目の前に文殊菩薩が現れました。善財童子が求道の旅で、最初に会うのが文殊菩薩であるように、明恵も、自分の求道の旅の最初に文殊菩薩に出会ったとも考えられます。耳を切った夜に見た夢といい、翌日の文殊菩薩の顕現といい、明恵は自分の行く道に自信を得たことと思われます。

明恵は、建久七年（一一九六）二十四歳の時に、金色の二羽の孔雀より経二巻を授かる夢を見ています。そして目覚めた時、枕の下が涙で濡れていました。明恵の夢には二という数字がよく出てきますが、これは明恵の人生に生じた多くの二元性を表しているように思われると河合氏は分析されています。夢で、孔雀から授かった一巻には「仏眼如来」、もう一巻には「釈迦如来」と書かれていました。明恵は、仏眼には母のイメージを、釈迦には父のイメージを持っていました。西洋には、生命の木の両側に二匹の孔雀が配された図がありますが、これは、人間の心の二元性を示すものとされています。このことを明恵の夢に適用して考えると、この夢は、明恵の心の二元性との関わりを示しているように思われます。明恵の人生においては、父性と母性、心と体、合理と非合理など、多くの二元的対立が大きな意味を持ち、そうした二元的対立の中に身を置くことによって、心身を鍛えた面があり、その結果、明恵はそのどちらかを偏重することなく、また、二元的な割り切りを行うこともなく、強い葛藤を我が身に引き受け、そこに何らかの統一を見出そうとして努力した人であると言うことができます。

建仁元年（一二〇一）明恵二十九歳の時には、上昇の夢を何度も見ています。塔に昇る夢を何度か見、気持ち的にはより高く昇ったとさえ感じています。塔に昇る夢に続いて、五十二位を昇りつめる夢も見ています。五十二位とは、求道者の修行の段階のことです。これらの夢は、明恵の修行がいかに厳しく、精神的に純化されたものであったかを示しています。

食事も殆ど取らなかったため、病気になってしまいます。しかし、治療を勧められても全く顧みることはありませんでした。仏道修行のために死ぬのはむしろ望むところといった感じでした。

この状況で見た夢にまたインド僧が現れ、薬をくれます。夢の中で飲んだ薬のお陰で、病気が治りました。この夢で明恵は、自分の体を大切にするべきことを学んだのではないかと河合氏は分析されています。明恵のこの体験は、釈迦が苦行を反省し、苦行をやめることを決意し、バラモンの娘から食の施しを受けた過程と重なり合っているのかもしれません。これら一連の夢の体験を通して、明恵は、身体を切り離しての上昇は、真の悟りには結びつかないことを体験したのではないかと思われます。

明恵が身体との和解を体験してからは、夢のほうも、ひたすら上昇に向かうものはなくなり、外界との関係にも留意するようになって、人々に『華厳経』の講義をしていくようになります。夢も彼のこの変化を支持するものとなります。そしてこの頃明恵は龍宮へ行く夢を見ています。『華厳経』は龍樹が龍宮からもたらしたという伝えがあるためこのような夢を見たものと思われます。

この後明恵は、十年近く、孤高の修行の道を選ぶか、衆生のために尽くす道を選ぶかで迷う年月を送るのですが、三十四歳の時に、後鳥羽院から高山寺を賜り、以後はそこで自らの修行と衆生への奉仕を両立させていくようになります。この頃は、こうした内外界の変化を反映したような夢を見ています。

建永元年（一二〇六）明恵三十四歳の五月の夢では、明恵は女性や子供に親しくされています。この夢は、今まで釈迦への直接的な結びつきを求めて努力していた明恵が、人々との交わりの中に生きる意味を見出したことを示しているように思われます。同年六月には、大魚が死ぬ夢を見ていますが、これは、自分にとっての一つの転換期が到来したことを予感するものなのではないでしょうか。この夢に続いて、何かを他人から得る夢を立て続けに見ています。何かを得るということは、何かを失っていることが考えられ、明恵はこれらの夢で、そうしたことを感じたに違いありません。一般的に言って私たちは、何か新しいものを得た時、それによって失ったものについて意識することはあまりありませんが、自分の無意識の中では、変化が起きていることが多いようです。

そのせいで、新しいものを得て、嬉しいはずなのに心が弾まなかったり、鬱陶しい気持ちになったりすることがあります。昇進したり、家を新築した時に鬱病になり、なかには自殺したりする人もいる場合があります。明恵も、これらの何かを他人から得る夢を見て、失ったもののことを考えたはずですが、彼の場合は悲観的にならず、何かを失うことは、それに代わるものを得るための代価なのだとポジティブに捉えています。

明恵が高山寺に入り（一二〇六年）、東大寺尊勝院の学頭になり、華厳宗を興隆させていく使命を遂行していくことになると、聴講者も増えるようになり、孤独性の強かった明恵が、社会に奉仕するようになりました。こうしたことを反映して、夢には、上流の女性たちとも交わっていく必要から、女性が夢によく出てくるようになりますし、人の汚れを多く目撃することになり、それを反映したいやな夢も見ています。

②明恵と女性

仏陀が仏教を創始した時、女性は考慮の外にありました。そして弟子たちは、厳しい戒律を守りました。第一条は、婦女と交わらないことでした。女性関係から生まれてくる執着を捨てることは難しいので、女性のほうに原因を押しつけ、女性は出家者を誘惑・堕落させる恐ろしい存在なのだという考え方に変化させていきました。誘惑・堕落を欲しているのは男性のほうなのに、それを女性に投影したわけです。こうして仏教では、女性は救い難いもの、成仏できないものという考えに至るのです。しかし、大乗仏教で母性原理が優位になってくると、女性拒否と女性評価のジレンマが起こり、そのことが経典にも反映されてきます。

『法華経』「提婆達多品第十二」の龍女の話は女性成仏の話の代表です。ここには、『法華経』の力で八歳の龍女（龍王の娘）が成仏したことが記されていますが、変成男子成仏《へんじょうなんし》といって、一度男に生まれ変わらなければならず、本性としての女性の成仏の問題は避けてあります。これが限界で、法然も日蓮も変成男子で女性の成仏論を展開しています。

しかし、日本初の出家者は女性なのです。これは、日本の土着信仰では神の憑坐《よりまし》となるのは女性で、そのため日本へ入ってきたばかりの仏教では、日本土着の呪術的面が重んじられた形で受け入れられた事実を反映しています。大乗仏教が日本へ渡来すると、日本古来の地母神的母性の崇拝が前面に出てきて、観音が和光同塵して女性の姿になるのもそのことを示しています。十三世紀頃成立した「長谷寺霊験記」によると、観音が聖武天皇の夢に現れ、濁世の衆生を和らげるのは女性であると言い、自分の光を和らげて女性の姿になり、衆生を救うと告げます。しかし日本では、女性は母としてのみその価値が認められ、男性と対等の存在としての女性のイメージは弱いものでした。

明恵が高山寺を賜ってからは、沢山の女性たちとの交わりが生じました。その中で、何度も戒を破る危険に晒されたことでしょう。そうした日々の中で、夢に女性たちが出てくることが多くなりました。夢と現実は無関係に存在しているのではないので、それは、彼の心理を反映したものだったに違いありません。そして夢の中における明恵と女性たちとの関係はますます深まっていき、遂に建暦元年（一二一一）明恵三十九歳の時に、女性との性的結合を夢で体験したのです。しかし明恵はこの夢を華厳の教えと符合することとして受けとめています。どういう点で符合するのかは具体的には書かれていません。

明恵は確かに性的な夢を見たことを記していますが、それは明恵が性欲を抑圧していたからなのだと解釈するのは一面的だと河合氏は述べておられます。性行為の夢は、性欲が高まった時に見るのは一面の真理ですが、はるかに心理的な意味をもって生じることが多いと言われています。性は男女を結合させ、そこから新しい生命を生み出す行為ですが、人生には他にも様々な結合が生じてきます。この様々な結合を、ヌミノースな感情を伴って表現するために、性的結合の形で夢に出てくることが多いということです。「ヌミノース」とは、一言で言えば、「宗教体験における非合理的なもの」を指します。神仏の声を聞いたり、神仏の姿を見たり、音楽、絵画、演劇、等の芸術に触れ、深く感動することや、大自然に触れて心が洗われる思いをしたりすることも「ヌミノース体験」と呼ばれています。

明恵は生涯女性と性的交わりはしませんでしたが、それは性を卑しいもの、汚いものとしたのではなく、その存在を認めつつ、一方で釈迦の戒を守らねばならぬという葛藤を生き抜いたということです。だからこそ彼は、女性の夢や性的な夢を隠さずに記載したのです。そしてそこに宗教的な意味さえ見出そうとしたのです。明恵の女性の夢の頂点は、承久二年（一二二〇）に見た「善妙の夢」です。明恵の夢に現れた善妙は、明恵が編纂した『華厳宗祖師絵巻』（「華厳縁起」）に登場する女性です。明恵の善妙に対する思い入れの深かったことは、貞応二年（一二二三）、彼が承久の乱による戦争未亡人たちの救済のために建てた尼寺を、「善妙寺」と名づけている事実によっても知ることができます。

③親鸞と女性

仏教における性の問題を明恵と同時代に正面から受けとめようとしたのが親鸞です。異性との関係の在り方は、その人の生き方の根本的態度と深いつながりをもっています。当時の仏僧たちの堕落ぶりはひどいものだったようです。明恵の没年（一二三二年）に出された「貞永式目」には、僧侶の収奪、横領、盗みに至るまでの罪が並べ立てられ、厳重に処罰する旨が述べられています。山本七平氏は、「あらゆる宗教は堕落しうるもの、そしてそれは俗界以上に徹底的に堕落しうるものであるが、同時に宗教改革も対抗宗教改革も可能なのである」と述べています。（注⑭）

こうした多くの堕落した僧侶たちの中にあって、親鸞は女性問題にどのように対処したのでしょうか。親鸞は性の問題と対決するために京都の六角堂で百日の参籠に入り、九十五日目の暁に救世観音の夢告を得ます。それは、たとえ女犯することがあっても、観音自身が女性となり、犯される側になって、臨終の際には極楽に導くというものでした。

仏教のこのような著しい変貌である母性原理の強調は、親鸞以前からありました。『日本霊異記』『今昔物語』『古本説話集』などの仏教説話の中では、仏の母性的要素が強調されています。中でも、吉祥天女の像が修行者の愛を受け入れる話は有名です。ある夜、修行者は夢の中で天女と交接しますが、翌日、吉祥天女の像を見ると、腰のあたりに不浄のものがついていたという話です。

真宗高田派専修寺には、親鸞による「三夢記」が伝えられています。これは建長二年（一二五〇）、親鸞が七十八歳の時に娘の覚信尼に贈ったものと言われています。

一つ目は親鸞十九歳の、二つ目は二十八歳の時の夢です。三つ目が二十九歳の時の六角堂での救世観音の夢です。

詳細は省きますが、明恵と親鸞の共通点は、女性の問題に正面から直面しようとしたことと、その解明の過程で夢が大きな役割をもったこと、と言うことができます。そして河合氏は、二人の夢に登場する女性を、男性の内界における存在のメタファーであるという視点から分析されています。親鸞が夢で得た、「観音自らが女性となって受け入れる」ということの意味は、彼が後年説いた「自然法爾《じねんほうに》」につながるものではないかと河合氏は言っておられます。「自然法爾」とは、人間の心の底から生じてくるものを自然《しぜん》として見るということです。そうなると、観音との一体感は、自然との一体感を示していることになります。自然《じねん》とは、あるがままのあり方のことですから、親鸞は心に生じる女性への思いを自然《じねん》として受けとめ、明恵はその自然《じねん》を、戒を守るという強い自我を介入させることで乗り切ったということになるのだと思います。

④明恵晩年の夢

晩年の明恵は、高山寺において著述をしたり、多くの講義を行ったりしました。そして最後まで修行に努めました。そうした晩年に明恵が見た夢のいくつかを紹介したいと思います。

晩年のある時、明恵は色究竟天《しきくきょうてん》よりも高く、色究竟天を目の下に見、三界のうちで自分より背が高いものはないと思った、という夢を見ています。これは明恵が若い時に見た「塔に昇る夢」の流れに属するものです。

またある時は、「老死」という死人のいるところを超えられなかった夢を見、次に見た夢ではそれを超えています。この頃から、明恵の死に対する準備が着実に始まっていると感じられます。

『夢記』の最後のものとして、寛喜二年（一二三〇）、明恵五十八歳の時の記録があります。ここには二つの夢が記してあります。最初の夢は、高みに登る作業をやり抜きますが、それを二人の女性が助けています。明恵は夢の中で、生きる力を失っている女性たちに生命力を与え、現実においても多くの戦争未亡人たちを助けて、善妙寺を建立したりしました。しかし、内的には多くの点で女性たちの助けによって自己実現の道を歩んできたことを、この夢は告げている、と同時に登る作業をやり抜くという成就体験は、死の近いことを予測しているのかもしれません。

二つ目の夢は、すでに亡くなっている馬医乗善房行俊が生きていて、老人が変じて少童となり、明恵がその少年の師となる夢です。老人が少童になったりするところは、輪廻を感じさせるものがあります。

「高山寺明恵上人行状」(注⑮)には、寛喜三年（一二三一）の明恵の夢が書いてあります。大海の辺に大きな岩が聳え立ち、草花や果実のなった木々が生い茂り、素晴らしい景色があります。それを神通力で自分の居処の傍らに置いた、という夢です。そして明恵は、この夢は「死夢」（死んでいく前に見る夢）であると断定しています。自分は死んでそこへ行くのだなあと感じたということですね。

因みに、ユングも死ぬ少し前に、「死夢」と彼が感じた夢のことを弟子たちに話しています。ユングには特に愛した別荘ボーリンゲンがありました。夢の中で彼は、もう一つのボーリンゲンがあちらに完成され、新しい住人を待っていることを知らされたのです。明恵の場合は、神通力であちらの世界を引き抜いてきたのですが、両者共に、次に住むべき所が夢の中に提示され、二人ともそれを「死夢」と判断しているのは興味深いことです。

明恵は寛喜四年（一二三二）一月十九日に寂滅しましたが、弥勒の浄土、兜率天への上生を願って、南無弥勒菩薩と唱え、弥勒菩薩像の前で臨終の儀を行いました。最後の言葉は、「我、戒ヲ護ル中ヨリ来ル」でした。終生、戒を守り切った明恵に、真にふさわしい言葉でした。

4　胡蝶の夢（注⑯）

今までは、人が眠っている時に見る夢についての話でしたが、荘子の「胡蝶の夢」の夢は、人が眠っている時に見る夢のことでもなく、夢や希望と言う時の夢でもありません。確かに荘子は眠っている時に胡蝶になった夢を見たのですが、荘子が「胡蝶の夢」で伝えたいのはそのことではないのです。そのことを理解するためには、荘子の思想の概略を見る必要がありますので、簡潔に見てみたいと思います。

『荘子』については、玄侑宗久氏がＮＨＫテレビで解説されていますので、そのテキストをまとめる形で紹介したいと思います。（注⑰）

無為自然

『荘子』は今から約二千三百年前、中国の戦国時代中期に成立したとされる思想書で、荘子とその弟子たちが書き継いだものが一つにまとまった本です。『荘子』で語られているのは、一言で言えば、一切をあるがままに受け容れるところに真の自由が成立するという思想です。

管理・罰則の儒家・法家的考え方が支配的な世の中にあって、個人の幸せを考える時には、『荘子』は参考になります。世の中にはいろいろな考え方がありますが、それは相対的なもので、何かが絶対的に正しいということはないのだと考えるのが『荘子』です。

荘子は、人知を超えたあらゆるもののありようを「道」（タオ）という言葉で表しています。道とはどんな定義にも収まらない生命原理のことで、全ての命がそこから出てきます。老子も荘子も、道とは自然（自《おの》ずから然《しか》り）に沿うあり方で、人為を加えないものだと言っています。老子が定義不能とする命の根本原理を、具体を指向する荘子は寓話や物語を使って表現しようとします。

玄侑氏は、その中から三つのエピソードを紹介しています。

①帝王篇の最後を飾る渾沌王の物語

渾沌王に感覚器官がないことを不憫に思った者たちが、感覚器官の七つの穴・七竅《しちきょう》（眼・耳・鼻・口）を開けてあげると、渾沌王は死んでしまったという物語です。

この物語で荘子が伝えようとしたことは、五感の否定です。感覚を信じるなということです。感覚は無為自然ではなく、「人為」と捉え、それは道にしたがうあり方ではないと考えます。感覚というものを人工物、あるいは捏造物と見なすのは老荘思想の特徴です。感覚には「私」が混じります。「私」の都合が加味されるので、ありのままではないということになります。感覚は不完全なもので、ありのままの命を殺す方向に働く、ということを表すエピソードが「渾沌七竅に死す」という物語ということになります。渾沌を不憫に思い、よかれと思ってしたこと（拙速な分別、感情的な判断）が結果的に渾沌とした命の自然を殺すことにつながってしまったということです。

②「ハネツルベの逸話」

孔子の弟子の子貢が、非効率に水汲みをしている老人に、「ハネツルベ」という水汲みのための便利な機械があることを告げ、それを使うことを勧めたら、老人は、自分の師匠から教わったこととして、次のように答えました。「仕掛けからくり（機械）を用いる者は、必ずからくり事（機事）をするようになる。からくり事をする者は、必ずからくり心（機心）をめぐらすものだ。からくり心が芽生えると心の純粋さがなくなり、そうなると精神も性《もちまえ》のはたらきも安定しなくなる。それが安定しなかったら、道を踏みはずすだろう。ワシも『ハネツルベ』を知らないわけじゃない。ただ、恥ずかしいから使わんのじゃよ」これを聞いた子貢は恥じ入ったということです。

現代の私たちは、今まさにこの連鎖の中にあって、不安定なのではないでしょうか。効率を追い求めることを「恥ずかしい」とする感覚、耳が痛いですね。

③『荘子』の理想の人物哀駘它《あいたいだ》

哀駘它は、『荘子』徳充符篇に出てくる人物です。彼は、相手の話に同調するだけで、自分の考えを主張せず、醜い姿にもかかわらず、一緒に住むと、男も女も離れられなくなるといいます。嫁に行くくらいならあの人の妾になりたいという女性たちが十人以上もいるということです。

彼の生き方は、「和して唱えず」というあり方です。自己主張は人為的なことで、聖人はあるがままをよしとし、温かい是認の心で全てを包みます。

❖受け身に徹する

『荘子』は、受け身に徹すると、逆説的ですが、主体的でありうると言っています。変化を全て受け容れられる柔軟さをもってこそ最も強い主体性が得られると荘子は説きました。変化を全て受け容れるには、あらゆる感情、判断、分別は邪魔になるので、そういうものを持たないことを荘子は勧めました。この考え方は禅に影響を与えました。荘子も禅も我をなくすことが重要です。究極の受け身と言えます。「私」を離れ、命そのもの、自然そのものと一体になることです。

「しあわせ」という言葉は、荘子や禅の受け身をよしとする考え方から来ています。奈良時代には、

「しあわせ」を「為合」と表記しました。「天が為すことに合わせる」、それが「しあわせ」ということなのです。全てを受け容れて楽しむ。どんな変化が訪れようと、それを運命として受け容れ、成ったものに成り切って楽しむ。荘子はそうした受け身の生き方を推奨しています。命とは単に無限の変化を繰り返しているだけのものという透徹した認識を持つことが大切です。荘子の理想は何も待たないこと（期待しない、頼らない）なのです。生も死も自然の変化の一環であることを認識し、それを受け容れるしかないということです。ありのままを受け容れるモデルとして荘子は鏡をあげています。鏡は、見る者をそのまま映すだけです。そういう鏡は、愛着や期待を持たずに人を迎えたり、送ったりできる自由な心の比喩となります。荘子の言うありのままとは、それぞれが、それぞれの「もちまえ」を発揮している状態のことです。「もちまえ」とは、持って生まれる性質のことです。荘子の言う「徳」とは、人間も鳥獣も、全てが「もちまえ」を発揮している状態のことです。芭蕉の俳句「やがて死ぬけしきは見えず蝉の声」は、そのことを言っています。

この句は、死を恐れないで、直前までもちまえを発揮している蝉をうたったものです。

❖荘子の根本思想「万物斉同《ばんぶつせいどう》」

荘子は老子が説いた「道」というテーマを受け継いでいます。「道」とは、荘子によれば渾沌たる非存在です。いまだ何も存在しておらず、言い換えればそれは「無」に等しいことになります。無に等しいということは、「斉同」、つまり、みな斉《ひと》しいという状態です。その斉同なる無から万物が生まれてきます。だから、全てのものは元をたどれば斉しい（万物斉同）ということになります。

こういう見方をすれば、余計な対立や差別を解消することができます。荘子は、対立差別が解消される見方として「天均」と「天倪《てんげい》」という言葉を使っています。「天均」というのは、天から見れば全てのものはつりあっているということです。「天倪」というのは、天の高さから眺めれば、区別や対立などというものは、およそちっぽけで、つまらないものになるという意味です。そういう見方を獲得し、差別を超えた自然の立場で和するということが、荘子の願いだと思われます。

❖胡蝶の夢

あれとこれを区別しない。是か非かを分けない。荘子は、生も死も万物斉同の例外ではなく、大きな変化の流れの一部だと捉えようと提唱しました。死は終わりではなく、別世界への目覚めだと見るのです。ある目覚めがあると、人生そのものが大きな夢だったということが分かります。禅では人生のことを時に「大夢」と言いますが、それはここから来ています。この「夢」は、夢や希望の夢ではありませんし、寝ているあいだに見る夢のことでもありません。人生で、ある目覚めがあると、それまでのことは、寝て見ていた夢も同然だと思う。そういう意味の「夢」なのです。そういう目覚めがあると、目覚めている今の時間もやがて「夢」になるのです。このことが象徴的に描かれているのが「胡蝶の夢」です。

荘子は、うたた寝の夢の中で、胡蝶となってひらひらと翅にまかせて大気の中を楽しく舞い歩きます。荘子は、自分が自分であることも忘れて、その楽しみに耽ります。やがて目覚めると、荘子は、やっぱり現身《うつしみ》の荘子です。そして荘子は考えます。この現身の私が夢の中であの胡蝶になったのか、それともあの胡蝶が夢の中で私という人間になっているのだろうか。私が胡蝶なのか、胡蝶が私なのか。夢が現実なのか、現実が夢なのか……。

人間的分別で考えると、荘子と胡蝶とにはれっきとした区別（けじめ）があり、夢と現実とは明らかに相違します。荘子は荘子であって、胡蝶が荘子ではありえないし、現実は現実であって、夢が現実ではありえません。しかし、このような区別をつけて、それにかかずらうことこそが、実は人間の賢しらであり、また愚かさでもあるのだと荘子は考えます。「道」の世界、本体の世界の高《たか》処《み》に立って見はるかすならば、よろずのものは生滅流転、極まりなく果てしない変化の中に在って、その一つ一つのもの全てが、それぞれに真であり実であると言えます。現在の相《すがた》に執着すれば、荘子は荘子であり、胡蝶は胡蝶と考えますが、実在の世界にあっては、荘子もまた胡蝶であり、胡蝶もまた荘子と言えますし、現実もまた夢であり、夢もまた現実と言えるのです。

全てを斉しく見て、あるがままにあること、覚めれば荘子として生き、夢見れば胡蝶として舞い、与えられた今の姿において今を楽しむこと、現在の肯定、それが本当に自由に生きるということの意味であると説くのが『荘子』です。

この「胡蝶の夢」の話は、苦しい「今」に向き合う勇気を与えてくれる考え方でもあります。なぜなら、状況が変われば、「今」が持つ意味も全く変わってくるからです。「胡蝶の夢」は、現実だと思っていたものもやがて覚めてしまえば夢になるという話ですから、たとえ今が辛くても、そんなに思い詰める必要はないという励ましにもなるからです。親に死なれ、悲しく辛い思いをした女の子がいるとします。そしてそのために高校に進学することもできず、就職しますが、そこでよい男性に巡り会い、結婚し、現在は幸せに過ごしているとします。あの時の親の死がなければ、彼と出会うことはなかったでしょう。このように、状況が変わってくると、あの時の親の死の意味が変わってきます。親の死は、こんな幸せな現在を作るきっかけでもあったのです。それは、親が死んで泣いていた自分というものが、夢として思い返される時です。

「塞翁が馬」の話も、状況が変わると、出来事の意味はまるっきり変わってしまうことの代表的な例ですね。馬が逃げてしまって悲しいと思っていたら、それが別の馬を連れて帰ってきた。なんとうれしいことかと喜んでいたら、その馬に息子が乗って落馬し、骨折をした。悲しいと思っていたら、やがて隣国と戦争が始まり、徴兵されるはずだった息子は骨折していたためそれを免れました。

また、これも「塞翁が馬」の一例になると思うのですが、『ハリー・ポッター』の日本語版の表紙絵を書かれたダン・シュレシンジャー氏の話があります。

彼は画家になる前はオリンピックのマラソン選手を目指していて、出場はほぼ確実と思われていたのですが、選考会の二週間前に怪我をして出場を逃し、四年後の選考会の時も、丁度二週間前に怪我をしてまた出場できず、遂にマラソンを断念して弁護士になり、その後画家になったのですが、マラソン選手を目指していた頃に、偶然飛行機の中で知り合っていた『ハリー・ポッター』の翻訳者松岡佑子さんの依頼で表紙絵を描くことになり、現在の画家としての地位を確立されたということです。

荘子の言う「夢」とは、そのような現実のあり様であり、万物の変化のあり様だと考えられます。今も、いつかは夢になるのです。全ての命は無窮の変化の中で次々に目覚めていき、目覚める度にそれまで生きていた生が次々と夢になっていくと考えるのが荘子です。

さらに荘子は、あらゆる二項対立や区別を超えるものの見方を「明《めい》」と呼んでいます。この立場に立って初めて、世界は万物斉同となります。荘子はこの境地を扉の回転軸を差し込む上下の穴「枢《とぼそ》」に擬えています。枢は環の中心にいて三百六十度どのような変転にも対応できます。「明」は、枢のように、三百六十度どのような変化にも対応できるというあり方で、物事を二項対立で捉えるのではなく、無窮の変化として捉え、自然なことなのだから、それに身をまかせようという立場です。荘子はこの無窮の変化のことを「曼衍《まんえん》」という言葉でも表現し、この曼衍をそのまま懐くのが「聖人」だと言っています。

効率ばかりが求められがちな現代社会において、『荘子』は固定観念を解きほぐし、心の自由とは何かを考えさせてくれます。面白くて、しかも人を救済へと導いてくれる本の一つですね。

❖「夢応の鯉魚」

「夢応の鯉魚」は、上田秋成の『雨月物語』の一篇です。『雨月物語』は幽霊の話が多くありますので、第二部の「妖怪物語」の中で取り上げたいと思っているのですが、この一篇は、テーマが「胡蝶の夢」に似ていますから、ここで取り上げて紹介したいと思います。

あらすじ

延長（九二三―九三一）の頃、三井寺に興義という僧がいました。興義は絵の名手でしたが、山水花鳥を専ら描くのではなく、漁師から購った魚を琵琶湖に放ち、その魚が泳ぐところを描くのを常としていました。ある年、病に罹り、七日を経て息絶えますが、胸のあたりが暖かなので、弟子たちが葬らずにいると、三日目に蘇生します。興義は平《たいら》の助の館の人々を呼び、次のような奇異の体験を語ります。自ら死んだことも知らず、なお病熱で夢見心地に湖を泳いでいた興義は、平生の放生の功徳により、海神の使いから金鯉の服を授けられ、鯉に化して心のままに琵琶湖を逍遥します。しかし、海神の警告を受けたにもかかわらず、空腹になった興義は、餌に喰らいつき、漁師文四に釣り上げられ、平の助の館に運ばれます。助けを求めますが、誰も知らん顔をし、俎の上で切られたと思った瞬間に目が覚めた、ということです。その話の一々が、平の助の館のあり様に符合し、人々は奇異の思いを心に抱きます。

後に、興義が天寿を全うして死んだ折、絵を湖に散らすと、本物の鯉となり泳ぎだしました。

分析

ある時興義は、絵に心を集中するあまり、疲れてうとうとし、夢の中で江の中に入り、いろいろな魚と遊びました。夢から覚め、すぐに夢で見たままを描いて壁に貼り、「夢応の鯉魚」と名づけました。その絵が絶妙なのに感心し、興義の絵を欲しがる者が殺到しましたが、与えることはありませんでした。そしてその絵の素晴らしさは広く世に伝えられました。

この冒頭の夢は、後に見ることになる予知夢（正夢）へつながる夢として描かれていて、「夢応の鯉魚」という物語は、夢の入れ子型構造になっていることがわかります。

「夢応の鯉魚」の典拠の一つに、明の時代に編纂された『古今説海』に収められた「魚服記」があります。「魚服記」では、主人公の薛偉《せつい》は役人ですが、それを「夢応の鯉魚」では、絵に巧みな僧に改めています。この改変によって、「夢応の鯉魚」には、原話にはない二つの説話的枠組みが付与されたことになります。一つは、放生の功徳から齎される異類報恩譚の枠組みであり、もう一つは、入神の技が齎す芸術（絵画）の奇特という説話的枠組みです。しかしこれは、「夢応の鯉魚」の主題ではなく、物語に加味された、報恩譚や芸術奇特譚的な色彩ということになります。

興義が絵の中の世界に入って行ったということは、夢の世界に入って行ったことと同義であると、上田秋成研究の第一人者長島弘明氏はおっしゃっておられます。絵と夢は似ています。いずれも現実をなぞりながら、現実とは違う世界を垣間見せてくれます。夢も絵も、此岸（この現実の世界）と、彼岸（現実とは別の世界）をつなぐ通路であり、また彼岸そのものです。

絵や夢が導く彼岸とは何でしょうか。秋成とも交渉のあった文人画家桑山玉洲は、もろもろの煩わしさに満ちたこの俗界から抜け出て、心を無限の自由に遊ばせることができるのが、絵の中の世界である、と言っています。興義の絵も夢も、この文人の思い描いた境地と同じであるように思われます。凡俗の人とは異なる僧の身であっても、俗界からの完全な自由はありません。魚を放つ興義の姿は、寺務や、僧侶であることからさえも自由になりたい、興義の潜在願望の具現化に他なりません。放たれた魚は、放たれることを夢見る興義自身に他ならないのです。脱俗の自由を与えられているはずの僧侶さえ、厳しい戒律に縛られています。ここに、俗と反俗、自由と拘束、そして芸術と実生活の対立という主題が浮かび上がってきます。その意味で、魚となった興義が琵琶湖を逍遥する場面は、拘束から解き放たれた自由な魂の逍遥の姿であり、また芸術の三昧境の風景そのもののようです。

しかし、好事魔多しという言葉があります。この至福の時は長く続かず、興義は急に空腹になり、海神に戒められていた釣りの餌を呑んでしまいます。そして釣り上げられ、平の助の館に運ばれ、助けを求めましたが、誰も理解してくれませんでした。俎の上で切られたと思った瞬間、夢から覚めます。食べてはいけないと頭ではわかっているのに、食べてしまった、この理性と欲望との相克、言い換えれば、反俗と俗との相克は、芸術の理想郷と現実生活の相克・対立の比喩と言えます。完全な自由を得たと思ったのも束の間、それは現実によって侵食されてしまいます。完全な自由と見えた魚の楽しみは、所詮餌で釣り上げられる程度の自由であった、という苦い認識に至ります。興義も執着から離れられない人間であると言えます。興義が鯉になることができたのは、絵と魚に対する執着からであると言えます。執着から得られた精神の自由は、また食べ物への即物的な執着によって、竹篦《しっぺ》返しを受けたということです。この現実からの返報は、『雨月物語』の序文に書いてある、羅貫中や紫式部が受けた報いと同じであり、羅貫中や紫式部に自らを擬する自負を示した秋成にとって、興義は秋成の自画像になっていると長島氏は分析されています。

「夢応の鯉魚」の意味を考える上で参考になる話として、長島氏は、『荘子』に出てくる秋水篇の「魚の楽しみを知る」と斉物論篇の「胡蝶の夢」を挙げておられます。「胡蝶の夢」は前に分析しましたが、「魚の楽しみを知る」は、荘子と恵子の問答からきています。二人が橋の上を散歩していた時、荘子は言いました。「魚がのんびりと泳いでいる。これが魚の楽しみだ」恵子は言います。「君は魚ではないのに、どうして魚の楽しみがわかろうか」荘子は言います。「君は僕ではないのに、どうして僕が魚の楽しみがわからないことがわかるのだ」恵子が言います。「僕は君ではないから、もちろん君のことはわからない。同じ理屈で、君はもちろん魚ではないから、君に魚のことはわからないに違いない」荘子は言います。「議論の根本に戻ろう。君は僕に、魚ではないのに、魚の楽しみがわかるはずがないと言ったのは、君は僕が魚の楽しみをわかっているかどうか知っていて僕に質問したのである。君は僕ではないのに、僕のことをわかっているではないか。だから僕も、この橋の上から魚の楽しみがわかったのだ」

この二つの話は、まさに「夢応の鯉魚」の世界そのままであると長島氏は解説されておられます。魚の楽しみは、魚の楽しみを真に知る人間以外にはわからない。そして、興義が魚になったのか、魚が興義になったのか、それはどちらでもよいと長島氏は言っておられます。魚も興義であり、興義も魚であるということです。さらに言えば、現実と夢に、厳然とした境界があるわけではなく、現実が夢で、夢が現実だということもあるのです。そういう意味では、放たれた魚も、夢の中の鯉も、絵の中の鯉も、絵から離れて水中に遊んだ鯉も、いずれも興義自身であったと言うことができます。

5 心はどこにあるのか

今までは、様々な夢の考察をしてきました。夢は神や悪魔からのお告げであるという考え方から、フロイトやユングの、夢は人の心の無意識から来るものであるという考え方を概観してきました。フロイトの深層心理学の影響を受けて、シュルレアリスムという芸術ジャンルが誕生したことも知れました。『夢記』を残された明恵上人は華厳宗の中興の祖ですが、『華厳経』は、お釈迦様が悟られた心の世界を展開しているものであり、中心思想は唯識観（全ては心の現れ）であることを学びました。『胡蝶の夢』は、荘子の心の自由を説いたものであることもわかりました。

今まで考察してきたことは、全て人間の心に関してのことでしたが、その心とはどこにあるのかということも気になることの一つだと思い、「心のありか」という一項目をたててみました。

❖「心」と「こころ」の語源

心のありかを考察する前に、「心」と「こころ」の語源を調べてみました。「まえがき」でも触れたように、「心」という漢字は、心臓の形を象った象形文字で、古代中国では心臓の鼓動と精神作用が結びつけて考えられていました。胸の鼓動を生きている証と考え、そこに心が宿ると考えました。人間の知・情・意・行いなどは、身体の深所にあって、細かに鼓動する心の作用と考えられていたのです。

「こころ」という大和言葉の語源は、凝《こ》るまたは凝《ここ》るから来たと言われています。凝《こ》るは、散り散りにある同質のものが、一つに寄り固まる、あるいはひと所に集まり寄ることです。凝《ここ》るは、固まって堅くなることで、禽獣などの臓腑の姿を見て、凝《こ》るまたは凝《ここ》ると言ったのが語源とされています。同質の肉がひと所に寄り集まり、固まった臓腑の一つである心臓が、生命の大切な役割を担っているので、そこに精神も宿っていると考えたものと思われます。「心」も「こころ」も語源は心臓から来ていることがわかります。

こうしてできた「心」と「こころ」という言葉は、その後多義的に使われるようになりました。その多義的用法を『広辞苑』から抜粋すると次のようになります。

一　人間の精神作用のもとになるもの。また、その作用

①知識・感情・意志の総体。②思慮、思惑。③気持ち、心持。④思いやり、なさけ。⑤情趣を解する感性。⑥望み、こころざし。⑦特別な考え、裏切り、あるいは晴れない心持ち。

二　比喩的に用いる

①おもむき、風情。②事情。③趣向。④意味。⑤わけ、なぞ解きの根拠。⑥（歌論用語）内容、歌の主題・題材・発想などをいう。

三　その他

①心臓、胸、むなさき。②物の中心。

❖心のありか

心の場所探しの歴史は古く、古代中国では、心臓、胸部、腹部に宿っていると考えていました。アリストテレスは心臓に、医術の祖ヒポクラテスは脳に、プラトンは脳と脊髄に心が宿っていると考えました。バビロニアには肝臓にあるという説がありました。

近年の神経科学者たちは、心の状態は脳の物理的状態と密接な関連があると考えています。たとえば、脳内の各部位と機能との関連や神経伝達物質と気分との関連等が発表されています。

最近では、脳だけで心を説明する理論は不充分で、脳に加えて身体まで含めた総体のダイナミックな相互作用が意志や心という現象を作り出しているとすべきであると指摘されるようになっていますし、今までは脳が人体の司令塔という考え方が主流でしたが、最新の研究では、体中の臓器が情報のやり取りをしていることがわかってきています。

また、ギルバート・ライルという哲学者は、心の場所探しをすること自体が間違いだとして、心とは、脳というハードウェアを基盤として成立するソフトウェアであると考えています。

心が心臓にあると考えられたのは、日常体験から来ているものと思われます。心と体は相関関係にあって、感情的に心が強く動かされると、身体にも生理的変化が起こり、心臓が激しく鼓動します。胸がときめいたり、胸が痛んだりすることもあります。そうした実体験が、心は心臓にあると思わせ、それが言葉にも表されています。多くの言葉が心と心臓を同じ言葉で表しています。ラテン語の cor《コル》、ギリシャ語の cardia《カルディア》、英語の heart《ハート》、ドイツ語の Herz《ヘルツ》、イタリア語の cuore《クオーレ》、オランダ語の HART《ハルト》もそうです。ラテン語の cor から派生してできたフランス語の coeur《クール》も心と心臓の両方の意味を表しています。因みに、英語の cordial《コーディアル》（心からの）、cordially《コーディアリー》(心から）は、ラテン語の cor から派生したフランス語の cordial《コーディアル》を借り入れて作られた言葉です。

しかし、科学が発達し、脳の機能が解明されてくると、心は脳にあるという考えが大勢を占めるようになりました。何かを感じたり、考えたりする機能のある器官は脳以外にはありませんし、恋すると食欲がなくなったり、胸が痛むのは、脳が司っている自律神経のせいです。感情が湧き起こるのも、脳の中のホルモンの働きです。心は脳にあるとわかっていても、先程見たように、心を表す各国の言葉が同時に心臓も表しているように、実感としては、心臓にあると感じられるのも事実です。これは、実際にあるのではなく、あるように感じられる、謂わば、幻の心ということになります。

ファントム・リム（phantom limb）という言葉は、日本語に訳すと幻肢（なくした手足があるように感じられる現象）ということですが、大脳には「身体図式」といって、身体の姿についての記憶の形があり、普段は実際の身体から送られる感覚などと、この「身体図式」の認識が重なっているので、「身体図式」は認識されませんが、何かのきっかけで「身体図式」の方の手足が認識されると、なくなったはずの手足が存在するような感覚が起こる現象のことです。

心は心臓にあるという場合の心は、幻肢のように、心臓のあたりに感じられ、認識される「幻心」のようなものということになります。

では脳のどこに心があるのかということになると、どこか一定の場所にあるのではなく、心は脳の機能だというのがギルバート・ライルの主張になるのです。

心のありかを探しても見つからないのは、車を分解してもスピードが見つからないのと同じだというたとえ方もあります。

❖心は創発現象の一つ

創発とは、部分の性質の単純な総和に留まらない特性が全体として現れることをいいます。

生命は創発現象の塊であるといえますし、組織においても、個々人の能力を組み合わせ、創造的な成果を生み出せるように、創発現象を誘発するような環境を整えることが重要とされます。一＋一が三にも四にもなる現象と言ってもいいでしょう。物理学や生物学等で使われる用語 emergence（発現）が語源で、自律的な要素が集積し、組織化することによって、個々の振る舞いを凌駕する高度で複雑な秩序やシステムや成果が生じる現象、あるいは状態をいいます。

創発現象は、もともと自然科学の複雑系理論のコンセプトであり、人間の脳の働きにその典型例を見ることができます。脳という器官を構成する神経細胞の一つひとつを見ると、比較的単純な振る舞いをしていることがわかっていますが、脳の全体はそれらの相互作用によって、驚くべき知識に目覚め、極めて高度かつ複雑な能力を発現しています。

経済・産業面でいえば、アメリカのシリコンバレーや日本の中小企業群など、数多くの企業が密集し、しのぎを削り合う中で、高度な技術や先進的なイノベーション（刷新・新機軸）が繰り返し生み出され、個々の能力の総和を超えるような産業全体の躍進を齎したりすることです。これらは、ビジネスにおける創発の例と言えます。

アメリカの脳科学者ウォルター・フリーマン（一九二七―二〇一六）は、脳が心を生み出す仕組みについて一つの考えを示しました。

浅野孝雄氏（埼玉医大名誉教授・小川赤十字病院名誉院長）は、フリーマンの *How Brains Make Up Their Minds?* を翻訳し、『脳はいかにして心を創るのか―神経回路網のカオスが生み出す志向性・意味・自由意志』というタイトルで出版されました。（注⑱）この本で展開されていることは、複雑系理論を導入して、人間の心を脳の創発現象として捉えていることです。専門用語が多く、私にはとても難しい内容なのですが、浅野氏がＮＨＫの「こころの時代」（二〇一七年）で、「心はいかにして生まれるのか―脳科学と仏教の共鳴」というタイトルで解説してくださいましたので、それを私なりに簡潔にまとめる形で紹介したいと思います。

自然界には、混沌とした状態から秩序が生まれる現象が存在します。竜巻がその一つです。混沌とした空気の流れが互いに影響し合い、大きな渦巻きという秩序を生み出します。彼は、脳が心を生み出す仕組みも、この渦巻きのようなものだと考えました。

体には一千億個もの神経細胞が張り巡らされています。全身から入る情報は、電気信号として脳の中を駆け巡り、互いに電気信号を受け渡し、作用を及ぼし合うことによって、脳全体を巻き込む大きな流れが生まれます。この流れは、辺縁系と呼ばれる部分を中心に渦巻きのような回転を生み出します。この回転に伴う脳全体のネットワークを、フリーマンは「大域的アトラクター」と呼びました。これが心の実体だというのです。これをまとめると、「心とは、脳におけるニューロン活動の相互作用から、自己組織的に形成されるパターンの流れである」ということになります。

人類が「心」についての観察を始めて以来、心はよく「流れ」にたとえられてきました。唯識仏教を創始した世親の「心は曝流の如し」、西行の「風になびく　富士の煙の空に消えて　行方も知らぬわが思ひかな」、ウィリアム・ジェームズの〝The Stream of Thoughts〟という論文等、人類は、「心」が自然界における「流れ」に似たものであることを、大昔から直感的に知っていました。

人類は太古から、「自ら生み出す」ことを自然の特質と考え、進化論が誕生したあとは、それを創発（emergence）という言葉で表現してきました。
二十世紀に誕生した複雑系科学は、このような自然現象の絶えざる変化と生成を「自己組織化」と呼び、その理論的解明を最大の目的としてきました。生命有機体は一般に複雑系で、脳は自然界における最も高度な複雑系です。複雑生命有機体には創発現象がつきもので、脳内で「心」が創発されるのはその顕著な例となります。
浅野氏は、フリーマン理論と唯識教義を比較し、『古代インド仏教と現代脳科学における心の発見―複雑系理論に基づく先端的意識理論と仏教教義の共通性』（注⑲）という本を書かれました。そのご本によりますと、ブッダの「心」の捉え方は、最新の脳科学理論を先取りしたものであるということです。ブッダの「五蘊《ごうん》」思想がそれです。蘊とは「集まり」のことで、「五蘊」とは、人間の肉体と精神を五つの集まりに分けて示したものです。「色」は物質的存在を示し、「受」「想」「行」「識」は精神作用を示しています。具体的に桜で例を示すと、
色蘊《しきうん》：桜そのもの
受蘊《じゅうん》：感受作用（桜の花を見て美しいと感じること）
想蘊《そううん》：表象作用（桜のイメージを思い浮かべること）
行蘊《ぎょううん》：意志作用（桜の木を植えることを思い巡らすこと）
識蘊《しきうん》：認識作用（「桜」と認識すること）　となります。
ブッダは、心は火のようなものだとたとえました。全てが燃えている火のような現象であるというのです。浅野氏は、これは素晴らしいメタファーであると言っておられます。五蘊がたき火となっ

て回り、互いに影響し合いながら一つの炎を作り上げています。これが心だとブッダは捉えています。心は火のように動的なものだというこのイメージは、まさに自然の持つ生成力、動的プロセスそのものであるわけです。

人間の「心」はどこにあるのか、人類は長い間このことを考えてきました。心臓（胸）にある、いや脳にある、そして現代は脳にあると考えるのが殆どになっていますが、どこか固定された場所にあるのではなく、「心とは、脳におけるニューロン活動の相互作用から自己組織的に形成されるパターンの流れである」というところまで、人類の探究が来ていることがわかりました。

◎注

①常石茂他編『中国故事物語』、河出書房、一九七二年
②『三島由紀夫全集　21』、新潮社、二〇〇二年
③『芥川龍之介全集　第二巻』、岩波書店、一九九五年
④『バッタ・コオロギ・キリギリス大図鑑』、北海道大学出版会、二〇〇六年
⑤『河合隼雄著作集第九巻』、岩波書店、一九九四年
⑥白洲正子『明恵上人』、講談社、一九九二年
⑦光岡明『恋い明恵』、文藝春秋、二〇〇五年
⑧紀野一義『明恵上人　静かで透明な生き方』、PHP研究所、一九九六年
⑨『華厳経』の世界については、主に、松原哲明氏のご著書と、二つのテレビ番組から学ばせて頂きました。
・松原哲明『仏教を読む②　宇宙観を開く　華厳経』、集英社、一九八四年
・「善財童子の旅―『華厳経』を読む―」、NHK「こころの時代」、一九八七年
・「さとりへの道―『華厳経』に学ぶ⑥　今、ここに出会う」、NHK「こころの時代」、二〇一四年
⑩宮沢賢治『インドラの網』、角川書店、一九九六年
⑪ロジャー・パルバース「宮沢賢治『銀河鉄道の夜』」、NHK100分de名著、二〇一一年
⑫西角井正慶編『年中行事辞典』、東京堂出版、一九五八年
⑬久保田淳・山口明穂校注『明恵上人集』、岩波書店、一九八一年
⑭山本七平『日本的革命の哲学』、PHP出版、一九八二年
⑮高山寺典籍文書総合調査団編『明恵上人資料　第一』、東京大学出版会、一九七一年

⑯常石茂他編『中国故事物語』、河出書房、一九七二年
⑰玄侑宗久『荘子』、NHK100分de名著、二〇一五年
⑱ウォルター・フリーマン著・浅野孝雄訳『脳はいかにして心を創るのか―神経回路網のカオスが生み出す志向性・意味・自由意志』、産業図書、二〇一一年
⑲浅野孝雄『古代インド仏教と現代脳科学における心の発見―複雑系理論に基づく先端的意識理論と仏教教義の共通性』、産業図書、二〇一四年

第三章　夢の文学

この第三章では、眠っている時に見る夢が出てくる文学作品を、私の興味の赴くままに選んで紹介し、分析していきたいと思います。

1『君の名は。』

『君の名は。』という映画のことが話題になった時、菊田一夫のラジオドラマ『君の名は』のリメイクものなのかなと思いましたが、段々、そうではないことがわかってきました。

『君の名は』は、一九五二年から一九五四年まで放送されたＮＨＫのラジオドラマで、菊田一夫作の、戦争体験を基にした恋愛ドラマでした。東京大空襲の夜、焼夷弾が降り注ぐ中、たまたま一緒になった見知らぬ男女、氏家真知子と後宮春樹は、助け合って戦火の中を逃げ惑ううちに、数寄屋橋へと辿り着きます。一夜明け、互いに生きていたら半年後の十一月二十四日に、それがだめならまた半年後に会おうと約束して、お互いの名前も知らぬまま別れました。真知子と春樹はいろいろなところで再会しそうになりますが、そのたびに不都合が生じ、なかなか会えません。

この作品は、会えそうで会えない事態が何度も繰り返されるパターンの典型であり、その古典となっています。一年半後やっと会えた時、真知子は明日嫁に行く身の上になっていました。その後、夫との生活に悩む真知子を気にかける春樹の日々が続き、二人を巡る様々な人間関係の中で、運命は更なる展開を迎えていきます。

『君の名は』は大変な人気で、映画化、テレビドラマ化、舞台化もされました。真知子のストールの巻き方が「真知子巻き」といって流行りましたが、これは映画で真知子を演じた岸惠子が、北海道で撮影した時に、あまりの寒さに持参した私物のストールを巻いたまま撮影し、それが人気になったものだそうです。番組冒頭のナレーション「忘却とは忘れ去ることなり。忘れ得ずして忘却を誓う心の悲しさよ」は、今も覚えている言葉の一つです。

真知子と春樹にとって大切な思い出の地、今流に言えば「聖地」である数寄屋橋も今はありません。昭和三十九年（一九六四年）の東京オリンピックを控えての開発ラッシュで、皇居外堀を埋めて高速道路が作られることになり、数寄屋橋も撤去されました。今は数寄屋橋公園に菊田一夫筆の「数寄屋橋此処にありき」の石碑が残っているのみです。

『君の名は』がラジオで放送された時、私はまだ四歳でしたので、覚えていませんが、鈴木京香が真知子を演じたテレビドラマは観ています。それで、『君の名は。』という映画のことを知った時は、つい昔の『君の名は』のことを思い出し、そのことについて長く講釈してしまいました。

『君の名は。』

二〇一六年八月二十六日に封切られたアニメ映画『君の名は。』は、男女の入れ替わりの物語です。

男女の入れ替わりの物語は古くからあり、平安時代後期の『とりかえばや物語』（作者不詳）は、男女が入れ替わるわけではありませんが、関白左大臣に二人の子がいて、男の子は内気で女性的だし、女の子は快活で男性的なので、二人をとりかえたいと思い、男の子は姫君として、女の子は若君として育て、男装の女児である若君は男性として宮廷に出仕し、女装の男児である姫君は女性として後宮に出仕するという物語です。

外国映画にも男女の入れ替わりが出てくる映画は多く、たとえば、『ホット・チック』は、呪われたイヤリングによって、中年男と身体が入れ替わってしまった女子高生が巻き起こすコメディです。『君の名は。』は、大林宣彦監督の映画『転校生』と『時をかける少女』を参考にしているのではないかとよく言われます。『転校生』は、斉藤一夫の幼馴染・斉藤一美が転校してきて、その日の帰りに、二人は神社の階段で転び、家に着くと、二人の体が入れ替わっていることに気づき、愕然とします。『時をかける少女』は、ヒロインにテレポーテーションとタイム・リープという特殊能力が備わって、不思議な体験をします。

確かに両作品を参考にしているのではないかと思われてくるのですが、男女の入れ替わりがテーマだと、多かれ少なかれ似てくると思います。しかし、『君の名は。』の独自性は、男女の入れ替わりが夢の中で起きるということです。

女の子は岐阜県の山奥、糸守町に住む高校生の宮水三葉《みつは》で、宮水神社の巫女をしています。

男の子は東京の高校生、立花瀧です。週に二〜三回の頻度で入れ替わりが続きます。しかし、二人が過ごしていた時間には三年の時差がありました。二〇一六年の瀧と二〇一三年の三葉で、二人は時空を超えて身体の入れ替わりが起こっていたのです。

入れ替わりが起きる最大の理由は、彗星の落下の被害から町民を守るためでした。宮水家の女性には代々この入れ替わり能力が備わっていて、母の二葉にも、祖母の一葉にも、入れ替わりは起こっていました。糸守町にある糸守湖は、一二〇〇年前の彗星の落下で生まれた湖です。最初の彗星落下が起きた時、次に備えて先代の人が築いたのが入れ替わり能力で、未来の人の力を借りて落下に対処するためでした。宮水神社で行われる祭りは、彗星落下の日を後世に忘れずに伝えるために祭事として先祖が定着させたものでした。

しかし、ある日突然二人の入れ替わり現象はなくなってしまいます。体の入れ替わりがなくなった瀧は、三葉の体を通して見ていた景色の風景画を描き、その絵を頼りにその場所がどこなのかを訊いてまわります。たまたま入った高山ラーメンの店主がその絵に描かれた町の出身で、糸守町というところだと判明しましたが、そこは三年前の二〇一三年に、ティアマト彗星の破片が落下し、町ごと消滅したことを知らされます。

ティアマトとは、人間の女性の上半身と蛇の尾を持つ姿のメソポタミア神話の女神の名前です。ティアマト女神の体は、二つに引き裂かれ、それぞれが川や山などの世界の素材となったと言われていて、この名前が彗星が二つに割れることを暗示しています。

衝撃の事実を知った瀧は、すぐにその災害事故に関する資料を調べました。そこには、三年前の悲惨な彗星落下事故のことと、その事故による犠牲者の名前が載っていて、五百人以上にも及ぶその事故の犠牲者の中に、三葉の名前もありました。三葉は三年前に死んでいたのです。しかし瀧は、二～三週間前に確かに三葉とつながっていました。これはどういうことなのかと瀧は考え、かつて瀧が三葉の身体に入れ替わって訪れた宮水神社のご神体のある祠へ行くことを思いつきます。そこは、この世とあの世の境があるという、三葉の家系にとって大切な所でした。

そこへ着くと瀧は、三葉たちが造った口噛み酒を口にします。口噛み酒は、お米を口の中で噛んで唾液と混ぜ、吐き出して発酵させて造るお酒のことです。これを飲めばまた三葉に会えると思ったのです。その後、瀧は三葉の部屋で目を覚まします。二〇一三年の三葉に戻れたのです。三葉に入れ替わった瀧の目的はただ一つ、三葉とこの町の人たちを助けることでした。そして、これこそが、三葉と瀧との入れ替わりの目的だったのです。今夜は、宮水神社のお祭りがあり、ティアマト彗星が落下してくる日だったのです。

事は急を要しましたので、発電所を爆破し、緊急放送をしようとしますが、誰も聞く耳を持ちません。

瀧と三葉の生きている時代が重なる黄昏時《かわたれどき》に瀧は三葉に会い、人々を救うことを託します。三葉は自らの体に戻り、瀧の想いを受け継いで、町民を避難させます。そのあと彗星が落下し、町は壊滅しましたが、三葉たち住民は全員無事でした。

それから五年経ち、瀧の記憶は消えていましたが、八年前に彗星があるところに落ちたという記事に、妙に心惹かれました。そこには、彗星が衝突する寸前に町長の指示で避難訓練が行われていて、奇跡的に住民は被害を免れたと書かれていました。

瀧は、なぜだかわからないけれど、ずっと誰かを探している気がしていました。

毎日就職活動に追われていたある日、向かいの電車の中にいる女性を見て、彼女こそ探していた人だと思いました。その女性も瀧を見て、ハッとしました。二人はすぐに電車を降り、お互いを探しました。そして見つけたのです。二人は同時に名前を聞きます。

「君の名は。」

❖新海誠監督の『君の名は。』の解説

『君の名は。』は、川村元気氏が企画し、新海誠氏が原作を書き、監督したアニメ映画で、観客動員数一九〇〇万人、興行収入二五〇億円以上の大ヒット作品です。

新海誠監督がインタビューに答えて『君の名は。』のことをいろいろ話されましたので、それをまとめる形で紹介したいと思います。

二〇一一年の東日本大震災で、新海監督の心のあり方が変わり、その影響を受けて『君の名は。』が誕生したということを中心に語られました。東日本大震災で、誰にでもこうした災害に巻き込まれる可能性が常にあることを突きつけられ、それが意識下にしみつき、もしも自分があの時、あの場所にいたらという想像力がこの作品の中に入っているので、それが無意識の内に観客にリンクして、観客の心を掴んだのだと思うと分析されています。

しかし、映画はエンタテイメントなのだから、楽しんでもらうことが第一で、その上で感じてほしいことも織り込む。もしも自分があの時、あの場所にいたらという想像力を喚起してもらいたい。こうした構成で『君の名は。』を作ったと言っておられます。

災害からの救済までの部分は、意識下にしみついた不安と、それを解決するための人々の努力が描かれ、最後に瀧と三葉が再会するまでは、「ボーイ・ミーツ・ガール」の図式で、観客にハッピーな気持ちで映画館をあとにしてもらうという構成になっているということですね。

物語には、人々が生き残っていくための教訓を含むものが多くあります。民話・昔話・映画等の物語に唯一できる役割はこれだと新海監督は言っておられます。物語を通して、人は共感することを学ぶのですね。人間の最も大事な能力の一つが共感であり、他者への想像力だと言われています。世界が少しでもよくなればいいという気持ちは誰の中にもあります。優れた映画は、人に楽しんでもらいながら、こうしたことが伝わるようになっているものなのですね。

新海監督がアニメ映画の道に進まれたのは、中一の頃に見た宮崎駿監督の『天空の城ラピュタ』に衝撃を受けたからだそうです。この映画で、雲の美しさ、現実の空の美しさを教えられたと言っておられます。絵は人に世界の見方を教えてくれるものであると知ったということですね。

2「シグナルとシグナレス」

宮沢賢治が生前に発表できた作品は少ないのですが、「シグナルとシグナレス」はその一つで、彼が大正十二年（一九二三年）五月に「岩手毎日新聞」に、十一回に亘って連載した童話です。

遠藤祐氏は、ご著書『宮澤賢治の〈ファンタジー空間〉を歩く』（注①）の中の、「「シグナルとシグナレス」の回路」で、この作品を詳しく解説されていますので、これをまとめながら、私の調べた事柄も織り込んで、書き進めていきたいと思います。

シグナルは東北本線の信号機を男性として、シグナレスは岩手軽便鉄道の信号機を女性として、擬人化したものです。「シグナルとシグナレス」は、この二人の、淡く切ない恋物語で、愛の成就を希求する二人の結びつきを縦軸とし、二人を擁護するもの「倉庫の屋根」・「月」と、妨害するもの「電信柱」との攻防を横軸とする構図になっています。

本作品は、軽便鉄道の東からの一番列車が、歌いながらやってくる描写から始まりますが、とてもリズミカルな表現で、暗記して言ってみたくなるような文章です。

ガタンコガタンコ、シュウフッフッ、
さそりの赤眼が　見えたころ、
四時から今朝も　やつて来た。
遠野の盆地は　まつくらで、
つめたい水の　声ばかり。
ガタンコガタンコ、シュウフッフッ、
凍えた砂利に　湯気を吐き、
火花を闇に　まきながら、
蛇紋岩《さあぺんていん》の　崖に来て、
やつと東が　燃え出した。

ガタンコガタンコ、シュウフッフッ、
鳥がなき出し　木は光り、
青々川は　ながれたが、
丘もはざまも　いちめんに、
まぶしい霜を　載せてゐた。
ガタンコガタンコ、シュウフッフッ、
やつぱりかけると　あつたかだ。
僕はほうほう　汗が出る。
もう七八里　はせたいな、
今日も、一日　霜ぐもり。
ガタンガタン、ギー、シュウシュウ

この物語は、旧花巻駅構内とその周辺で展開されていきます。ここの位置関係を説明しますと、東北本線の花巻駅と、岩手軽便鉄道の終着駅が東西に隣接（終着駅が東、本線の駅が西）して並び、終着駅の東に大きな倉庫があります。本線の線路は、はるか南から駅に至り、さらに北へと延びています。軽便鉄道の線路は、東から緩やかなカーブを描いて本線に近づき、本線と少し併走する形で終着駅に入ってきます。そして、東北本線と岩手軽便鉄道に挟まれた駅の構内に、黒い枕木がいくつも積まれ、信号機と電信柱が立っています。シグナルは本線側に、シグナレスは軽便鉄道側に、シグナルの斜め向かいに立っていました。

二人は互いの顔がよく見え、いつしか恋仲になっていました。しかし、いつの世にも、恋人たちを邪魔する役回りのものがいるもので、昔から、「人の恋路を邪魔するやつは、馬に蹴られて死んでしまえ」という言葉があるくらい、忌み嫌われているのですが、それにもかかわらず存在し、この作品では電信柱がその役をこなしています。電信柱は二人のすぐそばに立っていて、「シグナルの後見人」を自称し、尊大に振る舞い、「若様」であるシグナルを監視し、干渉して、自分の役柄を全うしています。

二人は、電信柱に気取られないようにしなければなりませんでした。

昼間、電信柱が向こうの野原を行く小さな荷馬車に気をとられて、調子はずれの歌を荷馬車に向けて歌っているスキに、シグナルはシグナレスに、ぼくを愛して下さいと迫りました。夜になって、電信柱が眠ると、恋心で眠れぬシグナルは、ぼくを愛して下さい、ぼくを愛すると言って下さいと、また迫ります。お月様は、そんな二人を見守っています。

シグナルはシグナレスを深く愛していました。シグナルが「カロ・ミオ・ベン」を知っていたら、きっと歌っていたことでしょう。この歌は、アリアとしても、ナポリ民謡としてもよく歌われる歌で、愛する女性に対して、自分のことを思ってくれるように願う歌です。堀内敬三氏は、イタリア語のこの曲を、美しい日本語に訳しています。

わが夢　わが歌　そは君　ただひとり

君こそ　つきせぬ　愛の泉
淋しきこの胸の　こよなき　なぐさめ
暗路に見出し　光よ
わが夢　わが歌　そは君　ただひとり
心に抱きて　とこしえに　放たじ

シグナルに激しく迫られても、シグナレスは、身分が違うので、躊躇っていました。しかし、シグナルが何度も、ぼくを愛すると言って下さいと、性急に迫るので、とうとうシグナレスは、「あたし、もう大昔からあなたのことばかり考えていましたわ」と、精一杯答えます。

この言葉に勢いづいたシグナルは、結婚の約束を迫ります。しかしまたシグナレスは、身分違いを気にして煮え切らなくなりますが、またシグナルに説得されて、婚約（原文では約婚）指輪をあげるところまで話が進みます。

『約婚指輪をあげますよ。そらあすこの四つならんだ青い星ね』

『えゝ』

『あの一番下の脚もとに小さな環が見えるでしょう、環状星雲ですよ。あの光の環ね、あれを受け取って下さい、僕の真心です』

『えゝ。ありがとう、いただきますわ』

この時、二人の会話を聞いていた倉庫が声を掛け、自分は二人の味方だと告げます。いつの世にも、恋人たちを応援し、支援するものがいます。この作品では倉庫の屋根と月がその役を演じています。

ここでちょっと星の説明をしますと、四つ並んだ青い星は、琴座のα《アルファ》星、β《ベータ》星、γ《ガンマー》星、δ《デルタ》星のことで、環状星雲とは、琴座のβとγの中間にあるリング状の星雲M五七のことです。

その後、電信柱は、二人の様子がおかしいのに気づき、風下にいる軽便鉄道の電信柱から、二人が何を話していたのかを聞き出し、激怒します。結婚だなんて、やれるものならやってみろ、的な言葉を発し、妨害工作を始めます。

夜になり、二人はみんなのいない遠くへ行ってしまうことを夢見ます。そして、遠くの青いお星様に、私たちをとって下さいと二人で祈ります。そして、祈り疲れて眠ってしまいます。次の日、倉庫の赤い屋根が調停に入り、二人を一緒にさせてやるように、鉄道長をしている電信柱の叔父に言ってくれるように頼みますが、電信柱の怒りは増すばかりでした。

再び夜が訪れ、霧が深く立ち籠めてきました。電信柱も枕木たちもみんな寝静まっています。するとそこへ、霧の中から倉庫の屋根の声が聞こえてきます。調停が失敗したことを謝ったあと、お前たちは霧でお互いの顔が見えず淋しいだろうから、見えるようにしてやると言って、自分について言葉を真似して言えといいます。倉庫の屋根が言う言葉を、二人は一緒にあとについて繰り返しました。「アルファ」「ビーター」「ガムマア」「デルタア」。

するとどうでしょう、シグナルとシグナレスは地上を離れ、天界の海の渚に肩を並べて立っていました。地上のものには聞こえない天界の美妙な音楽であるピタゴラス派の天球運行の諧音も聞こえてきます。二人は遠くの星の間に来ていて、地球から遠く来たことを感じています。そして、二人だけの時を過ごす幸せを感じて、あの倉庫の屋根は親切だという話をすると、「それは親切とも」と倉庫の屋根が二人の間に入ってきて、二人は一緒に同じ夢を見ていたことがわかります。二人がほっと小さな息をするところで「シグナルとシグナレス」は終わります。

倉庫の屋根は不思議な存在ですね。二人の恋人たちにとても親切で、二人を妨害する電信柱にも適切に対処する知恵を持っていて、無益な争いは避けていきます。倉庫の屋根の瓦の色が赤であるのは、「オッペルと象」で白い象のもとに十一日の月が送った天の童子の着衣が赤であるように、彼が常人ではないことのしるしと思えます。そして物語の最後の夜に、二人を幸せな気分にしてやるために、二人を眠らせ、二人に同時に良い夢を送り込んであげます。二人を眠りに導くために唱えさせる呪文「アルファァ」「ビーター」「ガムマア」「デルタア」は、ギリシャ文字の最初の四つで、これはシグナルがシグナレスに婚約指輪として贈った環状星雲が属する琴座のα、β、γ、δの四つ並んだ星々を指しています。倉庫の屋根は、二人の成り行きを最初からずっと見届けていたので、良い夢を見させる眠りを招くのに相応しい呪文であると言えます。

こうして倉庫の屋根は、眠りと夢を自在に操る力を持った魔法使いの役割をしていることがわかります。そして、倉庫の屋根が、自分の魔法をいいことにしか使っていない点から、倉庫の屋根が邪悪な魔法使いではなく、『指輪物語』のガンダルフや、『魔法の国ザンス』シリーズのハンフリーと同じように、良き魔法使いであることがわかります。

シグナルとシグナレスを見守り、応援しているのは、倉庫の屋根だけではなく、お月様もそうですね。倉庫の屋根とお月様は終始二人を見守っています。シグナルとシグナレスは、遠い所へ行けるように、いつも慈愛に満ちた眼差しを注いでくれているサンタマリヤのお月様に祈りを捧げます。サンタマリヤのお月様は、「オッペルと象」にも出てきて、苦難の白象に希望を与えています。白象がそうであるように、シグナルとシグナレスも、「情け深いサンタマリヤ」と月に呼びかけ、願いを叶えてくれるように祈ります。その声が聞き届けられたことは、二人に注がれたお月様の「慈愛に満ちた尊い黄金のまなざし」によって示されています。

「シグナルとシグナレス」の最後の文章「二人は又ほつと小さな息をしました」の意味を考えてみたいと思います。

眠りから覚めた二人は、二つの星となって天界にある無常の幸福が一場の夢であったことを知り、一瞬がっかりしたことでしょうが、それよりも、自分たちには、味方をしてくれるサンタマリヤのお月様や良き魔法使いの倉庫の屋根がいてくれるんだという、自分たちの幸福を感じてついた安堵の吐息だったと思われます。そういう存在に気づくことのできる二人の心のあり様に、私たちも救われているような気がします。

「シグナルとシグナレス」に投影されているもの

シグナルとシグナレスは結局、結ばれることはありませんでした。この作品には、賢治の結ばれなかった恋が投影されていることを解き明かした研究があります。それが澤口たまみ著の『宮沢賢

治　愛のうた』（注②）と、重松清・澤口たまみ・小松健一共著の『宮沢賢治　雨ニモマケズという祈り』（注③）という本です。宮沢賢治は求道的な詩や童話を多く残し、生涯独身を貫いたので、賢治の詩や童話に見られるラブロマンスは、妹や親友との関係を恋愛に見立てて創作したのだという解釈が主流でした。しかし澤口氏は、賢治には結婚も考えていた女性がいたことを突き止め、そのことをこの二つの本で展開されています。

恋人の名前は大畠ヤスで、賢治より四歳下の一八九六年生まれ。宮沢家の近所で生まれ育った人でした。賢治が岩手県稗貫郡立稗貫農学校（現県立花巻農業高校）に就職した大正十年（一九二一年・賢治二十六歳）には、同じ敷地内の花城尋常高等小学校（現花巻市立花巻小学校）で教師をしていました。賢治が仲間と開いたレコードコンサートの場で、二人に恋が芽生えたといいます。

私が前作『物語が伝えるもの』で取り上げた牧野立雄氏の『隠された恋　若き賢治の修羅と愛』は、賢治の恋愛関係に触れたもので、十九歳の時の看護婦への初恋の痛手が終生消えず、それが創作の原動力になったことや、賢治が日本女子大学の妹トシの学友遠藤智恵子さんに結婚の申し込みをしたが、断られたことの顛末が書かれています。結婚の申し込みに来た時は次女のミホさんしかおらず、ミホさんが一存で断ったようです。古いことなので、いつのことなのかもはっきりせず、トシと智恵子さんの在学年から推測すると、大正七年から九年頃のことと思われます。世間一般の男性が惚れっぽいように、賢治もその一人だったのではないかと牧野氏もおっしゃっています。若い賢治にはこうした恋物語がいくつかあったのですね。

大正十一年には、賢治とヤスさんは恋人同士になっており、同年、『春と修羅』の執筆も始めますが、同年十一月に、看病の甲斐もなく、妹トシが旅立ちます。大正十二年十月頃には、周囲の反対で賢治とヤスさんの関係は途絶えます。大正十三年四月に『春と修羅』が完成し、出版されますが、一か月後、ヤスさんは年上の医師と結婚し、アメリカへ渡ります。

『春と修羅』は、妹トシとの別れと同時に、賢治のヤスさんとの恋の始まりから終わりまでが記録されたものであり、ヤスさんが読めばそれがわかるように書いてあるということです。

昭和二年（一九二七年）、ヤスさんは結核のためアメリカで亡くなりました。二十七歳でした。

こうした女性との恋が、賢治を詩人にしていったように思われます。賢治は、自分のこの恋の記録を、「シグナルとシグナレス」の中にも残したのだと思います。

仏教では、利他行を菩薩の理想として掲げています。この仏教の教えからいくと、一人の人を愛することや、自分の子を愛することを恐れます。菩薩行の妨げになるからです。賢治は、恋が成就しなかったことをきっかけに、自分たちだけの幸せを祈ることを自分に禁じ、己を戒めて、その想いを、みんなの幸せを願う方向へ昇華させていくことにしたのではないでしょうか。この原体験のことを賢治は最後まで忘れませんでした。

『銀河鉄道の夜』にも、シグナルとシグナレスが登場してきます。ジョバンニが丘の上で夢から覚める寸前に、「何とも云えずさびしい気がしてぼんやりそっちを見てゐましたら向ふの河岸に二本の電信ばしらが丁度両方から腕を組んだやうに赤い腕木をつらねて立ってゐました」とあります。

「カムパネルラ、僕達一緒に行かうね」ジョバンニが斯う云ひながらふりかえって見ましたら、そのいままでカムパネルラの座ってゐた席にもうカムパネルラの形は見えずただ黒いびろうどばかりひかってゐました。ジョバンニはまるで鉄砲丸のやうに立ちあがりました。そして誰にも聞こえないように窓の外へからだを乗り出して力いっぱいはげしく胸をうって叫びそれからもう咽喉いっぱい泣きだしました。もうそこから一ぺんにまっくらになったやうに思ひました。そして夢から目覚めるのです。

ここには、はるかな宇宙で、シグナルとシグナレスが結ばれている光景が、さり気無く織り込まれています。カムパネルラを、掛け替えのない人の象徴だとしたら、カムパネルラには、いろいろな人が重なって見えてきます。トシ、ヤス……。銀河鉄道の旅で賢治が辿り着いたのは、賢治のはるかな愛の記憶なのかもしれません。

3 川端康成の『掌《てのひら》の小説』

川端康成の『掌の小説』は、川端が二十代から四十年余りに亘って書き続けた掌編（極めて短い作品）小説を収録した作品集で、一九七一年（昭和四十六年）に新潮社より刊行され、一九八九年（平成元年）の改版から十一編追加されて、一二二編収録となりました。

『掌の小説』には、夢をテーマにした作品がかなりありますが、そのことについては後で考えることにして、その概観から見てみたいと思います。

作品については、新潮文庫の『掌の小説』（注④）で、吉村貞司氏が詳しく解説されていますので、それを簡潔にまとめる形で紹介したいと思います。

『掌の小説』の一編一編は、短い作品にもかかわらず、内容が豊かで、作者のあらゆる要素が含まれているという印象を受けます。作者の喜びも、悲しみも、悩みも、嫌悪も入っています。読者は、この作品の多彩さを楽しむこともできますし、思いがけない発見や感動を味わうこともできます。作品をおおまかに分類すると、自伝的作品、伊豆を舞台にした作品、浅草を舞台にした作品、写生風作品、夢想・幻想的作品、リラダン風作品となります。

リラダン風作品というのは、十九世紀フランスの作家リラダンに見られる特徴を持った作品ということで、構想の奇抜さ、神秘趣味、恐怖描写が挙げられます。リラダンの代表作は、一八八三年の短編小説集『残酷物語』、一八八六年の長編小説『未来のイヴ』、一八九〇年の戯曲『アクセル』等です。『未来のイヴ』は、人造人間に初めてアンドロイドという呼称を用いたことでも有名で、三島由紀夫もリラダンの影響を強く受けています。

『掌の小説』の中にも、リラダン風の作品は十作品以上あります。その中の一つ「化粧」の「私」は、たびたび斎場のトイレで、化粧を直している喪服の女の姿を見て、女そのものに不信を抱きますが、ある日、若い女性がそこで泣き濡れているのを見て、今までの悪感情は間違っていたと思います。ところが彼女は、取り出した鏡に向かって笑いかけ、身を翻して、トイレから飛び出していきます。読者はここで取り残されてしまいます。

『掌の小説』の中の代表的作品といえば、伊豆を舞台にした作品の一つで、「有難う」ということになります。昭和十一年には映画化もされました。バスに乗って町へ売られていく娘が、母親のせめてもの情で、恋人のバスの運転手と初めての一夜を過ごさせますが、そのために母親は、娘を売りに行けなくなるという物語です。三島由紀夫は、この作品は『掌の小説』の中でも優れたものの一つだとしています。母親も娘も運転手も運命に対して極度に純潔な人々で、彼らは運命に対して美しい礼節を心得ている人たちだと解釈しています。

自伝的作品の中で、伊藤初代との挿話を題材にした作品として、「日向」、「弱き器」、「火に行く彼女」、「鋸と出産」、「写真」、「雨傘」、「処女作の祟り」、「母国語の祈禱」等がありますが、この中で、「弱き器」、「火に行く彼女」、「鋸と出産」、「母国語の祈禱」には、奇怪な夢が出てきます。

これらの作品のことに触れる前に、川端文学を読み解く時に欠かせない女性、伊藤初代のことについて頭に入れておきたいと思います。

伊藤初代は、東京、本郷元町のカフェ・エランで女給をしていて、そこへよく行っていた川端康成は彼女のことが好きになり、結婚したいと思うようになりました。大正九年にエランのマダム山田ますが結婚し、夫の赴任地台湾へ行くことになり、初代も連れて行くつもりでしたが、叶わず、ひとまず初代をますの郷里の岐阜市加納に住むますの姉、高橋ていのもとに預けます。

ていはその時浄土宗の西方寺の住職と同棲していましたので、初代も寺に滞在していました。そのことを知った川端は、岐阜へ来て、初代に結婚を申し込むと、初代は喜びました。しかし、結婚までの手続きに手間取っている間に、寺の住職に凌辱されたため、初代は川端に申し訳なく思い、婚約破棄の手紙を書きました。理由は言えなかったので、理由がわからなかった川端は苦悶しました。大正十一年に川端と再会した時に、強姦されたことを川端に告白したと初代は日記に書いています。

川端と別れた後、初代は他の男と結婚し、珠江という女の子を産みましたが、夫がその後病死したので他の男性と再婚しました。しかし夫は失業し、生活が苦しくなりました。そんな昭和七年に、初代は有名になった川端邸を訪ね、八歳になっていた珠江を養女に貰ってほしいと頼みますが、川端は断っています。昭和二十三年には、長年の飲酒や心労で、初代は脳溢血で倒れ、半身不随になり、杖をつき、足を引きずって歩く状態になりました。そして、昭和二十六年に、四十四歳で亡くなっています。

川端が初代に惹かれたのは、初代の生い立ち・境遇が、自分のそれと重ねられた面が大きかったようです。初代は八歳で母と死別し、叔母に預けられ、子守や使い走りをさせられていました。平和な家庭で育った少女を愛する気にはなれないと川端は言っています。ハラハラして、ほってはおけない少女を幸せにする、そうすることで自分も幸せになる。そういうメンタリティが川端にはあったようで、それで川端が愛する女性は、子供と大人との間ぐらいの年齢の女性になるようです。

十年ぶりに再会した時は、初代の美しい少女の面影はなくなっていましたが、その原型の少女像や美神像は、新たな形に変化し、文学作品の中で生き続けていくことになりました。あとから考えると、初代と結ばれなかったことによる失意が、川端の生涯の転機となり、様々な作品に深い影響を与えることになりました。川端の、永遠に満たされることのなかった青春の幼い愛は、清潔な少女への夢や、聖処女の面影への憧憬を残し、孤児の生い立ちの克服という命題と融合しながら、独自の基盤をなして、川端文学の形成に寄与したことになります。

川端生誕一一〇年の二〇〇九年（平成二十一年）に、岐阜市湊町のホテルパークから鵜飼観覧船乗り場へ行く途中の「ポケットパーク名水」に、「篝火の像」が建立されました。長良川に向かい、鵜飼船の篝火を眺める川端と初代が並んだ像です。

❖メベッド・シェリフ氏の「圧縮と移動：川端の作品における夢」（注⑤）

伊藤初代と川端康成の関係を頭に入れた上で、伊藤初代との挿話を題材にした作品を読めば、そこに出てくる奇怪な夢も、二人にあてはめて考えると、よくわかってきますが、現・龍谷大学准教授のメベッド・シェリフ氏は、フロイトの思想で、「弱き器」と「母国語の祈禱」を読み解かれました。大変興味深い研究なので、簡潔にまとめる形で紹介したいと思います。

シェリフ氏はまず、川端が若い頃からフロイトの思想に精通していたことを示すために、新潮社の『川端康成全集第三十巻』に掲載されている「新進作家の新傾向解釈」を取り上げています。これは川端が、二十四歳（一九二四年）の時に書いたものです。この中で川端は、「精神分析学」に触れ、この派の学者は、夢を分析するのに、「自由連想」という方法を用いることを挙げ、これについて解説しています。被分析者に、何が夢に現れたかを聞き、たとえば蛇が現れたと聞くと、その蛇についてその時心に浮かんでくるものを、片っ端から、できるだけ早く、何の秩序もなしに言わせます。精神分析学者は、このとりとめのない自由連想に、心理洞察の鍵を見出していくと解説しています。

これによって川端が、二十四歳の時点で、自由連想を通して夢を分析することと、無意識の内容を夢によって知るということを熟知していたことがわかります。

「新進作家の新傾向解釈」が書かれたのと同じ一九二四年に発表された「弱き器」には、夢が出てきます。この作品は短いので、全文を書いてみたいと思います。

❖「弱き器」

街の十字路に骨董店があった。陶器の観世音の像が店と道路の境に立っていた。十二歳の少女の身丈を持っている。電車が通ると店の硝子戸と一緒に観世音の冷たい肌も細かく顫《ふる》える。その像が道に倒れやしまいかと、私は前を過ぎる度に軽く神経を痛めた。——そうして見た夢。

観世音の体が真直ぐに私に向って倒れかかって来た。

長く豊かに垂れていた白い腕を、突然にゅうっと伸ばすと、私の首に抱きついた。無生物の腕だけが生物になった無気味さと、陶器の冷たい肌触りとで、私ははっと飛びのいた。

音は聞えずに、観音像が道路にこなごなに毀れている。

と、そのかけらを彼女が拾っている。

彼女が小さくしゃがんで、きらきら散らばった陶器のかけらを、いそがしげに拾い集めている。

彼女の姿が現われたのに驚いて、何か弁解がましい気持で口を開こうとすると、目がはっきり覚めた。

観世音が倒れてから一瞬間の出来事のように思える。

私はこの夢に意味をつけて見た。

「爾等も妻をあつかうこと弱き器の如くせよ。」

この聖書の言葉がその頃よく私の頭に浮ぶのであった。「弱き器」という言葉から、私は何時も瀬戸物の器を聯想していた。そして更に、彼女を聯想した。

若い娘はまことに毀れ易い。恋をすると言うことそれ自身が、一つの見方では、若い女が毀れることである。そんな風に私は考えていた。

――そして今私の夢の中で、彼女は彼女自身の毀れたかけらを、いそがしげに拾い集めているのではなかろうか。

最初の四行は、主人公が覚醒している間の経験です。次は、主人公による夢の報告です。そして最後は、主人公の夢の分析です。

この夢は、フロイトの夢の理論そのもののようです。まず、主人公が夢を見る前に、夢の材料となる原体験が描かれています。フロイトの『夢判断』では、夢の材料は、数日前からその夜までの間の生活の瑣末的なものから組み合わされることが多いと書かれていますが、この夢もそうなっています。そして次に主人公は、夢の自己分析を行いますが、主人公は「連想」という言葉を使っています。フロイトの手法と同じように、「連想」で、夢の隠れた本当の意味を見ようとしているのです。フロイトによると、顕在の夢（眠っている人に見えてくる夢）は、潜在内容をデフォルメして出てくるといいます。そして、元の潜在内容が、顕在内容に翻訳される過程を「夢作業」と呼んでいます。「夢作業」には、「圧縮」「移動」「表現可能性への顧慮」という三種類があるといいます。「圧縮」とは、夢に出てくる一つのイメージの中に、いくつかの概念が含まれているという現象のことです。よくある例は、夢に出てくる一人の人間が、夢を見ている人の、複数の知り合いの特徴を現しているということです。「弱き器」でいえば、主人公の心の中では、陶器の観世音は、同時に「彼女」でもあるということです。観世音は、人間の苦しみの声を体で感じ、解脱を得させる美しい顔をした菩薩であり、川端の文学において重要なイメージです。人間の救済に努める女性の仏という概念は、男が人間の女性の美しさによって救われるというモチーフの象徴であり、川端の全生涯を通して重要なテーマです。「弱き器」の主人公もこの種類の男性であることがわかります。「弱き器」の主人公は、自由連想を通して夢を分析し、夢の意味として、女性の心は傷つきやすいものであるという意味に辿り着きます。しかし「彼女」は最も重要なイメージなのに、その彼女は、観世音が倒れるという、夢の最も重要な出来事の後にしか現れてきません。つまり、「弱き器」に出てくる顕在の夢では、「彼女」は周辺的な存在になっています。この点にも、「夢作業」の特徴が見られます。フロイトによると、「夢作業」では、無意識に存在する潜在内容の中心的テーマは、顕在の夢では、周辺的な要素として現れることがあるといいます。このようなデフォルメが、「移動作用」と呼ばれるものなのです。「移動作用」とは、夢に出てくる諸イメージの相互関係の歪曲ということもできます。

このように「弱き器」を見てくると、作中に出てくる夢は、川端が精神分析の夢に関する概念を充分に咀嚼して描いた可能性が高いと、シェリフ氏は述べておられます。

❖「母国語の祈禱」のあらすじ

川端が一九二八年に発表した「母国語の祈禱」は、三つのパートから構成されています。この作品は少し長いので、あらすじで辿ってみたいと思います。

第一のパートでは、主人公は言語学の本を読んでいて、そこに書かれていることに感銘を受けます。そこには、母国語の魔力とでも言えるような逸話が書かれていました。イタリイ人のスカンジラ博士は、イタリイ語、フランス語、英語の三か国語の教師をしていましたが、黄熱病で死ぬ臨終の日には、熱にうかされ、無意識的に母国語ばかりで話をしていたという話から始まり、一時気の狂った女性が、狂い始めた時と、よくなっていく時は、フランス語やドイツ語ではなく、母国語のイタリイ語でしゃべったこととか、少年時代をポオランドで暮らし、その後はずっと三～四十年もドイツ語ばかりで過ごしていた林務官が、二時間ほど麻酔のかかった状態になった時、その間はポオランド語でしゃべったり、祈ったり、歌ったりしたという話が紹介されています。そして、フィラデルフィア市南部に住む老スウェデン人たちは、移住後五～六十年経ち、めったにスウェデン語を話しませんでしたが、息を引き取る時、母国語のスウェデン語で祈禱する話が続いて紹介されていました。

この言語学の本を読んだ主人公は、いろいろなことを考えさせられます。世界中に様々な言葉があるのは、野蛮人の間で、他の種族に対して、自分たちの種族の秘密を隠すために発生したのだという説もあります。そう考えると、母国語で祈禱するのは、人間が古い因習に身動きならぬほど縛られながら、その縄を杖柱として生きている心持の一種ではないかと考え、母国語で祈禱せずにはいられない老人たちに同情の念を抱きます。

主人公がこんなことを思うのも、加代子のことを思い出したからです。自分にとっては、加代子がこの母国語のようなものなのだろうかと考えます。

第二のパートでは、主人公は大きなきりぎりすの夢を見ます。頻すれすれを、大きなきりぎりすが飛んでいる夢です。主人公には、そのきりぎりすが、加代子を捨てたことは道徳的に正しいと伝えているように思われます。どうしてきりぎりすの夢を見たのかと主人公は考えます。加代子ときりぎりすが結びつくようなことが過去にあったのか。郊外に住んでいた時に、加代子と一緒にきりぎりすの鳴くのを聴いたことがあるに違いないと考えます。しかし、きりぎりすの羽ばたきがなぜ道徳の象徴なのか。その夢を分析できるようなきりぎりすの記憶はどこに埋もれているのか、思い出せませんでした。

再び眠りに落ち、また夢を見ます。この二番目の夢では、主人公は誰かに追われており、逃げようとして、自分の先祖が住んでいる田舎町に入って行きます。叔父の家で、一寸法師の導きで、風呂に隠れるように言われ、そうすると、そこには元の恋人の加代子がすでに湯船に入っていました。こんなところを追っ手に見つかったら疑われると恐れたため、そこで目が覚めます。なぜこんな夢を見たのだろう。加代子にとっても主人公は、母国語のようなものなのだろうか、と主人公は考えます。

第三のパートでは、主人公は加代子に、わざわざ彼の住む熱海にやって来られ、他の男と心中されます。主人公は考えます。死の瞬間が近づくにつれ、人間の記憶は衰えていき、最後に束の間燃え上がるのが母国語の記憶であろうと。加代子は彼の顔をはっきり心に焼きつけて死んだのだろう。それが彼女の母国語の祈禱だったのだと。死ぬ時まで古い幽霊に憑かれたままで、自分で自分の一生を奴隷にしていたのだと。「母国語の祈禱奴！」という言葉で、この物語は終わります。

❖「母国語の祈禱」の分析

この作品も、「弱き器」同様、フロイトの「自由連想」や「夢作業」で分析されています。

フロイトによれば、全ての夢の内容は、夢主の無意識の願望を充足するものであるといいます。主人公は夢から覚めて、きりぎりすの羽ばたきが、なぜ道徳の象徴なのかと自問していますが、夢に現れるものが、その人の心に存在する想念の象徴であるという考え方は、フロイトのものですし、「埋もれた記憶の象徴」とか「夢の分析」という言葉もフロイトのものです。『聖書』においてきりぎりすは、バッタ同様、ユダヤ人を迫害するエジプトを裁くために送られるものです。そうした役割を果たしているきりぎりすが主人公に纏いつき、主人公はそれが、加代子を捨てることは道徳的に正しいのだ、と思わせます。このように考えてくると、主人公にとってきりぎりすは、精神分析における「超自我」の象徴であると言えます。

二番目の夢は、一番目の夢の続きと考えられ、主人公を追いかけているのは、超自我の象徴のきりぎりすではないかと思われます。超自我は、主人公の本能的願望を抑える働きであり、主人公は心の奥底では、加代子の元へ戻って、性的関係を持ちたいと考えており、きりぎりすはその願望を抑えようとして追いかけてきていると解釈できます。

主人公にとって加代子は「古い因習」の象徴で、夢の中ではどうしても、古い因習に戻る本能的なものが現れ、それを止めようとするのが、キリギリスに象徴される文明の諸制度（社会、家族、宗教等）であると解釈を広げていくことも可能になってきますが、ここでもう一度主人公の心情に戻って考えてみますと、主人公は、母国語で祈る老人たちに対して心を寄せ、原点に戻ろうとする人間の心理に共感していることがわかります。

夢の中で主人公がきりぎりすから逃げて、先祖の田舎町に戻ったということは、主人公も原点に戻ろうとしていることがわかります。一寸法師はその故郷で遊んでいた子供時代の主人公の象徴であり、自分の最もいたい場所である加代子の傍へ行くことを一寸法師は命じます。そう考えると、この夢の中に出てくる、母国語、故郷、初恋、母といった様々なイメージは、加代子に「圧縮」されているのです。

第三のパートでの加代子の行動からは、加代子もまた主人公に戻りたかったことがわかります。前の状態に戻りたいという衝動は、フロイトによると、人間の精神生活の特徴であるそうです。シェリフ氏は、川端の「弱き器」と「母国語の祈禱」の分析を通じ、川端がフロイトの精神分析の手法を咀嚼して、これらの作品を創作したことは間違いなく、この手法によって川端は、人物の夢を通して無意識の内容を表現できたのだとしています。

このようにして、従来の文学では表現できなかった人間の無意識を描き出したことは、高く評価すべきことであると結んでおられます。

川端康成と伊藤初代の関係を頭に入れ、シェリフ氏が示されたフロイトの精神分析の手法で「母国語の祈禱」を読むと、元へ戻りたかった主人公と加代子の心情は、川端康成と伊藤初代の心情そのもののように思えてきます。

二人にとって、失ったものがいかに大きなものであったかがわかります。

4 夏目漱石の『夢十夜』

漱石の『夢十夜』は、彼が明治四十一年七月二十五日から八月五日にかけて、朝日新聞に連載した、夢日記形式の連作短編小説ですが、彼が実際に見た夢なのか、全くの創作なのか、また、個々の夢が何を意味しているのかなど、多くの謎があり、読者や研究者の興味を惹きつけてきました。ここでは、沢山書かれている『夢十夜』についての研究の中から、いくつかをご紹介して、その理解に迫ってみたいと思います。

❖山崎甲一氏の『夢十夜』論（注⑥）

『夏目漱石の言語空間』を書かれた文学研究家の山崎甲一氏は、文学研究の基本スタンスは、「作品それ自体が含み持つ言葉の豊かな表情、その言語の空間を膚で感じながら、自分の眼と足とで歩いてみることにある」と言っておられるように、『夢十夜』を、キリスト教、精神分析学、伝統的民話、漱石の伝記的事実等、作品の外の知識や概念を拠り所にしてこの作品の意味を把握しようとする、従来から根強くある傾向に疑問を呈しておられます。

作者が描く作品世界の、その言葉独特の奥行きと広がりが十分に感得されるまで耳を澄ませていけば、諸種の方法論や議論を凌ぐ重要な糸口を発見できると山崎氏はおっしゃっておられます。『夏目漱石の言語空間』は、このスタンスで漱石の作品を読み解いたものです。山崎氏の文学批評の方法は、一九二〇年代に、イギリスとアメリカで起こり、特にアメリカで盛んになったニュー・クリティシズム（新批評）の流れを汲むものではないかと思っています。新批評は、歴史的批評、社会的批評に対するアンチテーゼとして起こったもので、作品を、歴史的・社会的背景や文学史的関連、あるいは作家の伝記的事実から引き離して、専ら作品の形式面について分析批評を行うことを特徴としています。従って、文体・用語・イメージ、象徴・構成などを批評の対象とするものです。

これから紹介する漱石の『夢十夜』の分析は、山崎氏のこの御著書の中で展開されている新批評的『夢十夜』論を、私なりに簡潔にまとめたものです。

①『夢十夜』の簡単なあらすじ

山崎氏の『夢十夜』の分析へ行く前に、「こんな夢を見た」で始まる各夜の夢がどんな夢なのか、十夜通して頭に入れるために、簡単に一覧してみたいと思います。

第一夜　百年待っていて下さいと言い残して死んだ女の言葉を忠実に守った「自分」が、望み通り女と再会する夢。
第二夜　一刻も早く悟りを得て、和尚の首と引き換えにするか、悟れぬ場合には自害して、侍としての面目を保つかの、瀬戸際に立たされた「自分」の夢。

第三夜　百年前の夜、一人の盲目を殺したという自覚を、「自分」が背負った子供に呼び起こされる夢。

第四夜　妙な問答を交わす爺さんが、子供たちに手拭いを蛇にしてみせると言いながら、結局、見せることができないまま、河の中へ歩いて行って沈んでしまう夢。

第五夜　軍《いくさ》をして運悪く負け、捕虜になった「自分」が、死ぬ前に一度思う女に逢いたいと願うが、天探女《あまのじゃく》に邪魔されて、叶わなかった夢。

第六夜　鎌倉時代の運慶が、明治の現代にまで生きていて、仁王を彫り続けている。見物人の「自分」はそのことを不思議に思う。木に埋まっている仁王を彫り出しているだけだと若い男が言うので「自分」も真似してみるが、明治の木には、仁王は埋まっていないと悟り、それで運慶が今日まで生きている理由が略《ほぼ》わかったという夢。

第七夜　西へ向かいながらもどこへ行くのかわからない大きな船に乗っている「自分」が、その不安と、他の乗客たちとも分かち合えない孤独から、死を決意して海に飛び込むが、その瞬間、どこへ行くのかわからない船でも、やっぱり乗っていたほうがよかったと悟りながら、無限の後悔と恐怖とを抱いて落ちて行く夢。

第八夜　床屋の敷居を跨いで入ると、部屋は四角で、窓が二方に開いていて、残る二方に鏡が掛かっている。「自分」はその中の一つの鏡の前に座り、その中に不思議な光景を見る夢。

第九夜　どこかに出かけていったきり帰って来ない夫を、三つになる我が子とともに待つ妻が、夫の無事の帰宅を願うため、八幡宮でお百度を踏むが、懸命の祈りも虚しく、夫は疾うの昔に、浪士に殺されていたという夢。

第十夜　町内一の好男子庄太郎が、きれいな女に惹かれて、いつも閑をつぶしている水菓子屋を出て、女について行き、草原で豚の大群と精魂尽きるまで戦わなければならない羽目になった夢。

②山崎氏の『夢十夜』の分析

山崎氏は、漱石が自分の思想を、「夢」という作品の形式を通して、読者に問おうとしている点にまず注目すべきであると述べておられます。

この作品が、それ自身のうちに持っている内在的な論理性——内在律といったものに耳を澄ますということとです。漱石は、「夢」という捉えどころのない、模糊とした作品の形式と、可能な限り余分な言葉を削ぎ落した簡潔な短文とで、自己の思想を語る語り方を意図的に選んで使っています。読者自身の自発的で主体的な想像力を喚起させるために必要な方法である省筆は、漱石の作家以前から晩年に至るまで、動くことのなかった叙法であると山崎氏は述べておられます。

山崎氏が、『夢十夜』の内在律に耳を澄まして分析された批評を私なりにまとめてみました。

第一夜の夢の分析

『夢十夜』における「夢物語」は、実際に漱石が見た夢の再現ではなく、作者の意識的方法として展開されていることを今一度意識して分析にあたる必要があります。

第一夜においても、徹底した省筆と相互に響き合う語句で読者の想像力を喚起し、この作品のモチーフを読み解いてもらう構成になっています。読者が作品と誠実に関わらないと、真の姿を直観することはできないようになっています。読者が主体的な想像力を働かせた時のみ、創造的な読解ができるように構成されています。

こうした構成の中で、漱石が読者に伝えたいことは、長い時間の流れの中で変容せざるをえないものの本体を見誤まらぬ眼識が大切であるということだということが見えてきます。それは、自分の心の眼で見なければ、ものの本当の意味はわからないと言い換えてもいいと思います。ものの本当の姿とは、長い時間を経ても、本質的には亡びぬ生命を持っているものです。本質的な生命を持つものの姿とは、時間をかけて追究すべき真理や、実現すべき理想というような、掛け替えのない価値を意味しています。

第一夜の「自分」にとっての女とは、そういう意味でのメタファーと解することができます。

第一夜の夢で読者に要請されている、本質的な生命を見失わない眼とは、自己の意識を対象化、相対化して眺める眼、心の眼のことです。心の眼で第一夜の不思議なロマンティックな男女関係を見てみると、女はいろいろある本質的な生命の一つの象徴であることが見えてきます。

こうして見てくると、第一夜のモチーフは、「心の眼の回復」であることがわかります。

第二夜の夢の分析

ここでは、衝動的、機械的に性急な結論を求めた「自分」の自滅する姿が描かれています。

この夢の「自分」は、自尊心を深く傷つけられ、怒りで自分を失っています。彼は自意識に囚われ、一方的で独善的な自分の考えというものを疑い、省みる眼を持っていません。自省心のない眼では、まわりに自分を気づかせるものがあっても、気づくことはできません。彼の持っている短刀は、独善的な自意識の象徴で、そこから離れ、身を静かにするのが悟りへの入り口なのに、侍のメンツがそれを阻んでいます。ものごとを相対化して見ることのできる眼の要請こそ、自尊心や自意識で脹れ返っている「自分」の自滅を回避できる有力な術であり、このような眼の要請がこの夢のテーマとなっているようです。

第一夜の「自分」が、長い間虚心に辛抱強く待った甲斐があって、望み通り、掛け替えのない女（真理や理想）との再会を実現させたのとは対照的に、自尊心や自意識過剰で、ものごとを相対化して見ることのできなかった第二夜の「自分」は自滅してしまいました。

第二夜の夢は、第一夜の夢の陰画になっていて、これから見ていくとわかってきますが、第三夜、四夜、五夜、八夜、九夜、十夜の夢も、この陰画の変奏となっています。

第二夜の夢の物語の意味を考える上で、参考になるかもしれないとして、この作品外での漱石の発言を山崎氏は挙げておられます。

昔の人は己を忘れよと云ふ。今の人は己を忘るゝなと云ふ。二六時己の意識を以て充満す。故に二六時大平の時なし。

Self-consciousness の結果は神経衰弱を生ず。神経衰弱は二十世紀の病なり。
（明38・9年　断片）

第三夜の夢の分析

「自分」が背負っている子供は、盲目で青坊主であると表現されていますが、青坊主というのは、青々と剃り上がった坊主頭のことで、世俗的な虚飾や驕慢で曇っておらず、そうした眼でものを考える頭のことを指し、盲目で青坊主の「自分」の背中の子供は、囚われることなく、ものの真の姿を真直ぐに見つめることができる存在であることを示していて、ありのままの「自分」を省察させる相対的な視点の象徴として描かれていることがわかります。

「自分」が闇夜の道を歩いていることと、森を目指していることが繰り返し強調されていますが、闇夜や森は、自己の無自覚によって自覚されない心の闇の象徴となっています。百年前に一人の盲目を殺したということは、かけがえのない自己省察の眼を自分の手で瞑《つぶ》らせたということを暗示させています。

「自分」のこの無自覚性は、分別のある大人の日常的な姿でもあり、この日常性が、本来生み育てるべき人としての自己省察の眼を瞑らせているという主張になっています。第二夜と同様、第三夜のこの夢物語でも、読者に要請されている自覚は、性急に一方向にばかり歩き出したがる自我意識を、相対化して立ち留まらせる自己省察の眼の大切さということになると思います。

どこかの一膳飯屋のようなところで、一人酒を飲んでいる爺さんに、店のおかみさんは、どこに住んでいるのかと尋ねます。それに対して爺さんは、澄まして、「臍の奥だよ」と答えます。どこに行くのかと聞かれ、「あっちへ行くよ」と、ふうと吹いた息を真直ぐに河原のほうへ飛ばします。臍の奥は彼の生命が宿った安息の場所であり、あっちにある河原は、己の命がやがて終息すべき場所のことになります。これらの返答の仕方は、ものの本質との主体的な関わり方から発せられたものであり、どこから来てどこへ行くのかという、人間としての生き方の根本的な視点となっています。

山崎氏は、「真直ぐに」という言葉がキーワードだと述べておられます。ものを正面から真直ぐに見て立つことができず、即物的なものの見方しかできないおかみさんや子供の「自分」には、爺さんのことが理解できません。

爺さんが手拭いを蛇にしてみせようとする場面は何を伝えようとしているのでしょうか。子供は一生懸命手拭いのほうばかり見ています。手拭いを蛇にしてみせると言われれば、大抵の大人たちもそうすると思うのですが、爺さんが見てほしいのは、手拭いを蛇に変えるために努力しているその姿のほうなのです。手拭いを蛇に変えることはできません。人生には、そうした解決困難な無理難題が沢山あるということを伝えているということです。

そういう人生上の無理難題を解決しようとすれば、この爺さんが手拭いを蛇に変えようとして取り組んだように、切実に係わってみる他に手はありません。女と切実に係わろうとした第一夜の「自分」とこの爺さんの姿は同じであると言えます。

ものと総体的に、本質的に係われないおかみさんにとって、手拭いは手拭いであって、それ以上にもそれ以下にも見えてきません、爺さんのように、ものと本質的に、根本的に係わろうとすれば、手拭いが意味深い象徴に見えてきます。

第一夜の「自分」と第四夜の爺さんには、対象との切実な関わり方が示されているということがわかります。自己に厳しい漱石が、読者にも、自ら聴き、自ら見てものを真に認識でき得る想像力を持つことを望んでいるように思えます。

第五夜の夢の分析

「自分」は軍《いくさ》をして運悪く敗北《まけ》た為に、生け捕りになって、敵の大将の前に引き据えられた、と言っていますが、これは「自分」の力量や責任というものを厳しく問う物の言い方ではないという思いが伝わってきます。「自分」が飾りのついた藁沓を履いていることや、大将の骨太のがっしりした手とは対照的な楓のような手をしていることからは、中身のない頼りない武人のイメージが浮かんできます。

また、「自分」の、死ぬ前に一目思う女に逢いたいという願いの真相は、「自分」が殺されてしまうことの狼狽を、女を待つ間、鶏が鳴くまで誤魔化せると計算するところにあったのではないかと山崎氏は分析されています。「自分」が待っているのは、女を思う故ではなく、女が稼いでくれる延命の時間のほうだということです。

一方、女のほうは、疑う心を持たぬ存在として描かれています。女は「自分」を疑うことなく「恋人」を信じ、恋人のために馬を疾駆させます。表面的には素敵な女性に見えますが、この疑う心の無さが、天探女が真似して鳴いた鶏の声も疑わず、その動揺から自滅していきます。

そのことを知った「自分」は、女を来られなくしたのは、天探女のせいだとして、天探女を末代まで呪ってやる的な思いに至りますが、これは見当違いの責任転嫁であることに「自分」は気づきません。もとはと言えば、自分の延命策で女を巻き込み、死なせてしまったのですから、責任は「自分」にあるのですが、そのことには思いが至らないのです。

自分の責任というものを常に回避したがる「自分」の非主体性は、軍で運悪く敗北たという冒頭と、この末尾の責任転嫁で見事に照応しています。ものごとに主体的に係われぬ「自分」は、結局自滅し、女という他者をも犠牲にしたということです。悲劇的な事態はあくまでも、自分自身の心の中の邪鬼によって引き起こされるということで、自分の敵は自分であるということを伝えようとしているのだと思います。

漱石は不安定な自分の心というものを、日頃からよく見据えていましたが、自分さえ日に何度も自分の敵になりつつあると書いています。(思い出す事など　十九　明　43・12)

それ故に、そうした自分と戦い続けることを自分に課しました。第五夜の夢のモチーフは、ここにあると思います。

第六夜の夢の分析

仁王が「太い眉」と「怒り鼻」で表現されるのは、護国のための堅固で不動な意志と、これを支える怒りの抵抗精神あるいは批評精神を表すためであり、それを見事に表現できる運慶の技は驚嘆すべきものであり、仁王と運慶の批評精神は互いに響き合っていると言えます。

一方、「一人の若い男」は、批評精神が欠けているものの代表として描かれています。運慶の彫刻を、「なに、あれは木の中に埋まっているものを、鑿と槌の力で掘り出す迄だ」と訳知り顔に話し、自己の言動に何ら疑問を持たず、自己満足的な事の済ませ方をしています。運慶の仕事ぶりを、その表層的な現象面しか眺められないこの未熟な若い男に、自己懐疑の眼や自省心は望めません。

若い男とは対照的に、第六夜の「自分」は、他人の言葉を鵜呑みにせず、その尻馬に軽率にはのらず、懐疑的、自省的、行為的にものと係わろうとしています。運慶と仁王が響きあっているように、運慶と「自分」も響き合って描かれています。

若い男には、人間らしくものを考える批評精神というものがない明治の人間が投影されています。大勢の見物人（明治の人間たち）を眼中に置かず、ひたすら黙々と鑿と槌を動かして、仁王を誠心誠意掘る運慶の姿には、黙々と創作活動をする漱石がだぶらせてあるようです。

ペンの力で、明治の人間が批評精神を持つことを切実に願う漱石の心が反映されています。運慶の真意《こころ》と対話できない大勢の見物人たちは、『夢十夜』のいろいろな物語を当て推量でわいわい言っている読者の姿でもあろうと山崎氏はおっしゃっています。『夢十夜』は、読者の想像力で作品のモチーフを考えて貰うように構成されていますが、第六夜は、漱石自身が熱くなって顔を出し、読者に問題の所在をはっきり伝えています。それは、明治の人間に、主体的で創造的な批評精神を望んでいるということです。

第七夜の夢の分析

この夢における問題の焦点は、乗り心地のよくないその船に乗っている「自分」の乗り方にあてられていて、その船に乗っている「自分」の物の見方、思い方のほうに叙述の力点が置かれています。「自分」は、絶望的な不安や孤独感から、最終的には海へ飛び込むことになるのですが、そこへ至るまでに、「自分」は乗客の何人かと関わりを持ち、彼らのことをどう思ったかが書かれています。乗客は沢山いて、大抵は異人のようでしたが、「自分」はそのうちの一人の女と一人の異人と二人の男女と関わりを持ちます。彼らに対する「自分」の関わり方から、「自分」の特徴がわかってきます。

一人の女が手摺りに寄り掛かって泣いているのを見た「自分」は、悲しいのは自分ばかりではないのだと思いますが、どういう風に悲しいのか、「自分」とは別の複雑な事情があるかもしれないという思いには想像が及んでいません。

一人で星を眺めていたら、一人の異人が声を掛け、星の話をきっかけに、いろいろな話題に発展させていこうとしますが、「自分」はそれに終始応えようとはしません。

若い女がピアノを弾き、男が唱歌を歌っている姿を見た「自分」は、二人が二人以外のことにはまるで頓着しておらず、船に乗っていることさえ忘れているように感じます。これによって、自分が忘れ去られたような自己疎外感を感じ、益々詰まらなくなって、とうとう死ぬことを決心します。泣いている女への単純な見方や、話しかけてきた異人との発展的対話を拒む頑なで一方的な態度や、ピアノを弾き、歌を歌う男女を見て、自分勝手な自己疎外感を抱く「自分」。

こうした場面は、「自分」のこれまでの、底の浅い生き方を示すために設けられているように思えます。

人生の絶望的な不安や孤独を突き詰めて考えることを回避してきた「自分」は、とうとう、回避することも回避するために、死ぬことを決意しましたが、落ちていく時に感じた死の恐怖を回避するために、やっぱり乗っているほうがよかったと思ったということから、この夢の「自分」にとってのキーワードは、「回避」という言葉で、この夢も、第一夜や六夜の「自分」とは対照的な、腹の座らない「自分」が「自分」を生かせずに自滅する物語として提示されているようです。

第八夜の夢の分析

床屋の敷居を跨いで真ん中に立って見回すと、四角な部屋で、窓が二方に開いていて、残る二方に鏡が掛かっています。こういう部屋は現実にはありえません。敷居を跨いで入ったのに、これでは敷居がどこにもないからです。それで、読み進めていくと、この部屋は心の比喩として描かれていることがわかってきます。

二方の窓は自分の二つの眼を意味し、残る二方の鏡は、その眼によって映し出される心の窓を意味していることがわかってきます。鏡の数が六つというのは、五感と直観の第六感を指しています。

「自分」が腰をおろしたのは、「自分」の顔が立派に映る鏡の前であって、二方の窓と他の鏡を見回し得る真ん中にはいないということで、このことは、「自分」が本来持っているはずの六つの鏡を十分に働かせず、「自分」の見たいようにしか見せない鏡の前に座っているということを意味しています。従って、「自分」が座っている心の窓から見えてくる外の世界は、全て歪んで見えてきます。

床屋の職人は白い服を着ていますが、「白」とは、六つの鏡が十分に機能した、不純な眼に囚われてものを見ない、心本来のあるべき状態を意味しています。自分に都合の良い、独善的な一つの鏡が映し出すのは、相対的な視点の欠落した、自省力のない、対話すべき人の不在な世界であり、ものの総体的な姿、本質が見えてこない、硬直した異様な世界です。庄太郎をはじめ、「自分」の鏡に登場する人々は、「自分」の異様な心が映し出した姿なのです。

この夢の「自分」も、活きた心を失って、精神的に自滅している姿を見せていて、この人が闘い続けるべき敵は、この人が座っている心地よい椅子ということになります。

第九夜の夢の分析

一途に思い詰めて、一心不乱に夫の無事の帰宅を祈るこの夢の若い妻・母の姿は、信じる男のために馬を疾駆させる自分の心を少しも疑わない第五夜の女の姿と重なっています。

梟の大きな目が睨んでいるのは、自分の思考を相対的に眺め返し得る余裕のない妻の目です。自己の行為の是非を顧みられない一方的な思考に対する批評が、大きな目を持つ梟が描かれる理由となっています。

『夢十夜』では、一方的な思考から、自己対話すべき他者が心中に不在のまま、自省する力を失って、あるべき人間の姿を失っている人々のことが繰り返し描かれています。
第二夜の、侍である「自分」の自尊心や自意識過剰
第三夜の、子を背負った「自分」の無自覚性
第四夜の、子供の「自分」とおかみさんの想像力のなさ
第五夜の、「自分」の非主体性と女の疑う心のなさ
第六夜の、明治の見物人たちの批評精神のなさ
第七夜の、船上の「自分」の回避癖
第八夜の、床屋での「自分」の独善的で無反省な生き方
第八夜の「自分」同様、第九夜の若い妻には、自分の姿を顧みる心中の相対的な鏡がありません。この夢の母は、子も夫も犠牲にするような、危うい存在として描かれています。漱石が問うているのは、母の主体性の是非なのです。
漱石が見つめているのは、物事の現象と実相を用心深く見分ける目であり、この目の修養にこそ、精神的な自滅から我が身を守った第一夜と六夜の「自分」と第四夜の爺さんの世界があります。
その目を涵養しようとしなければ、第十夜の世界が待っているだけです。第二夜以来繰り返されてきた「自分」たちの自滅の歴史は、第十夜の夢で息の根を断たれます。

第十夜の夢の分析

自足しきった庄太郎がかぶっているパナマ帽は、中身の空虚な、それをかぶって気取って誤魔化していることすらも気づかない、彼の生活態度そのものを示唆しています。庄太郎も第八夜の金魚売も、生きた心の活動を停止した、自分自身の偽らざる姿の反映として登場しています。

庄太郎は、これまでの夢の意味と密接に関連させて考えるように、意図的に描かれています。ちっとも動かない眼しか与えられていない第八夜と十夜の庄太郎は、いわば死んでいるような心身をしていて、それは、第二夜、三夜、四夜、五夜、七夜、八夜、九夜の「自分」を、そして五夜の女や六夜の見物人、九夜の若い女の姿を凝集し、代表させたものです。回避できぬ現実というものに、生き生きとした心と眼で係わろうとした第一夜と六夜の「自分」、四夜の爺さんとは裏腹な人間の姿が暗示されています。生きた現実に触れるための自省や自己対話を失っている人々が、自滅への道を歩いていく怖い姿を、「自分」や庄太郎に投影させているのです。

第十夜の女は、庄太郎自身に、自分の心を自省させ得る、彼が人としてその内部に本来育てなければならなかったもう一人の庄太郎を象徴しています。この夢でもやはり、自分たちの敵は自分自身であるという思いが伝わってきます。

以上、山崎氏の、外在批評を用いなくても、『夢十夜』という作品は自律した一個の有機体として提示されているという主張は、とても説得力があると思いました。

吉田敦彦氏の『夢十夜』論（注⑦）

山崎甲一氏の『夢十夜』論における新批評的分析は、大変新鮮で、教えられることが多くありますが、私は今まで、殆どの文学作品を、作家の人生と連動したものとして分析してきましたので、そのような文学分析にとても惹かれます。その一つとして、吉田敦彦氏の『漱石の夢の女』を紹介したいと思います。氏の分析は、ユングの深層心理学に基づくもので、『夢十夜』を漱石の人生と重ね合わせて分析されたものです。私見を交えながら、私なりにまとめてみたいと思います。

吉田氏の『夢十夜』の分析

第一夜の夢の分析

第一夜に登場する美女は、漱石の深層の無意識内にあって、今まさに死のうとしている理想の女性像のことで、ユング派の分析心理学用語でいうところのアニマということになります。漱石のアニマは、生命を喪失した状態で、漱石の心の深層に、漱石自身の手によって葬られました。美女を埋めた墓の傍を百年（長い間）離れないのは、漱石とアニマとのつながりが、完全には絶たれていないことを示唆しています。百年の約束を守ると、墓石の下から真っ白な一輪の百合の花が咲き、花弁に接吻することでアニマとまた接触を持ちますが、百年経ってもアニマとの関わりは遠い暁天に輝く星のように、遠いものであるという失望でしかありませんでした。

百合は人々の想像力に訴えるようで、中国の民主活動家・劉暁波氏は、「百合は霊魂の光だ」と書いておられます。また、百合の花弁への接吻は、『夢十夜』が朝日新聞に連載された明治四十一年より三年前の明治三十八年に、『中央公論』に発表された漱石の『薤露行《かいろこう》』でも比喩として使われています。「薤露」とは、「大ニラの葉の上の露」のことで、ニラの葉の上の露が乾きやすいように、人生は儚いということから、古の中国において、貴人への挽歌として歌われたもので、「薤露行」とは、貴人の棺に送る挽歌という意味になります。不倫の愛の相手である、主君アーサー王の妃ギネヴィアとしばらく別れるにあたって、ランスロットは彼女の手の甲に接吻し、その手の甲を百合の花弁にたとえています。

仮死のような状態で無意識の深層に埋没させているアニマは、関係を結ぶことが背徳的な現実の女性と重ね合わされている可能性があります。

江藤淳は登世だと考えています。明治二十年（一八八七年）七月、長兄、次兄の二人が相次いで病死したので、三兄の和三郎直矩が夏目家の家督を相続し、九月に妻を迎えましたが三か月で離婚し、翌年に二番目の妻として登世と結婚しました。漱石は同じ年の一月に塩原家から籍を抜いて正式に夏目家に復籍し、九月には第一高等学校本科第一部（文科）に進学、それまでの下宿生活から自宅に戻りました。明治二十三年（一八九〇年）九月、帝国大学文科大学英文科に入学、明治二十六年（一八九三年）七月に卒業しています。登世と漱石は同じ年齢で、同じ家の中で生活していましたので、二人の間には恋愛関係よりも更に進んだ不倫関係が存在したのではないかというのが江藤説です。江藤氏は、漱石が正岡子規に宛てた三通の手紙に、登世への思いが書かれていることや、イギリス留学を終えて帰国後書いた英詩で、登世のことを告白していることを挙げておられます。

嫂《あによめ》の登世か、親友の妻大塚楠緒子《くすおこ》か、他の誰かなのかはわかりません。

江藤説で興味深いのは、二人が道ならぬ道に立ち入ったのは、明治二十三年八月から九月にかけてのコレラの発生流行が原因という説です。戦争、疾病は禁忌の弛緩を齎す結果、社会や家庭の共同体の禁忌をも緩和し、人をおのずから放恣にするといいます。このような状況の中で、不倫関係が生じたのではないかという推測です。

『漱石の愛と文学』を書いた小坂晋は、漱石が思い続けた女性は大塚楠緒子だと考えています。名門の一人娘楠緒子は、お茶の水高女出身で、雑誌に小説や短歌を発表する才媛でした。容姿の美しさも抜群で、当時の帝大生の憧れの的となっていました。若き漱石は親友で、後に東大教授になった大塚保治と楠緒子を争いましたが、結果的には保治に譲った形になりました。漱石と楠緒子は互いに愛し合っていながら、現実においては打ち明けることなく、互いの詩歌・小説を通して愛の信号を交わしていたようです。三人の関係は、漱石の『それから』『門』『こころ』に反映されていると思われます。楠緒子を巡る三角関係は、漱石の生涯における克服すべき内面の葛藤であり、楠緒子に対する熱い思いと三角関係の苦しさ、親友に対する罪の意識が、漱石にこれらの一連の作品を書かせたように思われます。楠緒子が三十五歳で亡くなった時、漱石が詠んだ句から漱石の心情が伝わってきます。

ある程の菊投げ入れよ棺の中

第二夜の夢の分析

第二夜の夢の中で漱石は、参禅に励みながら、自分の「武士」の対面に拘って虚心になれず、悟りに導いてくれる筈の師僧を仇敵と見做し、その妄執によって彼は、「無」つまり「自己」が彼の心に顕現する道を自分で塞いでしまい、その結果、最後まで悟りを得ることができませんでした。

「自己」とは、前にも書きましたが、ユング心理学用語で、意識の中心が「自我」で、意識と無意識を含めた心全体の中心が「自己」です。自己は意識と無意識を統合したり、人間の心に内在する対立的要素を統合する働きをします。自己もアニマ同様「元型」の一つです。ユング心理学の究極目標は「個性化」と呼ばれるものです。個性化とは、個人に内在する可能性を実現し、自我を高次の全体性へと志向させる努力の過程のことで、個性化を実現させる心の働きが自己です。

鎌倉時代の名僧明恵が、承久二年（一二二〇年）四十八歳の時に見た夢も「自己」と意識に関するものでした。

明恵は、水の少ない小さな池と大きな池が近くにある夢をみました。雨が降ってきて、水が溢れてきて、もう少し降り続ければ、小さな池と大きな池はつながるだろうし、大きな池に棲む魚や亀などが小さい池のほうに通うだろうという夢でした。小さい池は禅観で、大きい池は諸仏菩薩であると明恵は解釈しました。修行（雨）によって二つの池がつながり、禅観が諸仏菩薩へと通うことになると解釈したのです。ユング風に言えば、小さな池は明恵の意識界であり、大きな池は無意識界ということになります。修行によって二つがつながり、魚や亀といった自己の様々な働きが無意識から意識に通い、充満するような境地になることを意味している夢ということになります。

第二夜の夢の中で漱石は、明恵の夢の中で、二つの池をつなぐ水路として表されていたような、意識から無意識の中の自己へと通う道を、自分の意識の側から堰を構えて、塞いでいるような状態にありました。つまり漱石は、固く閉じていて中へ入って行けぬ「心の門」に阻まれて、そのはるか内奥で働く自己と関係を結べぬ状態にあったと思われ、そのことが漱石の作品『門』に書かれています。『門』の結末近くで、漱石自身が明治二十七年の年末に、鎌倉の円覚寺で実際にした参禅に基づいて、主人公の宗助の参禅のことが語られています。完全に失敗だった参禅を終え、寺を離れる時に宗助は、自分の「分別」が祟ったのだと思いました。自分は、門外に佇む運命を持って生まれてきたのだと思いました。その分別が心の門となって、中へ入って行くことを阻んでいたのでした。漱石の心の内部では、無意識の内奥への通い路は、入り口のところで分別という意識の働きによって固く閉ざされていました。禅の悟りを得るためにも、無意識の内奥で仮死状態にあるアニマとの関係を修復するためにも、いっこうに力を発揮できずにいる「老賢者」の叡知に触れて、その助けを受けるためにも、漱石にとって必要だったのは、その門を開くことだったと思われます。

第三夜の夢の分析

第三夜の夢は、昔話「こんな晩」を思わせますが、両者には大きな違いがあると吉田氏はおっしゃっておられます。昔話では、子供は親が近い過去に犯した非道な罪を告発して、それを罰するという局限された働きしか果たしていませんが、第三夜の夢の子供の知恵と力は、それと比較にならないほど大きなものです。第三夜の子供は漱石の前世から来世までのことを知っていて、謂わば自己のシンボルとして登場しています。自己のシンボルは、老賢人だったり、幼児だったりします。ヨーロッパだと、河合隼雄氏が紹介されているように、幼児のキリストがその代表です。河合氏によれば、ヨーロッパの文化の中でこのような自己のシンボルとしての意味を持ち続けてきた典型的な幼児像の一つに、聖クリストファーを主人公にする有名な聖人伝説の中に出てくる幼児のキリストがあります。聖クリストファーが幼児のキリストを肩に乗せて川を渡していると、幼児はだんだん重くなり、向こう岸へ辿り着いた時は、まるで全世界を背負っているように感じ、自分が背負っている人がキリストであることを悟ります。キリストは彼の罪を許し、永遠の生命を与えることになります。

聖クリストファーの伝説の中で、幼児キリストがだんだん重くなったように、第三夜の夢の三歳の幼児も石地蔵のように重くなったことと、「自分」が百年も前の昔に、今幼児の姿で彼に負ぶわれている人物を、殺す罪を犯していたということを自覚させられる点は、クリストファー伝説中の幼児キリストと吻合します。このように、第三夜の夢の話は、聖クリストファーの伝説を思わせるのですが、それにもかかわらず、この夢の中では、漱石とその子供との間に、クリストファーがキリストとの間に持つことになったとされているような結びつきは全く成立していません。漱石は、第二夜の夢で見たように、自己が生き生きとした生命をもって顕現する道を自分で塞いでしまっていますので、分別という意識の抑圧によって、無意識の奥に圧殺されている自己と結びつきが持てず、第三夜の漱石は子供（自己）を殺してしまったままでいることを知らされただけということになります。漱石の自己は心の中心としての働きを発揮しえない状況にあります。内沼幸雄氏は、第三夜の子供が盲目なのは、「視線恐怖症」に基づく視線の害力を除去したいという「オイディプス願望」を漱石が持っていたためとおっしゃっておられます。漱石は自己を殺して無意識の底に葬ったままでいるので、自己と結びつきが持てず、自己が心の中心としての働きを果たすことができないということを、夢の中に顕現した子供（自己）から教えられたというのが第三夜の夢の意味のようです。

第四夜の夢の分析

第四夜の夢に出てくる神秘的な老人は、手拭いを蛇にしてみせると言って、子供たちに興味を持たせますが、全然蛇になりません。子供の漱石は蛇になるところを見たくてどこまでもついて行くと、老人は河の中へ入って行き、全く姿が見えなくなります。漱石は、爺さんが向こう岸に上がった時、蛇を見せるだろうと思っていつまでも待ちましたが爺さんはとうとう上がってはきませんでした。河が無意識の象徴だとすると、子供の漱石は河に入っては行かず岸（意識世界）にいて、河底からいつまでも上がってくることのない老人（老賢者）を、ただ空しく待っていることしかできません。

老賢者を象徴する爺さんと、十全な触れ合いを持つためには、漱石には明らかに欠けているものがあります。

それは第二夜の分析で見たように、妄執から離れた無心の心です。老賢人は、人間のあらゆる可能性を自分のものとした、完成した人間のイメージです。無意識へ降りていって、老賢人と触れ合うことができれば、融通無碍なあり方になり、手拭いを蛇にする超常的神通力を自在に発揮することができます。しかし、漱石は、いろいろなものに対する拘泥から完全に自由になった無心の境地にはなりえないために、いつまで待っても老賢者との触れ合いがもてないということを伝えている夢のような気がします。

第五夜の夢の分析

この夢の中で漱石は、神代に近い昔の武将で、戦いに敗北し、敵の捕虜となって、夜明けとともに殺されようとしています。彼は敵の大将に、死ぬ前に自分の思う女に一目逢わせてくれと頼み、夜が明けて鶏が鳴くまで、死刑の執行を遅らせてもらいます。

ところが、女が来る途中、天探女が鳴き真似をした鶏の鳴き声に狼狽えて手綱さばきを誤まり、堅い岩の上から下の深い淵へ、馬と一緒に転落してしまいます。この深い淵は、第一夜の夢の美女が埋葬された墓の下の地中と同様、漱石の無意識の深層を表していると思われます。この夢でも、漱石のアニマと思われる美女は漱石のもとへ駆けつけようとした最中に、天探女の妨害により、生命を喪失して無意識の深部へ消え失せ、漱石は彼女との対面を果たせぬまま死ななければなりませんでした。しかもそれは、神代に近い昔に起こったことだとされているため、アニマと漱石との関係は、すでに永劫の昔から結ばれぬことが決定づけられており、その関係の修復は、今生においても殆ど不可能に近いほど、極めて困難であることが窺えます。転落した時に岩に刻まれた馬の蹄の跡は、現在でも岩の上に残っており、その跡が岩に刻みつけられているあいだは、天探女は自分の敵であると言って、漱石は話を結んでいますが、天探女も、ことここに至ってもまだ彼の心の溶解を阻んでいるものの象徴ということになります。漱石の心に根強く巣食っている天探女の容喙《ようかい》から絶えず起こる逡巡を意識から消し去って、アニマの呼び掛けに虚心に従うことができれば、何らかの修復ができると思うのですが、天探女が敵である状態はまだまだ続きそうです。

第六夜の夢の分析

この夢の中の出来事も、第二夜や第四夜の夢の中などで浮き彫りにされている、漱石の心のあり方の問題と深い関わりがあるように思われます。この夢で漱石は、大塚の護国寺の山門で運慶が仁王の像を彫っているという評判を聞き、散歩がてらに見物に行きます。そうすると、朱塗りの山門の前に、青空まで届きそうな緑の松の大木が亭々と幹を伸ばしていて、何となく古風で、鎌倉時代のように見えますが、集まった大勢の見物人たちは、漱石同様、みんな明治の人間です。すると、一人の若者が、あの鑿と槌の使い方は、「大自在の妙境」に達していると言って、漱石に話し掛けてきました。大自在の妙境というのは、ユング流に言えば、「自己」のことで、意識の妨害を受けずに、力を自在に発揮しえるようになった状態のことです。大自在の妙境に達していると、木の中に埋まっている像を彫り出しているだけのような印象を受けます。

「大自在の妙境」といえば、そのことをテーマにした文学作品があります。リルケの『神さまの話』の中の「石に耳を傾けるひとについて」という作品です。これは、大自在の妙境とそっくりな話で、ミケランジェロの彫刻は、石の中から埋まっている像を彫り出す神技によって生まれているということを述べたものです。

門番の神である仁王が、運慶の大自在の妙境に達した神技によって、無意識を表す木材の中から苦も無く出現するのを見た漱石は、心の底から感心し、自分も真似てみますが、とてもできず、開くことのない心の門の前で、門番の神の顔すら見られぬまま、立ち竦み続けなければならないことを改めて思い知らされます。

第七夜の夢の分析

この夢の中で漱石は、行く先がわからない大きな船に乗って、長い航海をしています。大抵は異人のようであったという大勢の船客を乗せ、日没の方向へ向かって来る日も来る日も洋上を進んでいったというこの船には、漱石が明治三十三年に芳賀矢一、藤代禎輔と共に、ドイツ、ロイド社の客船プロイセン号に乗り、インド洋を西へ船旅を続けた時の記憶が重ね合わされているようです。

西へ向かって行くように見えるのに、本当の行き先は判然とせず、いつ下船できるかも皆目見当がつかなかったという漱石が乗り合わせた夢の中のこの船は、漱石が生きていた時代の世界そのものを表す意味を持っているようです。夢の中のこの船が、明治の文明開化の世の中を象徴していることは、この船が、黒煙を吐き、轟音をあげながら、西の方向を志向して、昼も夜もまっしぐらに驀進を続けていることからも明らかです。この船の中で、まるで全てが自分たちの世界であるかのように、船客の殆どを占め、我が物顔に振る舞っているのは、「異人」たちでした。彼らのある者は、星の話をきっかけにして、自分の信仰の話をしてきます。またある者は、独り善がりな芸術や恋愛に臆面もなく陶酔して、まるであたりに人なきような振る舞いをしています。その中で漱石は、手摺りに凭れて一人さめざめと泣いている女性の悲しみには深い共感を覚えますが、それらの異人たちと心が本当に通い合うことはありません。

彼らへのこの反感には、漱石がイギリス留学中に思い知らされた憤懣やる方ない思いが反映されていて、漱石の『文学論』の「序」に、そのことが書かれています。

漱石は、優雅な学生生活を送っている有産階級の子弟に伍して、研究と「英国紳士」の気風を身に着けることとを両立させるのは、不可能だし、無益だと痛感しています。それで彼はロンドン大学に聴講に通うことも、二か月ほどで止め、「西洋人」との交際も殆ど持たずに、ひたすら本を買い込んでは下宿で英文学書の乱読に耽りました。しかし、それによって彼が思い知らされたのは、そのような刻苦精励を重ねても、英文学は東洋人の彼には、異種類の疎遠な文学でしかないということです。漢籍について極自然に彼が得られたような会心の理解を得て、自家薬籠中のものとすることは、到底望み得ないという事実でした。

このように、生身の人間とも、また英文学を通しても心を通わせることのできない「異人」たちばかりが乗り合わせている船に我慢できなくなった夢の中の漱石は、こんなつまらない状態に見切りをつけて、黒い海の中へと、思い切って飛び込みました。黒い夜の海は彼の無意識を表していると思われます。ところが、その無意識の深淵に向かって、身を投げはしたものの、死の恐怖に捕えられて、よせばよかったと心の底から思います。落ちて行きながら、やっぱり船に乗っているほうがよかったと悟りますが、時すでに遅しでした。

この夢の中で漱石は、彼の意識的生の世界を表すと思える船の上から、無意識を表すと思える暗黒の海原へと身を投げることを敢行したのですが、そこに呑み込まれることの恐ろしさをまざまざと思い知ったということになります。だからこの夢にも、漱石にとっての無意識の奥底にあるものと関係を持つことの困難さが表明されているように思われます。

第八夜の夢の分析

この夢の中で漱石は床屋へ散髪に行きます。漱石の顔が立派に映る鏡の前に座って、鏡に映る、窓の外を往来する人々の姿を見ることになります。この鏡には、現実にあるものの一部分が、不完全に、しかもほんの束の間しか映りませんので、実体をはっきり見定めることができませんし、デフォルメされて、異常な形で映るものもあります。声や音はしますが実体が全く映らないものもあります。つまり、現実にあるものの殆ど全てが、あるがままの完全な形のままで、はっきり見えるようには映らないということです。帳場格子の中で札勘定に耽る女のように、現実にはないものも映ることがあります。散髪を終え、外で見たものは、ちっとも動かない金魚売りの姿であるということの意味は、生き生きとした音と動きに溢れた活動的な世界は、鏡の中だけ、ということになります。

登場人物が自分あるいは世界を鏡に映して、長い間に亘って眺め続けるという状況は、漱石の初期の作品に頻出しています。例えば、『薤露行《かいろこう》』の「鏡」と題された二章に物語られる「シャロットの女」の話がその一つです。

彼女は、淋しい丘の上に聳え立っている高殿の内に、一人籠って暮らしています。その建物には窓がありますが、彼女はその窓から外を見ることができません。なぜなら、もしそうすれば、その瞬間に彼女は呪いを受けて、死ななければならない運命にあるからです。そのために彼女は、昼も夜もひたすら、壁に嵌め込まれた不思議な魔法の鏡と向き合って暮らしています。そして外の世界のあり様は、その鏡に映ってはまた消える儚い影を見ることしかできません。しかし、ある時、その鏡にランスロットの姿を見て、我慢しきれず窓に駆け寄り、直接彼を見たために命を落としてしまいます。

鏡に映る不正確であったり、不完全であったりする映像によって、また時には、それらの映像を見る自由さえ制限されながら、自分自身や外界の事物を眺め続ける状況は、プラトンの『国家』の「洞窟の比喩」のことを思い出させます。この大作の対話篇第七巻の冒頭において、ソクラテスの口からグラウコンを対話者として、次のように語られています。地下の洞窟に、手・足・首を縛られた人間たちが、光のさす入り口のほうに向いています。上に伸びる道に沿って、人々がいろいろなものを運んで行きますが、縛られた者たちは、壁に映る影だけしか見ることができません。従って、縛られた人々は、様々な影だけを真実だと思います。

第八夜の夢の中で漱石が置かれている状況は、洞窟の囚人たちのあり様と酷似しています。八夜の鏡は、漱石があらゆるものを、それに映してしか見ることができない、彼の意識を表しています。人間の意識は、現実をありのままに映すことができません。意識に映るのは、影にも似た、現実の不完全な姿なのです。漱石の場合、現実があるがままとは違って意識に映る度合が、常軌を甚だしく超えていました。内沼幸雄氏らの言われる「視線恐怖症」に該当すると思われる「被害妄想」のせいで、彼の意識には、周囲の人々の多くが、まるで彼のことを絶えず後をつけて、うるさく監視してはいやがらせをする、陋劣で憎むべき探偵であるように映っていました。第八夜の夢には、漱石の心のこのようなあり様が如実に反映されているようです。

留学から帰って、『夢十夜』までの初期作品が書かれるまでの期間、漱石は何よりも不得手な金銭の問題に悩まされ続けました。現実から排除したい金勘定のことが暗雲のように彼の上にたちこめていました。そのせいで、自分の人生の本来の目的と思われることに十分精力を傾注することを妨げられているというたまらない焦りを感じていました。札勘定に耽っている女の幻像は、現実とはひどくかけ離れた姿に歪められて投影された鏡子夫人を連想させます。漱石の意識には、鏡子夫人は自分に対する迫害の首魁のように映っていました。これも漱石の被害妄想なのですが。

漱石の心の大きな部分が、金銭的悩みと、鏡子夫人をはじめとする、周囲から彼が絶えず受けていると信じていた被害に関する妄想によって占領されていました。それがアニマから受ける働きかけに対して応答し、何らかの修復をするための大きな妨げにもなっていると思われます。

第九夜の夢の分析

妻は帰らぬ夫を、お百度を踏んで三歳の子供と待っていましたが、夫はとっくに浪士に殺されていたという悲しい話を、漱石は夢の中で母から聞きました。この夢の焦点は、この話をしてくれた亡き母にあると吉田氏は読み解いています。

漱石の実母は、明治十四年、漱石十四歳の時に、五十四歳で病死しています。漱石は実母に生涯心からの敬愛と思慕の念を抱き続けました。彼は母を神聖視し、千枝という母の名は何ものにも代えがたい、こよなく懐かしいものでした。幼い頃は、実母と離れて暮らさなければならなかったことから、幼児として、若い母の慈愛を受け、それに存分甘えたかったという強い願望を終生心の底に持ち続けていました。

第九夜の悲しい話の中の哀れな母と子のあり方には、漱石の生涯の願望が投影されていると吉田氏は分析されています。この話の中の子供は、若い母と密着して暮らし、その若い母の慈愛を独占できています。二人の絆は聖母子のように強く、子にとっては理想像とも言えます。これは、母と自分だけの水入らずの関係になっていて、子は無意識に、父に帰ってきてほしくなく思っていて、そのため、母がお父様はいつ御帰り、と聞いても、「あっち」とだけ答え、「今に御帰り」という言葉も、御帰りの部分は無意識に言えない状況にあり、父に帰ってきてほしくない気持ちが出ていることになります。この子供の無意識な拘りには、漱石の潜在的な願望が投影されています。なぜなら、このような母と子の水入らずの関係こそ、漱石が亡き母と持ちたかった、終生渇望し続けたものだったからです。父には割り込んでほしくない、漱石の秘めた切実な願いでした。

第十夜の夢の分析

この夢の中に出てくる、町内一の好男子で、いつもパナマの帽子をかぶっている庄太郎は、アニマを表すと思われる女性に誘われて、彼のいる町からはるか遠く離れたところにある、断崖絶壁のところへ連れて行かれ、そこから飛び降りるように言われます。飛び降りないと、豚に舐められると言われます。しかし、絶壁の下の無意識を表す深淵へ飛び込む勇気が持てません。その結果、やって来た豚たちと七日六晩悪戦苦闘した末に力尽き、舐められてしまい、助かる見込みのない病気に罹ってしまいます。

アニマである女が、そこに飛び込めと言うのは、そうすることで庄太郎（漱石）がはじめて、無意識の底に生ける屍のように埋没しているアニマのもとに到達して、蘇生させ、関係を結ぶことができるからだと想像できます。この夢の中で、大群をなして舐めにやって来る豚は、鏡子夫人を表しているように思われます。しかし、漱石の心のあり方次第で、アニマの投影にも成りえたかもしれない鏡子夫人を、彼にとってのおぞましい「豚」にしてしまった原因は、夫人より漱石自身の心にあるということを、今まで分析してきてわかったように、『夢十夜』の全体がはっきりと示唆しているように思われます。

❖堀切直人氏の『夢十夜』論（注⑧）

ここでは、堀切直人氏の『日本夢文学志』に出てくる『夢十夜』に関する考えを紹介したいと思います。「文学史」という言葉は、明治の文明開化の産物で、縦方向に整理された一方通行的な文学の流れであるのに対して、それを並列集合的な地誌に置き換えたものが「文学志」ということになります。夢は通時的構造において直進する性質のものではないので、「夢想」という覗き穴から世界を一望すれば、森林的に錯雑し、相互に交感し合う混沌の地誌が現前してきます。日本文学をこうした視点で読み解いたのが『日本夢文学志』です。

この中で堀切氏は、漱石の『夢十夜』にも触れていますが、その際のキーワードが「夢魔の森」

と「始源の森」なので、手順として、『日本夢文学志』で展開されている「夢魔の森」と「始源の森」をまとめることから始めたいと思います。

①「夢魔の森」と「始源の森」

不気味な生きものの充満した、行けども尽きない森に投げ出された時に感じる不安な思いは、日常でも感じることができます。たとえば、暗い夜道を一人で歩く時に味わう言い知れぬ不安がその一つです。こんな時は、枯尾花が幽霊に見えたり、大きな石の塊が、動物の蹲っている姿に見えたりします。子供が暗闇の中で抱く恐怖の念もその一つで、これは幼児の心に伝わっている遺伝的な傾向と言えます。

ラフカディオ・ハーンは「夢魔触」や「夕闇の認識」といったエッセイの中で、この遺伝的な傾向によって幼児の闇に対する恐怖心を説明しようとしています。その恐怖心は、遺伝によって個人の上に積まれた出生前の経験の結果であり、祖先が危険に満ちた暗い森の中や洞窟の奥で味わった恐怖感の名残りであるといいます。私たちの遠い祖先は、原生林の奥で、恐怖に慄きながら、暮らしていました。私たちの無意識には、祖先が森の暗闇の中で味わった恐怖心が遺伝によって伝わっているのです。心の最も深い所にある集合的無意識（人類に共通する記憶）の層には、太古の夢魔的な森の記憶が横たわっています。

この森の記憶は、無意識と意識の分化の度合いが低い幼児においては、意識の表面にしばしば浮かび上がって来て、恐怖に震え慄かせるのです。分化の進んだ大人は、理性の力で、意識の表面に浮かんで来るのを防いでいますが、大人でも、暗い夜道を一人で行く時には、人間の無意識に横たわっている不安や恐怖に満ちた「夢魔の森」の像が浮かび上がり、私たちを脅かします。

そして、無意識と意識とを隔てている障壁が、何らかの事情で取り払われたまま元に戻らない場合は、たとえば、次々と衝撃的な事件に遭遇して意識の安定が崩され、無意識の活動が盛んになる時などは、精神錯乱状態に陥ります。

これが文学者に起こると、夢を扱った作品や、夢と現実の混淆した様を描く幻想的作品を制作することが多くなります。内田百閒の『冥途』『旅順入城式』、島尾敏雄の『夢の中での日常』、江戸川乱歩の『火星の運河』等がその例で、彼らはこれらの作品を書いていた時は、狂気すれすれの深刻な精神の分裂を経験していたようです。この三人の文学者は、心の奥に潜む太古の夢魔的な森の映像を鮮やかに定着させています。サルトルの『嘔吐』にも「夢魔の森」が細密に描かれていますし、中勘助の『ゆめ』もそうです。

私たちの心の奥に眠っている「夢魔の森」は、精神が機能障害を生じた時に、明るみに出されます。しかしこの病は、不治ではありません。機能を損なわれた肉体や内臓が、自分で健康を取り戻そうとして活動するように、病に蝕まれた精神も、健康回復の努力をすれば、魑魅魍魎の跳梁する「夢魔の森」が、多種多様な生きものの棲息する「始源の森」へと変貌するのです。

「始源の森」とは、人間の手で飼い馴らされたりしていない、エネルギッシュで歓喜に溢れた未開の自然のことで、この未開の森は、グロテスクで、無秩序であることが特色です。人手の加わった自然は、栽培植物を植え込んだ庭園に典型的に見られるように、優美で秩序だっています。

古代ギリシャ人や古代ローマ人は、混沌として活力に満ちたグロテスクなものに親しく接していました。古代ギリシャ人は、グロテスクな風貌の森の人間であるサテュロスを崇敬の的としていました。サテュロスは人間の原像であり、人間の最高にして最強の感動の表現であり、ギリシャ人が畏れと驚きをもって見つめてきた自然の生殖力の象徴でした。古代ローマ人にも、薄くはなっていましたが、グロテスクなものに親炙する心は失われてはいませんでした。それは彼らが動物と植物と人間とが分かち難く絡み合い、もつれ合った、それ自体一つの森と言ってよいグロテスクな絵画的装飾を編み出していたということをもってしても明らかです。この装飾は、ルネサンス期に、ローマの地下の洞窟から発見され、洞窟（グロッタ）の名に因んで「グロテスク」と名づけられました。このグロテスクな文様は、森の文化を形づくっていたケルト人に影響し、グロテスクな組紐の制作を促しました。

しかし、こういうグロテスクな森はキリスト教の席捲で消えていきました。キリスト教は、古代ギリシャ人、古代ローマ人、それにケルト人が斉しく崇敬していた未開のグロテスクな自然を、罪に汚れた忌まわしいものと見做し、これを呪い、断罪したからです。それでもルネサンス期になると、キリスト教の絶対支配の体制が著しく緩和され、異教的古代が権利を回復し、芸術家たちがグロテスクな未開の自然を力強い調子で表現できるようになりました。ルネサンスが終わると、異教的古代の自然観や森の世界の表現は再び衰退し、ヴィクトル・ユゴーに代表されるロマン派の芸術家たちは、近代の中でそういうものの実現に努めましたが、近代にはルネサンス期に匹敵するようなグロテスクの森の力強い表現は現れませんでした。

近代ではグロテスクという言葉の意味内容も変化を遂げ、私たちを脅かし、不安や恐怖を呼び起こし、胸苦しい思いにさせる不気味なものの別名となりました。近代にあっては、グロテスクなものは、エネルギーと歓喜によって特徴づけられる積極的な意義を失い、深淵、地獄、暗闇等という言葉と関連づけられる、暗い、否定的な様相を呈したものと化しました。隠れた自然は、植物、動物、人間が縺れ合って、生命の饗宴を繰り広げる「始源の森」から、サルトルの『嘔吐』に典型的に見られるような、私たちを脅かす怪物たちの蠢《うご》めき合う「夢魔の森」に変貌してしまいました。

しかし、自然の剥き出しの姿に激しい苦痛を覚えるのは、人間中心的な宇宙観を頑迷に固守しているからだということに思いを馳せる必要があります。そのためには、神と人間と動物と植物との間に価値の上下を置くキリスト教のヒエラルキーから離れ、人間と動・植物との区分を取り払い、あらゆる生きものは平等であるという認識を取り戻すことが肝要だと思われます。

シュルレアリストは、「夢魔の森」を「始源の森」に変容させる作業に全力を傾注しました。シュルレアリストにとっては、世界の実相は「始源の森」で、「夢魔の森」は「始源の森」のうちに同化解消されるべき可変的世界と見做します。キリスト教から存在権を奪われたものは、悪魔、怪物、魔女となりました。キリスト教が古代宗教における象徴神、すなわち自然の力を人格化した神々を否定して以来、自然は一切の形而上的価値を失いました。そうしたキリスト教の拘束から自然を解放し、形而上的価値を齎し、神話的な自然＝始源の森＝無意識を取り戻すべきだとシュルレアリストは考えます。異教的古代の名残を留めた不可思議の森は、眼が未開の状態にある限り、私たちの周囲にあります。まわりに遍在するこの未開の森に、シュルレアリストは踏み入り、財宝を持ち帰りました。マックス・エルンストがその代表です。彼の表現活動は、森の怪物との闘いで、この戦闘の所産が豊かな無意識性と高度の意識性を併せ備えた彼の森の絵画なのです。彼は幼い頃から外界のとげとげしく脅威的な要素に敏感に反応しては、怪物の幻影をそこから引き出す異常なまでに鋭く尖った神経の持ち主でした。こうした人は、強固な意志を欠いていると、その力に打ち負かされて、不安に押し潰されて、精神分裂病に陥り易いのですが、彼には強固な意志があったので、この力と闘い、不安に打ち勝つことができました。

幼い彼は、身辺の事物を一心に眺めることによって、同じような幻覚を随意に引き起こす遊びを案出し、これを通して不安をそっくり恍惚に転化させました。これが後のフロッタージュへ発展していったのです。

フロッタージュとは、木の羽目板等の、その表面に複雑なフォルムを浮き出させた、手触りのざらざらしている事物の上に紙をあてがい、黒鉛でそれを擦ることによって、種々の思いがけないイメージを喚起させる操作のことで、この手法を通じて、無意識の底に眠る「夢魔の森」を明るみに出そうと目論見ました。

そして、一九二五年から一九四三年にかけて制作された「森とジャングル」の連作は、グロテスク文様のように、植物界と動物界を隔てている境界が取り払われ、両者が互いに混じり合っている絵なのです。ジャングルが地獄に見えるのは、そう見る人間の内に人間中心主義的宇宙観が根を張っているからで、この宇宙観を捨て去り、混成動物に変身して、ジャングルの生きものの一員に加わり、文明の産物を破壊する作業に従事すれば、ジャングルは生きる歓びに溢れた世界に変わるはずなのです。

エルンストは、そういう変容の奇跡に対する希望を抱いてジャングルの絵を描き続けました。

②日本における「夢魔の森」と「始源の森」の関係

日本はあらゆる点で際立った二元的対立が起こりにくく、持続しにくい、曖昧な精神風土で、分裂現象も明瞭には自覚されず、劇的な葛藤への展開もあまりないように思われます。

こうした、無葛藤で、一元的な構造の日本で、西欧のような、キリスト教対異教のような対立を自覚的に把握するには、弥生的なものと縄文的なものの対立で見ていくとよくわかると思われます。縄文的なものは森に、弥生的なものは庭にそれぞれの成立の根拠を求めることができます。

弥生時代の到来以降、日本文化の主流は弥生的なものとなっています。

庭には、人間の心の内の植物的な部分、穏やかな情緒のみが表現されており、動物的部分、野性的活力は排除されています。植物の生育には欠かせない水が豊かに溢れていて、それは心の中の穏やかな情緒の表現ともなっています。庭には季節の緩やかな推移が認められ、四季の変化が如実に反映されます。庭の、季節に対する完全な受動性は、情緒型の人間と庭の植物に共通して見られるものです。庭園は、田圃の昇華され、洗練された形態であるとも言えます。水と季節の変化は、水稲の育成に重要なものです。日本人は、水や季節の変化に対する繊細な感受性と引き換えに、未開の自然に対する関心を失ったと言えます。森や山は恐るべき世界で、死者や鬼だけが棲む世界に変わってしまいました。グロテスクではあるが豊かで、恵みを齎す面への眺望を全く欠いた世界になってしまいました。

弥生以降の文化は、田圃と庭園を基礎にした「庭の文化」であるのに対して、縄文は原生林を背景にした「森の文化」でした。上山春平氏の言葉で言えば、縄文人は照葉樹林文化の人々でした。照葉樹林文化は、ヒマラヤ南西の中腹から東南アジア北部・南西中国・江南の山地を経て、東北地方以南の日本に見られる文化圏で、ブナ科、クスノキ科、ツバキ科等の常緑広葉樹を主とする樹林帯で、山棲みの狩猟採集生活や焼畑栽培、鵜飼い、加工食品造りも見られます。また歌垣の習慣も見られます。水田耕作の登場で、照葉樹林文化は衰退していきます。

縄文人は、危険と不安に満ちた森の奥で、全神経を張りつめて生活していました。しかし森は、危険と不安に満ちた恐るべき場所であると同時に、獲物を齎してくれる世界でもあったのです。弥生時代以降になると、危険と不安に満ちた側面のみが前面に押し出され、「始源の森」への契機を欠いた単なる「夢魔の森」と化したのです。

縄文人の森に対する積極的な態度を受け継いだものとして山人《やまびと》が挙げられます。山人は山中に隠れた縄文人の末裔ということになります。縄文人の森に対する積極的な態度を受け継いだのは山人だけではなく、子供たちも受け継いでいます。

子供たちにとって森は、魑魅魍魎の蠢く恐ろしい世界であるとともに、何か興味深いものが隠されているような、好奇心をそそってやまぬ世界なのです。その世界には、恐るべきもの、無気味なもの、ぞっとさせるものが充満しています。幼児は暗闇の中に得体のしれないものが犇めき合っているのを感じて、恐ろしさのあまり夜泣きします。知らない人、知らないところは「夢魔の森」であり、その世界には、「夢魔の森」の断片が至る所に散らばっています。しかし、縄文人が不安な森の中で不安に打ち克とうとしたように、子供たちも遊びを通じてその恐ろしさや心細さを乗り越えようとします。縄文人の行動と子供たちの遊びには多くの類似点があり、昆虫採集が好きで、小動物を生け捕ったり、水中の生きものも大好きです。これらは、縄文人の血の名残のように思われます。しかし、大人になると縄文人である特権が奪われ、弥生人の集団に同化し、森から庭へと戻って行くのです。

③『夢十夜』に見られる漱石の「夢魔の森」と「始源の森」

幼児《おさなご》は、母の温かい懐に抱かれている間は、安らかで、幸せな気分でいられますが、母が離れると、取り残された恐怖感は想像を絶するもので、これは誰もが幼い頃に経験することです。成長するにつれてこの恐ろしい記憶は忘れていき、順調にいけば、母親から精神的に独立することができますが、順調にいかない場合は、いつまでも幼児的な心の状態に留まり、幼い頃の恐ろしい記憶に執拗につき纏われます。精神的に独立できない理由としては、①甘い母親にあまりにも優しく保護されたため、②冷たい母親に酷く取り扱われたため、の二つが考えられます。幼年期の記憶に固執する小児性性格の文学者にもこの二通りがあって、マルセル・プルーストは①で、ラフカディオ・ハーンは②であることがわかっています。

漱石も幼い頃の恐ろしい記憶に終生つき纏われた文学者なので、②ということになります。

生後まもなく里子に出され、次に里子に出された塩原家で幼少年時の殆どを送りましたが、養父母の折り合いが悪く、夫婦喧嘩のため、夜中に眼を覚まされて泣き出すこともしばしばありました。最初の里子先の古道具屋では、夜、店先に放置されていた時や、塩原家での暗闇に晒されて、暗闇に対する恐れに胸を締めつけられていたに違いありません。幼年期に経験した暗闇に対する恐れがあまりにも強烈かつ持続的であったために、漱石はこの恐れを終生克服することができませんでした。それは大人になってからも彼の心の奥深くに巣食っていて、彼の人生に大きな危機が訪れる度に、意識の表面に浮かび上がって、彼を脅かしました。作品では、その恐れは多くの場合、暗い森のヴィジョンを喚起させます。この暗い森のヴィジョンは、『夢十夜』の「第九夜」や「第三夜」に鮮明に刻み込まれています。

「第九夜」は、前に触れましたように、旅に出たまま帰って来ない夫の安全を祈って、妻がお百度を踏む話です。この「第九夜」の神社の境内の暗い森は、漱石が幼い頃に投げ出された、保護のない、脅威に晒された世界の一形象であると堀切氏は分析されています。「第九夜」の嬰児の心細い気持ちは、そのまま幼い時分の漱石のものと思われます。母親の淋しい気持ちも、漱石の気持ちに通い合うものがあります。そして、この暗闇から母子を連れ出してくれるはずの夫が、もうとっくに死んでいるということは、この暗闇から母子を連れ出してくれるものがいないということで、これは漱石そのものの絶望感を表していると思われます。

この絶望の思いは、長じて後も漱石の心を捕らえて放さず、脱出不能の暗い森のヴィジョンは、依然として彼の胸の内に蟠っていました。そして彼は、しばしばこの森の中に足を踏み込んで、絶望を改めて確認するということをしています。『夢十夜』の「第三夜」には、こういう彼の内心の消息が見てとれます。

「第三夜」の語り手は森の中で、背負っていた盲目の我が子に、自分が人殺しであったことに気づかされます。これは、漱石が自分の心の最も奥に押し隠していた、拭い去りがたい罪障感を否応なく確認させせられたということになります。漱石にとって暗い森とは、自分の心の最も奥の、不安と絶望の交錯する秘密の領分であり、容易に直視しがたいところから、普段は意識に上るのを努めて避けている、罪に汚れた記憶がその底に沈められている無意識の闇であると思われます。漱石は常にこの忌まわしい記憶を必死に押さえつけようとしていますが、それが意識の表面に浮かび上がることがあります。「第三夜」の語り手は、森に近づくにつれて、何かいやなことを思い出しそうな気がして、そのいやなことの正体がわかっては大変なので、早く背中の子の仕末をつけて、安心したかったのですが、森へ入ると、彼の期待に反して、全てが明るみに出され、自分が人殺しであったという恐るべき事実に直面させせられてしまいます。

どうして森が漱石の心の最も奥の、不安に満ちた領分の象徴になるのかというと、小さい時に何度となく鎮守の森や田圃の外れの森に分け入ったりして、恐ろしい思いをしたことがあり、その際眼にした森の無気味な姿が、彼が常に感じていた故知らぬ不安の念の客観的対応物となって彼に迫ってきたからだと思われます。しかし、幼少年時代を回想した漱石の文章には、森に関する直接の叙述はなく、それに代わるものとして、森を思わせるものなら出てきます。昼なお暗い道とか、紆余曲折し、錯綜と込み入った廊下や路地は、その迷路的性格において、森を思い出させます。漱石の作品には、小さい頃の記憶に灼きついた曲がりくねった廊下や路地を事細かに描き出す描写がよく出てきますが、この描写には、彼が里子に出されていた時に味わっていた、迷路さながらの、寄る辺ない心持を、空間的な形象のうちに定着させようとする意図が感じられます。

小さい頃の漱石は、養父母の不和などのために、心の不動の拠り所を持つことができず、絶えず迷路の中にありました。そうした文章は、彼がその頃彷徨っていた迷路を辿り直している感じを抱かせます。「第三夜」の「不規則にうねって、中々思うように出られない田の中の道」もその表現の一つになります。

では、この曲がりくねった廊下や路地とから成る迷路を辿って行くと、どこに出るのでしょうか。それは主人公の内心の不安が顕になるところということになります。忌まわしい罪の記憶や、恐怖の記憶が蘇る場所、つまり無意識の世界ということになります。この無意識の住人は、漱石の他の作品では、鯉や蛇の姿をとって現れています。これらを漱石は、敵意を持って彼を脅かす無気味な生き物として登場させています。

特に蛇は、漱石の多くの作品に登場しています。主だったところでは、「蛇」という小品の他に、『幻影の盾』、『薤露行《かいろこう》』、『趣味の遺伝』、『虞美人草』等です。そのいずれにも共通するのは、蛇が、どす黒い、悪夢的な雰囲気の中から、気味の悪い、恐ろしげな姿で現れ、私たちを不安に陥れるということです。漱石にとって蛇は、暗い森と同じく、彼の心の最も奥の、不安に満ちた領分に蟠っている強迫観念的なイメージなのです。漱石だけではなく、私たちの殆ども蛇を気味悪く感じます。

深層心理学では、この蛇に対する嫌悪感は、私たち人類が爬虫類に虐められていた頃の記憶が瞬時に蘇るからだと説明しています。しかし私たちは、蛇に対して嫌悪感だけではなく、何か惹きつけられるものを感じるのも確かです。それは、蛇の持っている強い生命エネルギーだと思われます。D・H・ロレンスは、大地は眠っている蛇のようだと言って、世界を巨大な蛇として捉えています。蛇を大地の生命力の化身と見做すロレンスのような発想は、個人的なものではなく、集合的無意識に根差した普遍的なものであって、アルカイックな神話には共通して見られます。そして、アルカイックな神話では、蛇は大地母神と同一視されています。なぜなら大地母神も大地の生命力の担い手であるからです。漱石が、私たちの生を根底から支えている大地母神の化身である蛇に、無気味さ、恐ろしさしか感じることができなかったのは、彼が母親の慈愛に恵まれず、生そのものへの恐れの念や違和感がつき纏っていたためと考えられます。

漱石の恐怖感、罪障感等からくる不安が横たわっている彼の無意識という「夢魔の森」から彼を救い出してくれる「永遠の女性」の像も、彼の心の中で形作られたと思われます。

実母が、悪夢に魘《うな》されていた漱石のところへやってきて慰めてくれて以来、実母が永遠の女性像となり、蔵の中で見つけた母の美しい着物を羽織ったりした漱石。恋愛の相手となった嫂の登世。こうした女性が彼を「夢魔の森」から救い出してくれました。

ところが、ロンドン留学が再び彼を「夢魔の森」へ迷い込ませることになりました。ロンドンはそれ自体一個の不安に満ちた迷路でした。恐ろしく心細い思いを抱きながら、ロンドンという暗い森の迷路を彷徨い歩き、心を寛がせることができませんでした。

しかし、ロンドンの劇場で見たギリシャの牧歌的な風景の中に佇む美しい女性の姿が、彼の内に眠っていた永遠の女性像を呼び醒まし、「夢魔の森」の圧迫から彼を救い出す甘美な夢を育ませることになりました。『幻影《まぼろし》の盾』はその夢を真正面から取り上げたものです。しかしそこでは、甘美な夢のみが語られているわけではなく、まず「夢魔の森」の鬱然たる様相が呈示されています。主人公の騎士ウィリアムの携えている不思議な盾は、漱石が閉じ込められている「夢魔の森」の象徴となっています。そこに彫られているのは、見た者は恐怖のあまり石に化すゴーゴン・メデューサの顔です。

ゴーゴン・メデューサはギリシャ神話の怪物の一種ですが、父権的支配体制下にまとめられたギリシャ神話の中に出てくる怪物の多くがそうであるように、貶められた姿なのです。ゴーゴン・メデューサは、もともとはギリシャ先住民族が崇拝の的としていた大地母神だったのです。この母権的社会の大地母神は、父権的支配体制が確立するに及んで、明るい地上から暗い地下へ追放され、大地の闇の中に閉じ込められたのです。そして、母性の否定的側面が極度に際立たせられて、怨恨と呪いに歪んだ面貌を持ち、恐ろしい姿をした、残忍極まりない性質の女性に貶められたのです。これがゴーゴン・メデューサなのです。

とすれば、『幻影の盾』に出てくるゴーゴン・メデューサを思わせる夜叉も、その素性は大地母神であるはずなのですが、母性的なものに恵まれず、父性的なものを拠り所にして生きている漱石の眼には、その本来慈しみの女神であるべき大地母神は、忌まわしい姿の女怪としか映らないことになります。しかし漱石は、この女怪の向こう側に、植物的な、優しい「永遠の女性」の姿を透視する術も知っていて、それによってかろうじて狂気に陥るのを免れていました。

純潔な愛の化身ともいうべき「永遠の女性」のことを、漱石は『幻影の盾』、『薤露行《かいろこう》』、その他の小品で描いていますが、『夢十夜』の「第一夜」の女性もその一つです。ここに出てくる白い百合の花は、語り手が待っていた恋人の化身と思われます。「永遠の女性」を百合や薔薇の花にたとえるのはロマン派の常套ですが、漱石の場合は、百合の花のイメージが何らかの個人的な事情から、彼の無意識の底に、救済の象徴として根をおろしているもののように思われます。またもう一つ言えることは、白い花が死者の霊魂を宿しているとする日本古来の民俗的発想を彼もまた受け継いでいるためと考えられます。

『夢十夜』「第一夜」の語り手は、闇の中に坐して「永遠の女性」の到来をひたすら待ちましたが、漱石は必ずしも一か所に身を置いて「永遠の女性」を待っているだけではありません。「永遠の女性」の住む世界から送られてくる導き手と思われるものに誘われて、森の迷路の中を彷徨い歩いたりもします。たとえば、『永日小品』の「心」の語り手は、自分の部屋に飛び込んできた小鳥を籠に入れて、眺め暮らしているうちに、快い気分に包まれてきます。小鳥は花とともに、蛇と対立する「永遠の女性」の化身と見做されています。語り手は、小鳥を眺め暮らしている間に味わった言いようのない快い気分に包まれたまま町へ出ます。街路は、ロンドンのそれとひとしく、迷路のように錯綜としていましたが、歩いているうちに、ふと向こうを見ると、路地の入り口に、百年の昔からそこで自分を待ち続けていたかに思われる一人の女性が佇んでいるのに気づきます。すると彼女は路地の奥へ歩き出したので、彼は彼女を追ってどこまでもついていきます。最終的な到着地点は、恐らく森の池で、そこに彼女は身を投げ、彼に呼び掛け、水中での合体を誘いかけるものと思われます。これは「セイレーンの歌」を思わせます。この「セイレーンの歌」に耳を傾け、彼女の誘いを受け容れて、彼女とともに生きるには、死ななければなりません。

漱石は、「永遠の女性」との完璧な合体を成就させてくれる至高の死に憧れ、それを夢見ました。死への憧憬の念は人並み外れて熾烈で、『硝子戸の中』で彼は、彼の異常なまでに強い死への憧憬を語っています。死は、人間として達し得る最上至高の状態だとか、死は生よりも尊いと言っています。そして彼の死への憧れは常に水と結びついているのです。

漱石は、オフィーリアの水死体のヴィジョンに取り憑かれていました。しかしオフィーリアのイメージは、単独で扱われるのではなく、それと対立する蛇性の女のイメージとの緊張関係の上に形づくられています。『硝子戸の中』では、「既に生の中に活動する自分を認め、又其の中に呼吸する他人を認める以上は、互いの根本義は如何に苦しくても如何に醜くても此生の上に置かれたものと解釈するのが当たり前である」とも語っていて、漱石のバランス感覚が読み取れます。

漱石は生の醜さ、恐ろしさに対して、人並み外れて敏感であり、それにひどく傷つけられていた厭世家でしたが、それと同時に、旺盛な生活欲、夥しい動物的エネルギーの持ち主でもあって、オフィーリアの亡骸の優美さに心を奪われながらも、それを生身の女性との関連のもとに追求することも怠りませんでした。『草枕』、『虞美人草』、『三四郎』といった、初期のロマン主義的色彩の濃い作品は、そうした追求を主題とした作品群です。

漱石の踏み入った「夢魔の森」について言えば、そこには「始源の森」への変貌の予感や兆は随所に見出されるものの、肝心の目覚ましい変貌の奇跡そのものはついに最後まで生じなかったように思われます。なぜかと言えば、漱石は、彼の内部に見られるある種の分裂を、真に克服することができなかったためだと思われます。生に対する執着と死に対する憧れ、覚醒への意志と夢想への惑溺、我執の女性の像と永遠の女性の像、蛇のイメージと花のイメージといった、二元的な対立を真に克服できなかったように思われます。

山崎甲一氏、吉田敦彦氏、堀切直人氏の『夢十夜』論を見てきましたが、どれも深い論究で、とても勉強になりました。まだまだ知らないことが多くあるようです。

5 黒澤明監督の『夢』

❖『夢』のアイディアができるまで

「夢物語」の最後は、黒澤明監督の映画『夢』で締めくくりたいのですが、これから紹介するのは、都築政昭氏のご著書『黒澤明の遺言『夢』』(注⑨)を元にしたものです。

黒澤明の『乱』は、一九八五年(昭和六十年)六月公開で、この年の十一月に黒澤は文化勲章を受章しています。翌年六月、御殿場の別荘で休養していた時に、昔読んだドストエフスキーの言葉を思い出します。

ロシア文学で育った黒澤は、ドストエフスキーに心酔していました。彼が思い出したのは、『罪と罰』に出てくるドストエフスキーの夢解釈のことです。『罪と罰』は、主人公ラスコーリニコフが、非凡な人間には全てが許されるという超人思想で、虫けらのような金貸しの老婆を殺害する物語ですが、彼がそれを実行するために下見をした帰りに、その恐ろしい計画の重圧にへとへとになって、

道脇の木の茂みで寝込んでしまい、「やせ馬の夢」を見ます。そこにドストエフスキーの夢解釈も述べてあるのです。（注⑩）

「夢というものは病的な状態にある時には、並はずれて浮き上がるような印象とくっきりした鮮やかさと、並々ならぬ現実との類似を特色とする。そういうことがたびたびあるものである。時とすると奇怪な場面が描き出されるが、この場合夢の状況や過程全体が場面内容を充実させる意味で芸術的にぴったり合った、きわめて微細な、しかも奇想天外なデテールを持っている。それはたとい夢を見る当人が、プーシキンやツルゲーネフほどの芸術家でも、うつつには考え出せないほどである。こうした夢、こうした病的な夢はいつも長く記憶に残って攪乱され、興奮した人間の組織に強烈な印象を与えるものである」

この文章が、そっくり、黒澤のノートに書き移されていて、その横に次のメモがあります。

「夢というものの特質を把握しなければならない。現実を描くのではなく、夢を描くのだ。夢が持っている奇妙なリアリティをつかまえなければならない」

黒澤はドストエフスキーの夢解釈に共感し、改めて「夢の表現力」の凄さに注目し、一気に「夢」の虜になります。夢には、人間のいろいろな願望だとか、心の奥にしまってあることが出てきますが、その「表現」には大変な技巧が使われていて、大胆不敵な凄いデフォルメ（変形）が施されていて、夢の表現力は素晴らしく、だから夢を見ている時は人間はみんな天才だと思う、と黒澤は言っています。そしてそれを黒澤は意識的に捕まえてみようと思いました。

一端触発された黒澤の「夢」のイメージは、どんどん具体性を帯びていき、子供の時に見た夢を書き出してみたら、半月ほどの間に、十いくつかの夢が書けました。それを息子やみんなに話したら、とても面白く思ってくれて、映画にしたらどうですかという話になり、映画『夢』創りが始まるのです。

❖『夢』の全体構想と『夢』の始動

出来上がった映画『夢』の中の八つの夢の順序は、幼少の頃の夢や少年時代の夢、まだ人間と自然とが共生していた頃の夢から始まっていますが、黒澤ノートのメモの順番から見ると、彼の心を一番強く捕らえていたのは深刻化した地球の環境問題でした。

これは黒澤がずっと前から考えていたことで、環境汚染は、突き詰めれば、一塊の人間が自分の利益追求のために、日本中を汚染していると言えます。

このことは、『夢』のラスト「水車のある村」の老人に、「まず人間に一番大切なのは、いい空気にきれいな水……」と語らせている部分と呼応しています。環境汚染のテーマは政治問題であるだけに、真正面から取り組めば、政治や企業への直接的糾弾になり、制作への様々な圧力となって潰されかねません。夢なら、夢の大胆な表現力を使って、汚染の深刻な怖さを、デフォルメすることで増幅して伝えることができます。黒澤の心の奥の不安、恐怖、焦り、憤怒が『夢』の骨格になっているのです。『夢』は、黒澤明原作、黒澤明脚色の映画ということになります。

環境汚染に関する夢はかなりの悪夢になるので、それとバランスを保つためにも、豊かな自然と美しい心へのノスタルジアも描かなければならないし、それらを夢の大胆不敵で、天才的な技術で描く、という構想が黒澤の中で固まっていきます。『夢』のベースを環境破壊のテーマで固めたため、冒頭の三話「日照り雨」「桃畑」「雪あらし」で自然への加害者であり続ける人間のあり方を問い、第六話「赤富士」、第七話「鬼哭《きこく》」で加害者人間の凄惨な末路の姿を示し、ラストの第八話「水車のある村」は自然と人間の共生のモデル、理想のモデルとしてのユートピアを描く。絶望で終わりたくない！　希望の持てるあるべき姿を最後に観客の胸に焼き付けたい！　こんな熱い思いで黒澤は『夢』の完成を目指しました。

自然と人間の共生を『夢』のテーマに据えた黒澤でしたが、その狭間を縫って二つの鎮魂の思いから生まれた夢を入れました。戦死した部下たちの亡霊を鎮魂した第四話「トンネル」と、憧れたゴッホへの鎮魂の思いから生まれた第五話「鴉」です。

こうして、心の一番奥の恐れである環境破壊と、美しい自然と心へのノスタルジアを含めた自然と人間の共生をテーマにした六本と、二つの鎮魂の夢を含めて、合わせて八つの夢のシナリオを一気に書き上げたのでした。映画になった夢は八話ですが、書いたのは十一話でした。映画にならなかった三つは、「飛ぶ」「阿修羅」「素晴らしい夢」です。

「飛ぶ」は、飛ぶことのできない人間が空を飛びたい願望から、ごく一般的に見る夢で、少年の黒澤がビルとビルの間に綱を渡して綱渡りしていると、風で帽子が飛ばされそうと思った瞬間落下して、どんどん落ちていって、もうだめだと思った瞬間天使の優しい手が伸びてきて救われ、天使と手をつないでビルの谷間や美しい野山を、楽しく軽やかな気分で飛んで行く夢です。

逆境には必ず「時の氏神」が現れて救ってくれる自分の強運を、天使に擬えた夢だそうです。

「阿修羅」は、京都市が京都の寺社に対して、「京都保存協力税」を実施したところ、清水寺や金閣寺などが反対し、拝観停止の対抗措置に出た（一九八五年（昭和六十年）七月十日）ニュースを見て激怒した黒澤が書いたものです。

京都の僧たちが税金を払えと言われ、自分のものでもないのに、寺の建物を誰にも見せないなんて、何という傲慢なんだと腹を立てた奈良の興福寺の阿修羅像が怒って出てきて、清水寺や金閣寺を竜巻で舞い上げてしまう夢なのです。暫くして戻してあげますが。

「素晴らしい夢」は黒澤がどうしても創りたかった執念の夢でした。黒澤が総理大臣になり、世界平和に尽力し、世界各国の首脳が、世界平和条約を全員一致で可決調印させるところまでもっていった夢です。本当はこの夢を最後にもってきたかったのですが、資金難のため、この作品を『夢』に入れることができなかったのです。

『赤ひげ』（一九六五）以後、『どですかでん』（七〇）、『デルス・ウザーラ』（七五）、『影武者』（八〇）、『乱』（八五）と、五年に一本のペースになってしまっていました。一作ごとに製作会社や資金調達に大変手間取った結果でした。『デルス・ウザーラ』はソ連資本、『影武者』は東宝の最後の協力であり、『乱』はフランス資本で、黒澤の世界的名声故の協力でしたが、映画資本の冷徹な論理の前には、彼の神通力も利かなくなっていたということです。

『夢』のシナリオを見た息子でプロデューサーの黒澤久雄は、映画会社が飛びついてくるような企画ではないと思いました。オムニバスということもあり、地味な作品で、世界の黒澤が作るということだけが唯一の商品価値でした。

久雄は、『夢』がヒットするとは思いませんでしたが、作りたいものを作らせてあげたいという使命感に燃えました。しかし、どんなに頑張っても資金調達の目途は立ちませんでした。

助け舟を出してくれたのは、黒澤を映画の師と自称するスティーブン・スピルバーグ監督でした。『夢』が資金難であることを知ったスピルバーグは、積極的に協力してくれました。彼の仲立ちで、ワーナー・ブラザーズが資金を出してくれることになったのです。

しかし、出してくれるのは十五億円で、これで十一話を作るのは資金上困難なため、最も金のかかる「飛ぶ」「阿修羅」「素晴らしい夢」が割愛されることになったのです。こうして、スティーブン・スピルバーグ提供、ワーナー・ブラザーズ配給、製作黒澤プロダクションの映画『夢』が始動したのです。

『夢』の冒頭の「こんな夢を見た」という言葉は、夏目漱石の『夢十夜』と同じもので、黒澤が敬愛する漱石に肖ったものと思われますが、漱石の夢が、人間の無意識の世界の不思議さに終始しているのに比べ、黒澤の夢は人間の生存を脅かす現実の愚かさへの、心底からの憂いと怒りであり、それは夢という不思議な表現力を通した彼の切実な叫びなのです。

❖『夢』のあらすじと分析

①第一話「日照り雨」

あらすじ

幼児の「私」が家を出ると、日が射しているのに雨が降ってきました。こんな日にはきっと狐の嫁入りがあるから、出て行ってはいけないと母が言います。狐はそれを見られるのをとても嫌がり、見たりすると怖いことになると母が言います。「私」は行こうか行くまいか迷った挙句、熊笹の繁る森の中へ入って行きます。靄がかかり、鳴物とともに狐の行列があたりを伺いながら静かに進んできます。しかし、狐たちに睨まれ、「私」は走って逃げ帰ります。母は門のところで待っていて、「お前は見たね」と言います。「見てはいけないものをお前は見た。そんな子はうちには入れられません。さっき狐が来て怒っていたよ。そして、これを置いていったよ」と言って母は息子に短刀を渡します。「腹を切って謝れというんでしょ。早く狐のところへ行って謝っておいで。それを返して、両手をついて一生懸命謝るのよ。本当に死ぬ気になって謝ってらっしゃい。狐が許してくれない限り、お前をこのうちに入れるわけにはいかないのよ」「いやだ、狐の家はどこだかわからない」「こんな天気の日にはきっと虹が出ます。狐の家はその虹の下よ」虹の下へ行くとそこには花畑があって、「私」がそこへ向かって歩いて行くところで夢は終わります。

「日照り雨」の分析

黒澤は幼い頃、日照り雨の日には狐の嫁入りがあり、見たりすると怖いことが起こる、と母に脅かされ、そのため狐の嫁入りを見たような夢まで見てしまった幼い頃の思い出がこの作品のベースになっています。

狐の嫁入りの話は、『地獄先生ぬ〜べ〜』（第十八巻）にも出てきます。童守城址公園へ写生に行き、そこで郷子と広は狐の嫁入りを目撃します。音をたてて気づかれ、狐の嫁入りを見た人間は八つ裂きにされると知っていたので、広は咄嗟に、よそから祝いに来た狐だと嘘をつきます。信じてもらえて、行列の中へ入ります。しかし宴会の時にばれて、八つ裂きにされそうになりますが、ぬ〜べ〜が助けに来てくれます。戦っているところへ、狐の最上位の荼吉権現天狐《だきごんげんてんこ》の玉藻が結婚の仲人としてやってきます。そして彼の一声で許してもらい、ぬ〜べ〜は祝いの安来節を踊らされます。

古来狐は、豊作を招く農業の神の使いとして、ありがたい存在です。それが人を化かしたり、害を与える邪悪な存在と見做されるようになったのは、中国からやってきた妖狐の仕業であると言われています。特に、真言密教の荼吉尼天信仰と結びつき、呪術の対象として使われるようになってから、その邪悪なイメージが定着したようだと、『地獄先生ぬ〜べ〜』の作者真倉翔氏は書いておられます。荼吉尼天は、インドでダーキニと呼ばれ、夜中に死体の内臓を食うという恐ろしい夜叉神でしたが、大日如来に調伏されて改心し、神となったものだといいます。これが日本の稲荷信仰と結びつき、農業と商売の神となったのが平安時代の頃でした。

話を「日照り雨」に戻します。

夢の断片だけでは映画にはならないので、そこに自然との共生という重いテーマを入れ、狐の嫁入りというものを知った幼児体験を、不思議な形にデフォルメして創ったのがこの作品です。狐＝自然であり、自然との共生のルールを破り続ける常習犯の人間の罪を、人生の旅立ち間もない幼児の「私」に黒澤は自覚させようとします。

前半の夢幻的な狐の嫁入りとは打って変わって、「私」は予期せぬ母の激しい叱責を受け、過ちの責任を自分で果たせと、一人放り出されます。子供には過重な戒めですが、ここには人間が自然への加害者として常習犯であることへの黒澤の強い怒りが込められています。狐は自然の象徴であり、その自然との約束を破ることは、互いの信義を破ることになります。自然にダメージを与え続けてきた人間、それを支える人間中心主義、科学万能主義は今や深刻な自然破壊と地球汚染を広げています。この人間の思い上がりと暴走を何とか食い止めたいという黒澤の悲願が、この『夢』の冒頭に象徴的に込められています。これが『夢』全体のベース音になっているのです。

②第二話「桃畑」

あらすじ

雛祭りの日、姉たちが雛人形のもとで遊んでいます。弟の「私」は六人分のお団子を持ってきましたが、五人しかいません。「私」は確かに六人いたと思ったのですが、姉は五人だと言います。「本当にもう一人いたんだ」と「私」が言うと、「変なこと言わないでよ」と姉は怒って言います。「向こうへ行ってなさい」と言われ、部屋を出ると、そこに少女がいました。少女は家の外へ出て、走っていきます。「私」が追いかけていくと、雛飾りの登場人物たちが現れて、「言いたいことがある」と言います。彼らは、もう「私」の家へは行かないと言います。「私」の家がこの桃畑の桃の木をみんな切ってしまったからです。雛祭りは桃の節句というように、桃の木のお祭りであり、雛人形たちは桃の木の化身なのです。「その桃の木を切り倒して何が雛祭りだ。切り倒された桃の木はみんな泣いている」、と訴えます。「私」も泣いてしまいます。「今更泣いても仕方がない」と雛飾りは言いますが、別の雛飾りが、「この子を責めるのはよしましょう」と言ってくれます。「この子は、私たちが切られる時、切ってはだめだと泣いてくれました」「桃が食べられなくなるから泣いたんだ」とみんなが笑います。「違うよ」と「私」は訴えます。「桃なら八百屋で買えるけど、花の咲いた桃の畑はどこで買うの？　僕は桃の咲いたこの桃畑が好きだから、それが切られてもう見られなくなるのが悲しくて泣いたんだ」とまた泣いてしまいます。「ようしわかった。この子はいい子だ。この子にもう一度この桃畑の花盛りを見せてやろう」雛飾りたちが雅楽を演奏し、舞うと、花が舞い散り、桃の花の咲き誇る一面の桃の木の畑に変わりました。「私」が満面の笑みを浮かべて見ていると、あの少女が走って来たので、駆け上がって行くと、今までの光景は消え、もとの姿に戻りました。戸惑う「私」は、わずかに残る桃の花を見つけ、そこへ駆け寄ります。その花をじっと見つめているところでこの夢は終わります。

「桃畑」の分析

ここには少年時代の「私」が登場しています。そして、夭折した姉百代への鎮魂の思いがベースになっています。そしてここでも、自然への加害者としての人間の愚行が取り上げられています。

黒澤は四男四女の末っ子として生まれましたが、小姉《ちい》ちゃんである百代が一番美しく、よく黒澤と遊んでくれたと黒澤は語っています。この姉は、黒澤が小学四年の時に病で亡くなりました。享年十六歳でした。黒澤は、この大好きな姉を桃の精として登場させています。そしてこの桃の精をドラマの狂言回しに使い、その美しい神秘性を桃の精＝自然として象徴的に表現しています。

黒澤は「日照り雨」で「私」に短刀を持たせて狐に謝りに行かせたように、「桃畑」でも「私」を大人たちの自然殺しの罪過の現実に立ち会わせました。幼い「私」、少年の「私」は、何気なく罪を重ねている人間の業の深さを学んでいきます。

③第三話「雪あらし」

あらすじ

吹雪の雪山で、疲労困憊した登山のパーティが歩を進めています。吹雪になって三日経ち、自暴自棄になっています。誰かが来るような幻覚が生じます。眠くなり、眠りそうになった仲間に、「私」が「眠るな！ 死ぬぞ！ 起きろ！」と言いますが、自分も倒れてしまいます。雪女が現れ、「私」

に何かを被せます。「私」はそれで目覚め、雪女を見ます。「雪は温かい。氷は熱い」と雪女は言います。雪女が消え、「私」は他の者たちを起こしていきます。天気が晴れると目の前にキャンプがあり、助かりました。

「雪あらし」の分析

黒澤は山登りを愛しました。山登りは人生と重なるところがあり、長い苦闘の末の充足感に惹かれると言っています。その快感を彼は「峠の風」と呼びました。峠が近づくと山の向こうから爽やかに吹いてくる風のことです。その山登りに、雪の精（雪女）を登場させ、雪山の自然の怖さと優しさを、いわば自然と人間の共生を黒澤は語ろうとしました。狐の嫁入りも、桃の精も、雪女も、日本人の心の中に生き続けてきた、人間と自然が共に生きてきた象徴的な不可視のイメージの世界ですが、それを天才的な表現を使って、可視の世界に具体化したのでした。

「私」が睡魔に襲われた時、不思議な女の歌声が近づいてきました。雪女です。雪女は「私」に優しい眼を向け、ギラギラ光る衣をかけてくれます。優しい歌声に「私」は堪らなく眠くなりますが、同時に、眠っては御仕舞いだという思いから、必死に抵抗すると、女は歌を止め、無言で押さえつけてきて、優しかった表情がみるみる豹変してきます。この変化を黒澤は能面の「若女」「橋姫」「般若」を使って表現しました。「私」は雪女に会い、その魔性と格闘することで睡魔に打ち克ちました。雪女が遭難の危機から救ってくれたことになります。雪女＝自然であり、黒澤は雪女を通して自然の優しさと猛威を描こうとしたのです。

この「雪あらし」には、黒澤の映画人生が重なっています。逆境にある時、彼は何度も「時の氏神」に救われました。逆境が思わぬ順境に変わり、運命を好転させてきました。いわば強運だったと黒澤は語っています。映画と出会ったこと。恩師山本嘉次郎監督と出会ったこと。そして最大の「時の氏神」は不評だった『羅生門』がヴェネチア映画祭でグランプリをとったことです。これが世界のクロサワへの大きな跳躍となりました。

人生は様々な苦難と挫折に遭い、それに耐え、絶望し、そして克服していく。その青春の蹉跌こそが人間を鍛え、成長させていく。その未完成な者が完成を目指す姿に人間の感動があり、尊厳がある、というのが黒澤の人生観です。そういう生き方をしていると、強運も自然についてきます。「雪あらし」は、黒澤の強運を巧みに象徴させた作品であると、言うことができます。

④第四話「トンネル」

あらすじ

「私」が山のトンネルに向かって歩いています。「私」は犬の唸り声のするトンネルを歩いて行きます。トンネルを出ると、一人の兵がトンネルから歩いてきて、野口一等兵とわかります。顔は白く、「中隊長殿」と呼びかけ、「自分は本当に戦死したのですか」と訊きます。「戦死したとは思えない……除隊になって家へ帰り、御袋に牡丹餅を作って貰って食べたことをはっきり覚えている」と言います。「それは、お前が弾にあたって気絶し、気絶から覚めた時、介抱している私に言ったことだ。それは、お前が気を失っている時に見た夢だよ。それから五分ほどして、お前は本当に死んだのだ」「わかりました。しかし、親爺や御袋は自分が死んだと思っておりません」野口は、「あれが自分の家であります」と、灯のともる一軒家を指差します。「親爺や御袋はあの家で、自分の帰りを待っております」「しかし、お前が死んだのは事実なのだ」と「私」が言うと、野口はトンネルへ帰っていきます。「私」が、「野口」、と呼びかけると、野口は捧げ銃をした後、とぼとぼとトンネルへ帰っていきます。野口が消えると、トンネルから集団で歩んでくる足音が聞こえてきます。彼らは「私」の前で止まり、「中隊長殿に敬礼！　ただいま帰りました。全員異常なし」と報告します。堪らなくなった「私」は言います。「聞いてくれ！　お前たちの気持ちはよくわかる。しかし、第三小隊は全滅した。お前たちは全員戦死したのだ。すまん。生き残った儂《わし》はお前たちに会わす顔もない。お前たちを全滅させたのはこの儂の責任だ。儂は全ての責任を、戦争の不条理と軍律の非人間性に転嫁して、自分の無定見と過ちを認めぬ卑怯者ではない。しかし、生き長らえて捕虜となった儂は、その抑留生活で死ぬ苦しみを味わった。そして今またお前たちを見て、同じ苦しみを舐めている。いや、お前たちは、自分たちに比べて、そんな苦しみが何だと言うだろう。しかし、正直に言う。儂はお前たちと一緒に死にたかった。この儂の気持ちを信じてくれ。お前たちの無念な気持ちはよくわかる。戦死とはいえ犬死にだ。しかし、そのように、この世を彷徨って何になる。頼む、帰れ、帰って、静かに眠ってくれ。第三小隊、回れ右。前へ進め」中隊長の「私」は彼らに敬礼し、見送ります。すると、またトンネルから犬が現れ、唸り声をあげ、噛みつかんばかりに迫ってきます。

「トンネル」の分析

黒澤の自伝『蝦蟇の油』によると、軍人だった父の計らいで太平洋戦争の兵役を免れて生き残ったことに後ろめたさを感じていたので、戦後の黒澤の華々しい活躍は、黒澤にとって、生き残った人間に課せられた使命のようなものでした。『素晴らしき日曜日』（一九四七）、『酔いどれ天使』（一九四八）、『静かなる決闘』（一九四九）、『野良犬』（一九四九）等の主人公は、戦争で生き残った復員軍人であり、強い正義感で戦後の社会悪と闘う物語です。そしていつかは戦争犠牲者を描きたいと思っていたことが、「トンネル」に結晶したのです。

長年黒澤が心の奥にしまっていた悔恨というマグマが、隘路を通って表に噴き出してきたという感じの作品です。太平洋戦争での日本人の犠牲者は三一〇万人を超えています。特に前途有望な若者たちが、兵隊として東南アジアや太平洋の戦場で沢山戦死しています。この同世代の若者の死に対して、黒澤は、兵役を免除されて生き残った人間として、慚愧に堪えない思いを戦後ずっと抱いて生きてきました。彼らへの強い鎮魂の思いからこの作品は生まれたのです。

亡霊が主役になるのは夢幻能の世界です。能に造詣の深い黒澤は、この形式を採用して全滅した部下たちを登場させます。死者の亡霊である部下たちがシテであり、「私」がワキになります。能の大成者世阿弥が創出した夢幻能は、この世で恨みをのんで死んだ亡霊「シテ」が、旅の僧「ワキ」の招魂で現れ、様々な恨みや嫉妬や嘆きを語り、その思いを胸に舞うものです。「トンネル」では、トンネルの奥から戦死者の亡霊が湧いてくるという発想が奇抜で、トンネルを能舞台に擬してあります。長いトンネルは橋掛りであり、出口の土留めのコンクリート壁は松羽目になります。

軍靴の響きが消えた後、再び唸る犬が飛び出して来て、凄まじい勢いで吠え始めますが、この吠え立てる犬は軍国主義の象徴であると同時に、戦争犠牲者の諦めきれない怨念の叫びでもあるように思われます。

当時、黒澤の『夢』作りを手伝っていた大林宣彦監督は、黒澤から、「俺たちの続きをやってね」と託されていたことを、映画『花筐《はながたみ》』を撮り終えた後打ち明けられました。現在（二〇一七年）七十九歳の大林監督ですが、この作品は檀一雄原作で、『この空の花　長岡花火物語』『野のななのか』に続く戦争三部作の最終章で、自分の「生」を自分の意志で生きようとする、純粋で自由な若者の友情や恋を描いた青春群像劇ですが、いつしか彼らは戦争の渦に巻き込まれていきます。映画を通して平和の大切さを訴える監督の思いが籠った作品になっています。

⑤第五話「鴉」

あらすじ

ゴッホ展を見ていた画家の「私」は、いつの間にか、ゴッホの描いた「はね橋」の絵の中へ入っています。洗濯している女たちにゴッホの家を訊きます。「あっちへ行ったよ。用心おし。精神病院から出て来たばかりだからね」と、女たちは笑います。ゴッホに会うと、「絵になる風景を探すな。よく見るとどんな風景でも美しい」とアドバイスしてくれます。自然の中で自分を意識しなければ、自然は夢のように絵になっていくと語ります。自然を貪り食べ待っていると、絵は出来上がって現れるとも言ってくれます。しかし、それを捕らえておくのが難しいとも言います。「そのために何を？」と「私」は訊きました。「働くこと。しゃにむに、機関車のように」と答えるゴッホ。「急がねば。時間がない。絵を描く時間はもう少ししかない。昨日、自画像を描いていて、耳がうまく描けないので切り捨てた。太陽が絵を描けと僕を脅迫する。こうしてはいられない」

「私」はいつの間にかゴッホの絵の中を走り回っています。そしてまた外の世界に出て、ゴッホの後を追っています。すると、一面鴉が飛び交っています。そんな絵もゴッホ展に展示してあります。そしてその絵の前に「私」は立っています。

「鴉」の分析

若き日に、画家を志した黒澤は、ゴッホの画風に強い共感を覚えると同時に、彼の生涯に深い感動を覚え、映画化するのが彼の長年の夢でした。三十七歳という短い生涯を、画業に燃え尽くした芸術家として、ゴッホへの憧れと同情は格別なものでした。画と映画というジャンルは違いますが、同じデーモンに憑かれた人として、創造の苦悶を舐めた戦友のような親近感があったに違いありません。黒澤は、西欧のヒューマニズムに根差した理想主義、人道主義を中心とした大正教養主義の強い影響を受けました。当時、先進国ヨーロッパの文学、絵画、音楽、等が堰を切ったように流入し、黒澤はそれらを貪欲に貪りました。絵画では後期印象派のセザンヌやゴッホに傾倒し、特にゴッホへの思い入れは尋常ではありませんでした。こうして黒澤は、理性の崩壊という狂気を抱きながら、激しい創造力に憑かれてひたすら画を描くゴッホに「私」を会わせる映画を創ったのです。

⑥第六話「赤富士」

あらすじ

大音響と紅蓮に染まった空の下、大勢の人々が逃げ惑っています。「私」には何があったのかわかりません。見上げると、富士山が炎に包まれ、灼熱し、赤く染まっています。原子力発電所の六基の原子炉が爆発したことを知ります。逃げた人々はみんな海へ飛び込みました。陸地には「私」を含め大人三人と子供二人だけになります。やがて新技術で着色された致死性の放射性物質が五人のもとへも押し寄せてきます。赤いのはプルトニウムで、吸い込むと二千万分の一でもガンになります。黄色いのはストロンチウムで、骨髄に溜まり、白血病になります。紫色はセシウムで、遺伝子が突然変異を起こします。「放射能に着色して何の意味があるのだ」と、科学者の男が言います。「原発は安全だ！ 危険なのは操作のミスで、原発そのものに危険はない。絶対ミスは犯さないから問題はないと言っていた奴は許せない。あいつらみんな縛り首にしなきゃ、死んだって死にきれない」と女は叫びます。「それは放射能がちゃんとやってくれる。すいません。僕もその縛り首の仲間の一人でした」科学者はそう言うと、海へ消えました。放射能が「私」と女と子供二人を襲ってきます。「私」は服で振り払おうとします。

「赤富士」の分析

「赤富士」の背景には、二度に亘る大原発事故があります。①アメリカのスリーマイル島の原発事故（一九七九）、②ソ連のチェルノブイリ原発事故（一九八六）です。

①は誤操作で炉心の冷却水が循環しなくなり、高熱で炉心が溶け出し、大爆発の危機は回避されましたが、原子炉の汚染除去には一年余の歳月を要しました。②は四基の原子炉のうちの一基が爆発、大気中に大量の放射能をまき散らし、ヨーロッパ諸国にも汚染が広がり、農作物や人体に深刻な打撃を与えました。癌の発生件数は四万件以上、死者は六五〇〇人を超えました。

①②に対する黒澤の怒りには凄まじいものがあります。放射能による地球汚染は、黒澤が異常なまでに恐れている不安であり、憂いであるのです。黒澤はこの恐ろしさを世界に率先して訴える使命を自覚し、その思いをこの作品に託したのです。人間の傲慢による科学文明の暴走に対する強い怒り、激しい呪詛が伝わってきます。日本を象徴する富士山が熱で溶解する衝撃的映像、それはまさに夢の天才的表現であり、それによって、救い難い地球汚染の恐怖を描こうとした作品なのです。

それは、人間の愚かさと傲慢が生んだ地獄絵であり、『旧約聖書』のノアの方舟やバベルの塔の物語を彷彿とさせます。

⑦第七話「鬼哭」

あらすじ

霧がたちこめる溶岩荒野を歩いている「私」のうしろから、誰かがついてきます。見ると、一本角の鬼です。鬼は、昔は人間だったと言います。昔はこのあたり一面花畑だったが、それを水爆やミサイルがこんな砂漠にしてしまったと鬼は言います。ところが最近、その死の灰の積もった地面からタンポポの化け物のような花が咲き始めたと言います。鬼は続けて言います。

「この辺にばらまかれた放射能が、この花畑の花をみんな片端にしちまったんだ。花ばかりじゃない。人間だってこのざまだ。ばかな人間が地球を猛毒物質のはきだめにしちまったんだ。今この地球にまともな自然はどこにもない。鳥や獣や魚もいない。いや、いつだったか、顔の二つある兎と目玉が一つの鳥と毛の生えた魚を見た」

「私」が食べ物はどうしているのか訊くと、「食べ物なんかあるわけないよ」と怒ります。鬼は更に続けて話します。

「俺たちゃ共食いをして生きているんだ。弱いやつから食われるのさ。そろそろ俺の番だ。鬼にも階級があるんだよ。俺みたいに一本角は、二本角や三本角の食い物になるしかない。人間だった時、権力を握って悪賢く、図々しくのさばっていたやつが、鬼になってものさばっているんだ。しかし、鬼の因果は死ねないことだ。生えた角は癌の腫物のように痛み、夕方になると、名うての鬼どもでさえ泣くんだ。死にたくても死ねないので、泣くよりないのだ」

鬼は「私」を、角が複数生えた鬼たちが泣いているところへ連れていって、見せてくれます。鬼は自分の角も痛くなってきたと言って苦しみだします。「お前は帰れ！」と鬼が言います。「どこに帰ればいいんだ」と「私」は訊きますが、「鬼になりたいのか」と鬼は追ってきます。「私」は走って逃げます。

「鬼哭」の分析

悪夢は「赤富士」で終わりません。追い打ちをかけるように、核戦争の放射能汚染で、生物が絶滅した終末風景「鬼哭」を黒澤は創りました。神をも恐れない人間の悪業に黒澤は鉄槌を下したのです。こうした恐ろしい光景を見せることによって、人類に悔い改める機会を与えたいという思いが黒澤にありました。

巨大タンポポは、チェルノブイリ関係の写真の中に黒澤が見つけた大きなタンポポをヒントにして作ったものです。「鬼哭」には、薔薇の花の真ん中から茎が出て、そこに花が咲く奇妙な花も出てきますが、これも黒澤が集めた放射能禍の写真の中にあったもので、遺伝子異常から生まれた奇形なのです。

「鬼哭」は、黒澤の心の奥の強い憂いが創った悪夢なのです。

⑧第八話「水車のある村」

あらすじ

「私」は旅先で、静かに川が流れる、水車の村へやってきます。美しい緑、鳥の鳴き声、水車の音、とてものどかです。子供たちが「私」に挨拶し、花を摘んで石の上に置きます。

壊れた水車を直している老人に出会い、「私」はいろいろ尋ねてみます。「電気は引いてないんですか？」老人は答えます。「あんなものはいらない。人間は便利なものに弱い。便利なものほどいいものだと思っている。本当にいいものを捨ててしまう」「明かりはどうするんですか？」「蝋燭もあれば種油もある」「夜は暗くないですか？」「暗いのが夜だ。夜まで昼のように明るくては困る。星も見えないような明るい夜なんていやだね」「耕運機やトラクターもないようですね」「そんなものはいらん。牛もおるし馬もおる」「燃料には何を使っているんですか？」「主に薪を使う。生きている木を切るのは可哀そうだし、結構枯れた木もあるから、主にそれを薪にして使っておる。牛の糞もいい燃料だ。私たちはできるだけ自然の暮らし方をしたいと思っている。近頃の人間は自分たちも自然の一部だということを忘れている。自然あっての人間なのに、その自然を乱暴にいじくりまわす。俺たちはもっといいものができると思っている。特に学者。頭はいいかも知れないが、自然の深い心がさっぱりわからないものが多いのに困る。その連中は人間を不幸せにするようなものを一生懸命発明して得意になっている。また、困ったことに、大多数の人間たちはその馬鹿な発明を奇跡のように思って有難がる。その前に額づく。そしてそのために自然は失われ、自分たちも滅んでいくことに気がつかない。まず人間に一番大切なのはいい空気や綺麗な水、それを作り出す木や草なのに、それは汚され放題、失われ放題。汚された空気や水は人間の心まで汚してしまう」

老人はいろいろ語ってくれました。子供たちが石の上に花を置くことにも触れてくれました。昔、あの石のところで、病んだ旅人が倒れて、息を引き取ったということ。村人たちはそこへ埋めて、墓の代わりに石を置いて、花を供えてやったということ。その習慣が今も残っているということも話してくれました。その時、祭りのような音が聞こえてきました。

今日は葬式で、本来葬式はめでたいものだと老人は言います。

「よく生きて、よく働いて、ご苦労さんと言われて死ぬのはめでたい。この村には寺もないし、坊主もいないから、ああやって丘の上の墓場まで死んだ人を村中の者が送っていく。もっとも子供や若い者が死ぬのはいかん。それはめでたいとは言い難い。しかし、この村の者は、自然な暮らしをしているせいか、大体歳の順に死んでいく。あのばあさんも九十九歳の大往生。ところでわしも葬式に出にゃならんので失敬する。あの人はわしの初恋の人で、わしに失恋させて他のところへ嫁に行ってしまった。わしは一〇三歳。生きるのは苦しいとかなんとか言うが、それは人間の気取りでね、正直、生きているのはいいもの。とても面白い」

老人は花を持ち、鈴を鳴らして行列に加わります。子供たちが先頭で花を撒き、うしろに音楽隊と踊り手が続きます。棺を中心に、賑やかに葬列は進んでいきます。

「私」は帰りに、花を摘んで石に供えました。

「水車のある村」の分析

「赤富士」と「鬼哭」には、人間に対する激しい不信と絶望がベースに流れているだけに、最後には人間への信頼を取り戻し、この地球を愛し、生きることに愛と希望を強く抱いてほしい、そんな黒澤の切なる願いがこの作品に溢れています。

この作品の主題は、失われた自然と、その自然と共に失われた人の心に対するノスタルジアです。「水車のある村」の老人が語っている暮らしは、アメリカのアーミッシュの人たちの暮らしに似ています。アーミッシュは、ペンシルバニア州ランカスターを中心に暮らしていますが、現代文明を拒否し、農業・酪農に従事しています。電気を使わず、テレビ、自動車、電話、ラジオも所有しません。彼らは平和主義者で、クエーカー教徒と同じように、良心的兵役拒否者です。「水車のある村」の人々は、アーミッシュと同じように、自分たちの強い信念のもとに暮らしていると言えます。

ここに描く自然は、極めて鮮烈で、その息吹が画面から溢れ出るような自然でなければならないとして、日本各地をロケハンし、北アルプスの麓、長野県穂高町（現・安曇野市）に森と清流を見つけ、そこに大小六個の水車を撮影用に作らせました。この水車のある村のイメージは、黒澤の父の郷里、秋田県仙北郡豊川村（現・大仙市）に負うところが大きいようで、石の上に花を供える話もここで聞いたものです。

豊川村の街道の傍らに、大きな石が転がっていて、その上にいつも花がのっていました。古老の話によると、戊辰戦争（一八六八―九）の時、そこで亡くなった人を村人が哀れみ、埋めた上に石を置き、その上に花を手向ける習慣ができたといいます。

このエピソードも重要なものとして、「水車のある村」に活かされたのです。

◎注

①遠藤祐『宮澤賢治の「ファンタジー空間」を歩く』、双文社出版、二〇〇五年

②澤口たまみ『宮澤賢治　愛のうた』、もりおか文庫、二〇一〇年

③重松清。澤口たまみ・小松健一共著『宮澤賢治ー雨ニモマケズという祈り』、新潮社、二〇一一年

④川端康成『掌の小説』、新潮社、一九八九年

⑤これは、メベッド・シェリフ氏が、二〇一一年の「東海学園大学研究紀要」に載せられた研究論です。

⑥山崎甲一『夏目漱石の言語空間』、笠間書院、二〇〇三年

⑦吉田敦彦『漱石の夢の女』、青土社、一九九四年

⑧堀切直人『日本夢文学志』、沖積舎、一九九〇年

⑨都築政昭『黒澤明の遺言『夢』』、近代文藝社、二〇〇五年

⑩小沼文彦訳『ドストエフスキイ全集』、筑摩書房、一九六三年

第二部
妖怪物語

第四章 妖怪の造形化

二〇一六年に、東京と大阪で、「大妖怪展　土偶から妖怪ウォッチまで」が開催されました。私は妻と、大阪の「あべのハルカス美術館」へ、この展覧会を見に行きました。美術に登場する妖怪の歴史が学べて、大変参考になりました。

ここで紹介する「妖怪の造形化」の内容は、この展覧会で販売された、展覧会の図録（注①）を基に、私が調べたことや私見も交えてまとめたものです。

日本で妖怪が絵画の中に登場するのは、南北朝時代（十四世紀）の「土蜘蛛草子絵巻」あたりからであるように思われますが、妖怪のイメージソース（源流）となったのは、仏教伝来（五三八年）と共に流入した地獄の思想であり、その地獄のさまを描いた地獄絵や六道絵でした。

ここに描かれた地獄の鬼や異形の怪物たちが、妖怪画の源流となりました。また、仏教伝来以前には、目に見えないものや自然に対する畏れや不安を造形化して造られた縄文時代の土偶も妖怪の源流であると思われます。

土偶は、粘土を焼いて作ったもので、多くは十～三十センチほどの大きさで、早期・前期の土偶は顔面や手足が省略されていますが、乳房がはっきりしていますので、女性像と言えます。

中期になると目・鼻・口が加わり、腹部も膨らんで妊娠の状態を表したものなど、縄文土偶らしさが現れます。形状も変化に富み、三本指の手、三つ口を思わせるもの、つり上がった目等、異様な表現も見られます。土偶の持つ呪術的な面が強調されたものと思われます。後期には全国的に普及、発達しています。後期の終わり頃には、「みみずく土偶」が現れます。晩期には、東北中心に、「遮光器土偶」が現れます。

埼玉県真福寺貝塚出土の「みみずく土偶」は、ハート形に縁どられた顔に、円板を貼り付けて目と口を表し、それがみみずくに似ているところから、このように呼ばれています。河童の皿を思わせる頭頂には、刺突《しとつ》で丸や直線の文様を描き、半円形の顔面には、円板を貼り付けた口があります。腕や足は、コブを沢山つけたような形になっています。岩手県九戸郡《くのへぐん》長倉遺跡出土の「遮光器土偶」は、大きく見開いた目が遮光器（ゴーグルのようなもの）に似ているところからこのように名づけられました。目が顔の半分以上を占め、乳房が強調され、手首・足首がキュッと絞られて、小さくなっています。

土偶は縄文人の内面生活と深い関わりがあるように思われます。現代の私たちが寺社へ詣で、家内安全・子孫繁栄などを願うように、縄文の人々も同じような願いを込めて土偶を作ったのではないかと思われます。豊かな乳房を持った土偶や妊娠した状態の女性の土偶が多いということは、人間や動植物も含めた豊穣祈願だったように思われますし、壊れた状態で発見される土偶が多いということからは、病気や怪我の身代わりとして使われたからだと思われます。これが後の世で、流し雛や祓い人形等に変化していったのだと思われます。いろいろな研究によると、土偶のこうした用途の他にも、神像、女神像、精霊像、魔除け、お守り、呪物としても使われていたようですし、子供の玩具になっていたのではないかとも考えられています。

　縄文人の内面には常に生きる上での不安が渦巻いていました。食べ物の確保への不安、病気への不安、死への不安、子孫が残せるかどうかの不安等々、多くの不安を抱えていました。この世は、目に見えない神々や魔物という無気味なものが支配していると感じられ、そうした目に見えない無気味な存在を、土偶という具体的な形に造形化して手厚く祀って加護を願ったり、豊かな女性の裸身の土偶で豊饒を祈願したり、無気味な姿の土偶で魔除けにしたりと、多くの用途で作られたように思われます。そういう土偶には、力強さを表現するために、極端なデフォルメがなされたため、発見された土偶にそのような特徴が見られるのだと思います。こうしたデフォルメされた形には、目に見えないものに対する畏れや不安、自然災害に対する恐れや不安が造形化されたものという面もあると思われます。

　平安時代中期に浄土教が隆盛を迎えると、比叡山横川の僧源信が『往生要集』（九八五年）を著しました。これは、極楽往生に関する重要な文章を集めた仏教書で、死後に極楽往生するには、一心に仏を想い、念仏の行をあげる以外に方法はないと説き、浄土教の基礎となったものです。また、この書物で説かれた地獄・極楽の観念、厭離穢土欣求浄土の精神は、貴族・庶民にも普及し、後の文学思想にも大きな影響を与えました。そして、『往生要集』の厭離穢土の記述に基づく六道絵が制作されるようになりました。

　六道とは、仏教において、迷いあるものが輪廻する六種の苦しみに満ちた世界のことで、本来は死後に赴く世界のことではなく、心の状態のことなのですが、人々の恐怖を煽り、浄土思想を浸透させるためにとられた戦略として、死後赴く世界として強調されたように思われます。六道とは一言で言えば、煩悩のことで、それを六種類に分けたものと言えます。天道、人間道、修羅道、畜生道、餓鬼道、地獄道の六つです。天道は、天人の住む世界と言われていて、何かよさそうですが、ここで言う天人とは、快適な暮らしはしているけれど、煩悩が生きる基本になっていて、仏教に出会うこともなく、解脱もできない境涯なので、悟りからは遠い状態と言えます。人間道は、人間の住む世界と言われていて、四苦八苦に悩まされる苦しみの大きい世界ですが、楽しみもあって、六道の中では一番人間的で、バランスのとれた境涯と言えます。ここは唯一自力で仏教に出会える世界であり、解脱して仏に成り得る救いもある世界です。修羅道は、修羅の住む世界と言われていて、絶えず闘い、争う境涯のことで、怒りや苦しみが絶えません。この苦しみは自らが生み出している苦しみなのです。畜生道は、畜生の住む世界と言われていて、殆ど本能で生きていて、自主性がなく、言われたことしかせず、自力で仏の教えを受けることのできない状態で、救いのない世界です。餓鬼道は、餓鬼の住む世界と言われていて、他のことを思いやることのできない境涯のことです。地獄道は、様々な苦しみを受ける世界・境涯のことです。

人は、六道を行ったり来たりして、毎日を過ごしています。そこには喜びもありますが迷いや苦しみも多くあります。仏道修行は、六道を持ったままの姿で成仏（悟り）の境涯を得ることを目指します。

それを六根清浄とか即身成仏という言葉で表したりもしますが、浄土教は、戦略として、極楽往生という形で、死後、浄土へ生まれ変わることを説き、そのためには厭うべき六道から脱しなければならないとして、地獄や六道が盛んに描かれるようになったのです。代表的なものが「地獄草子」「辟邪絵《へきじゃえ》」「六道絵」です。どれにも、異形のものたちに責められる罪人の姿が生々しく描かれています。異形のものたちとしては、大鶏、鉄の口を持つ蜂、火を吹く怪獣、熱鉄の猛犬、火を吹く鷲、蛆虫、炎を噴き出す象、鐘馗、神虫《しんちゅう》、等々があります。鐘馗は唐の玄宗皇帝の夢の中で、小鬼を追い払ったとされる神であり、神虫は南方の山中に住んで諸々の虎鬼を食すとされるものです。こうした異形のものたちの図像は、文学にも影響を与え、物の怪（死霊・生霊・邪気）という言葉で恐れられていたものに具体的な形を与える源流となりました。

十二世紀前半の成立とされる『今昔物語』には、物の怪が器物に変じて人を殺したという話があります。十二世紀末頃に成立したとみられる『宇治拾遺物語』には、百鬼夜行が出てきて、その中には、一つ目のものや、角のあるものが出てきますが、それらは地獄絵に描かれた鬼のイメージを反映しています。

こうした異形のものたちがイメージソースとなって絵巻物の中で妖怪たちが大活躍する時代がきます。それが最初に挙げた十四世紀の「土蜘蛛草紙絵巻」です。この絵巻では、源頼光が空飛ぶ髑髏に導かれて行った古家で、様々な妖怪と、五徳・角盥・行李などの器物の怪に出会います。妖怪の正体は大きな土蜘蛛で、そうした巨大な妖怪は地獄の鬼や辟邪絵の神虫をイメージしたものです。器物の怪は『今昔物語』の鬼が変じたものであり、「付喪神《つくもがみ》」とも呼ばれるものです。

十六世紀になると、『宇治拾遺物語』に出てきた百鬼夜行のイメージを絵画化した作品が登場します。代表的なものは土佐光信筆と伝えられる真珠庵本「百鬼夜行絵巻」です。ここには、器物の怪と鬼や得体の知れない妖怪がほぼ半数ずつ登場しています。器物の怪を主人公とした「付喪神絵巻」もあります。岐阜の崇福寺《そうふくじ》所蔵の「付喪神絵巻」は十六世紀のもので、立春の前に行われる煤払いの際、人に捨てられた古い器物たちが、長年の奉公も報われずに捨てられたことを恨んで付喪神となり、人々に害をなし苦しめますが、護法童子に退治され、古い数珠の変じた一蓮上人に従い、東寺の真言の教えに入門し、深山幽谷で精進修行し、成仏するというものです。

これらの妖怪たちは、江戸時代に爆発的に増殖します。その理由としては、経済の発展によって、妖怪画を需要する階層が、武家、公家、大商人のみならず、庶民にまで広がると同時に、版画や版本といった安価に買い求められる媒体が提供されたことや、街道の整備により、これらが全国に届けられると共に、諸国の妖怪噺が収集され、妖怪のバリエーションが急増したことなどが挙げられます。新しく生み出された妖怪たちが新たな物語の中で活躍する一方で、伝説的な六道絵や地獄の世界がユーモラスに描かれてゆくのも江戸時代の特徴です。

江戸時代の妖怪物の人気の一端を覗かせてくれるものの一つに、現代人の畠中恵が書いた『婆婆《しゃば》気《げ》』があります。婆婆気とは、俗世間の名誉や様々な欲望が離れない心のことで、付喪神になりそこなった墨壺が、どうしても付喪神になりたい一心で次々と起こす殺人事件を、あやかし（妖怪）と人間の間に生まれた一太郎という回船問屋の跡取り息子が解決する話で、江戸時代にはこうした妖怪物が人気がありました。

江戸時代の妖怪の大家といえば鳥山石燕《とりやませきえん》です。石燕は、浮世絵師喜多川歌麿の師で、そのため歌麿も、ろくろ首、一つ目、河童の妖怪版画を手掛けています。石燕は一七七六年に「画図百鬼夜行」

を刊行して大好評を博し、その後も「今昔画図続百鬼」（一七七九年）、「今昔百鬼拾遺」（一七八一年）、「百器徒然袋」（一七八四年）を刊行し、江戸の妖怪大辞典的存在になり、その数は約百五十種あると言われています。石燕の妖怪で注目されるのは、「幽谷響《やまびこ》」のような自然現象も妖怪のせいだとしていることと、「幽霊」を取り込んでいることです。

江戸時代には、妖怪と共に幽霊も盛んに描かれるようになり、掛け軸に描かれて鑑賞されるようになります。妖怪と幽霊はどのように定義されているのでしょうか。近世文学者の諏訪春雄氏は、幽霊は死者の世界であるあの世（他界）に住み、そこは妖怪の住む異界とは別だと言っておられます。一方。民俗学者の小松和彦氏は、妖怪とは異界に住む「祀られぬ霊的存在」とし、幽霊は妖怪の一つで、死者の特殊なタイプであると考えておられます。幽霊は生前の姿で生者の前に現れますが、死霊が鬼や人間以外の形で現れるものを妖怪と言うとされています。

「大妖怪展」の「図録」を書かれた萬美術屋の安村敏信氏は、幽霊と妖怪の上位概念として、江戸時代に生まれた「化け物」を置き、骸骨・生霊・人間の一部の形を留めた妖怪を、他界と異界のクロスする部分に入れるという「妖怪概念図」を考えておられます。

江戸時代には、多様な「百鬼夜行絵巻」模本が多く作られたり、新たな妖怪絵巻も多く作られました。化け物の世界の見合いから結婚、出産に至る過程をコミカルに描いた「化物婚礼絵巻」や鬼蜘蛛や蛸、鯰など新しい妖怪が活躍する「化物絵巻」や備後三次の稲生《いのう》平太郎という少年が三十日間、次々と現れる妖怪に立ち向かった姿を記録した「稲生物怪録絵巻」などがそれです。

浮世絵師たちも妖怪の世界に筆を染めました。葛飾北斎は「百物語」で幽霊画に革新をもたらし、歌川国芳は大判三枚続きの大画面に妖怪を描きました。幕末から明治に活躍した月岡芳年や河鍋暁斎は、昔話に取材した妖怪や文明開化を諷刺した化物の世界を描きました。

◎注

①『大妖怪展―土偶から妖怪ウォッチまで』、読売新聞社、二〇一六年

第五章　妖怪の意義

こうして増えていった江戸時代の妖怪たちは、文明開化の明治時代に入ると危機を迎えました。明治政府は日本の近代化のために、迷信や俗信を排除しようとし、哲学者井上円了は妖怪現象を科学的に説明しようとして『妖怪学講義』を著しました。井上は、迷信や俗信による不思議な現象を「妖怪」と呼び、妖怪は全て科学の原理で解き明かすことができるとして、全国を講演してまわり、啓蒙に努めました。

たとえば、明治時代に大流行したものにコックリさんがありましたが、その起源は十九世紀中頃のアメリカで流行ったテーブル・ターニングという降霊術でした。明治時代は、無批判に欧米化された時代で、その流れの中でコックリさんの流行もありました。明治時代の妖怪ハンターと言われた井上は、コックリさんの原理解明に挑み、コックリさんは、「予期意向」と「不覚筋動」によるものであると、科学的に説明することに成功しました。予期意向とは、潜在意識が呼び起こされて、自動的に生じる行動であり、不覚筋動とは、無意識に動かしてしまう筋肉運動のことであり、これは現代医学からみても、合理的説明になっているということです。コックリさん以外にも、山上の大入道はブロッケン現象（太陽等の光が背後から差し込み、影の側にある雲粒や霧粒によって光が散乱され、見る人の影の周りに虹に似た光の輪となって現れる大気光学現象）であるとか、火の玉は天然ガスが野火で発火して、飛び回っている現象であるとか、四百種以上の妖怪退治をして、生涯科学的啓蒙活動に努めました。井上は妖怪を二つに分類しています。実怪と虚怪です。実怪には真怪と仮怪があり、虚怪には誤怪と偽怪があります。簡単にまとめると次のようになります。

一　真怪：科学では解明できない妖怪・怪異

二　仮怪：自然現象により起こる妖怪・怪異（ブロッケン現象、火の玉等）

三　誤怪：誤認や精神状態の不安定さから見えてしまったような、あるいは起こってしまったような気になる妖怪・怪異（コックリさん等）

四　偽怪：想像力によって創られた妖怪・怪異（殆どこれ）

井上円了がしたことは、単なる妖怪撲滅活動ではなく、科学的視点で妖怪を見て、誤った認識で伝わる迷信としての妖怪をなくそうとしたことであり、そしてその中から真の妖怪、真怪を解き明かそうとしたのだと思われます。真怪とは超理的妖怪のことで、宇宙の万物で妖怪でないものはなく、全てが妖怪であるということです。真怪を研究し、解明することは、宇宙の謎を解き明かすことなのだと言っています。日本の近代化のために迷信・俗信を無くそうとした明治政府とは違って、井上円了には妖怪に対して深い愛があったように思われます。

明治政府の方針のもとで、妖怪たちに危機が訪れた一方で、落語家三遊亭円朝のように幽霊噺を活性化させようとする者も現れました。円朝が怪談話のために集めたといわれる幽霊画コレクションの一部が谷中・全生庵に保管されています。

また、近代化の名のもとに、古き良き日本の文化が破壊される中、妖怪や神々と共に生きる日本人の原風景を、柳田国男はペンの力で訴えました。『遠野物語』（明治四十三年：一九一〇年）がそれです。天狗、山男、雪女、河童、オシラサマ等、奇妙で不思議な話一一九話からなっています。日本に帰化したラフカディオ・ハーン（小泉八雲）も、日本の近代化が急速に進む一方で次々と打ち捨てられていく日本の古き良き文化を世に広め、それをつなぎとめておくために『怪談』（明治三十七年：一九〇四年）を書きました。「耳なし芳一」「雪女」「むじな」等、古来から日本に伝わる妖しく恐ろしい物語十七編からなっています。

昭和三〇年代の高度成長期を迎えて、日本の都市化は農村部にまで及び、都市も農村も明るくなって、妖怪の住む場所はなくなったかのように思われましたが、なくなることはなく、「口裂け女」や「人面犬」『学校の怪談』等が次々と広まっていきました。

「口裂け女」は一九七九年に岐阜から広まった都市伝説ですが、江戸時代の怪談集『怪談老の杖』にも、キツネが化けた口裂け女が現れた話が載っていて、昔からあったことがわかります。「人面犬」も一九八九年から広まった都市伝説ですが、人間の顔を持つ犬の民間伝承も江戸時代からあり、見世物にも使われていました。他にも件《くだん》や人面魚、エジプトのスフィンクス、ギリシャ神話の女面鳥身ハーピー、ヨハネ黙示録のイナゴ（馬のような体に人間の顔）等、人面生物の例は多くありました。

『学校の怪談』はフジテレビで二〇〇〇～二〇〇一年に放映されたテレビアニメです。母を亡くして父と共に引っ越してきた小学五年生の宮ノ下さつきと弟敬一郎は、両親も通った天の川小学校に転入してきました。さつきたちは学校の旧校舎に迷い込み、そこで妖怪に襲われますが、旧校舎の中で、さつきの母親が残した「オバケ日記」を発見し、それに記された手法に従って妖怪を撃退します。その時、妖怪「天の邪鬼」をペットの猫「カーヤ」の中に誤って封印してしまい、カーヤの中から天の邪鬼を追い出すためには、旧校舎内の他の妖怪を退治しなければならないことがわかります。さつきたちは「オバケ日記」の情報を頼りに、他の妖怪たちを退治していくのです。

一九六〇年代には『ゲゲゲの鬼太郎』が始まっていました。

これは、妖怪漫画を一つのジャンルとして確立させた作品で、妖怪のイメージを世間に広く浸透させた水木しげるの代表作です。

また、一九九四年から始まった『地獄先生ぬ〜べ〜』は、「鬼の手」を持つ霊能小学校教師「ぬ〜べ〜」こと鵺野鳴介が児童を守るため、妖怪や悪霊を退治する学園コメディアクションで、テレビでも放映されました。

そして、現在最も広く浸透しているのが『妖怪ウォッチ』でしょう。日常の中の異常な出来事を妖怪の仕業と考え、特殊な光を出す妖怪ウォッチをかざすと妖怪が見えてきます。その妖怪たちと友達となり、その数が次々と増えていって、妖怪大図鑑が出来上がります。

江戸時代の妖怪図鑑化を彷彿とさせるものがあり、『妖怪ウォッチ』は日本の妖怪が現代に転生したものに他ならないと、安村敏信氏は「大妖怪展　土偶から妖怪ウォッチまで」の『図録』の中で締め括っておられます。

明治政府がどんなに妖怪等の非科学的なものを排除しようとしても、現代に至るまでなくならずに存在しているということは、そうしたものに意義があるからだと思われます。

「妖怪はいるのかいないのか」は難しい問題で、神でない不完全な人間には、いるともいないとも答えることはできないと思いますが、どうして誕生したのか、その意義については考察することができます。

二〇〇〇年に、「大妖怪展」が、福岡、神戸、京都、岐阜で開催されました。私は、岐阜で開催された時に、妻と一緒に見てきました。そこでわかったことは、「妖怪」とは、人間が抱える苦しみや不安、そして畏怖の心が生み出したものだということです。

鎌倉時代の地獄絵には、冥界で人間を懲らしめる恐ろしい鬼が登場し、室町時代の絵巻物には、傘や草履、楽器等、捨てられた古い器物が人間に復讐するために妖怪になる話が描かれています。江戸時代になると、怪談が町民文化として広く一般社会に浸透し、浮世絵や浄瑠璃等に妖怪や幽霊が盛んに取り上げられ、絢爛たる妖怪文化が花開きました。

こうした妖怪の歴史を踏まえた上で、妖怪の意義を考えてみたいと思います。

1　共同幻想としての妖怪

民俗学用語に「共同幻想」という言葉がありますが、妖怪は共同幻想の一つとも言えます。大脳が発達して想像力を獲得した人間は、人間存在をはるかに超えたものが統御・支配している世界の存在を想像しました。更に、その想像を具象化し、現実社会に想像世界を投影した世界を構築してきました。それが民俗社会に定着した世界像です。そして、あらゆるものにそのような世界像が反映され、万物に宿る霊魂、精霊に視覚的な姿が付与されるようになりました。自然現象、神や精霊、妖精、悪魔、妖怪等を擬人化することで、人類は豊かな「心象風景」を構築し続けてきました。

国立民族博物館教授の近藤雅樹氏は、二〇〇〇年に開催された「大妖怪展」の『図録』（注①）の中で、そうした「心象風景」は快適な「空想の繭」であるという表現をされておられます。

この言葉から私は、『地獄先生ぬ～べ～』（第二十一巻）に出てくる「野槌」のことを連想しました。鳥山石燕の『今昔画図続百鬼』に描かれている野槌は、毛むくじゃらで目も鼻もない口だけの蛇の姿をした妖怪で、『地獄先生ぬ～べ～』では、美樹が偶然野槌を手に入れ、口から中へ入ると、そこは超空間になっていて、いくらでも人が入れて、居心地よく、楽しい空間であることがわかります。そこでは思ったことが何でもその形になるので、美樹たちは思い思いのものを形にして、それで遊んで楽しく過ごします。しかし、野槌が多くの人々を飲み込み、楽しく過ごさせるのは、野槌の百年単位の冬眠の間の栄養確保のためだということを突き止めたぬ～べ～が、子供たちを吐き出させ、助けるという話になっています。

話をもとに戻しますと、民俗社会の「世界像」は、人々が創り出した心象風景という空想の繭の中に現実世界を丸ごと包み込んでいるというわけです。神や霊魂、妖怪等の存在を想定して構築された民俗社会の「世界像」は、一種の「共同幻想」ですが、そのお陰で、人々は豊かな心を獲得しました。近藤氏の「共同幻想観」は大変勉強になりますので、少し詳しくまとめてみたいと思います。

「心象風景」という言葉はもともと心理学の専門用語で、主に個人の私的な想念や深層心理を言う言葉ですが、民俗学で言う時は、民俗全体の想念や心理を言います。「心象」の私的表出が絵画や詩歌を生み出すように、民俗社会の伝承に基づく「心象」の表出は、集落全体が共有する文化を生み出します。地蔵、山の神・水の神の祠、道祖神、注連縄、墓地、鳥居等の配置には、またそれらに付随する呪具や奉納物には、集落の内と外を分かつとともに、あの世とこの世とを分かつ境界に対する意識が反映されています。田畑の形状、辻、坂、目立った大岩の存在、屋敷の配置、庭や往来の樹種の状況なども、様々な伝承と結びつき、民俗社会の「心象」を育んできました。

民俗社会の「心象」は、日々の労働や生理的な営みにも投影されています。働く者が平素から神の庇護と恩恵を求めることは、今も昔も変わりません。職場の神棚、ビルの屋上のお稲荷様、海女の魔除けの晴明紋を縫い付けた磯手拭、車内の交通安全のお守り等々、いくらでもあります。屋敷内、また家屋の内には、先祖供養のための仏壇の他、氏神、歳神、井戸の水神、竈神、便所神など、様々な神が祀られています。屋根には鬼瓦、門口に盛塩、戸口に粽、蘇民将来など、住まいの諸所に様々な呪具を配置し、何重にも魔除けのバリヤを張り巡らせていました。こうしたものは、今も見ることができます。

着物を左前や裏返しにして着る行為が忌避されるのは、死者の装いだからです。また、未成人が成人の身なりをすることも、その逆も、尋常さからの逸脱であり、憑依や抜魂を招く危険があると考えられていました。だから依坐《よりまし》（神がかって、心霊のメッセージを伝える役割を担う巫者）は、成人しても童形に留まり続けました。

一粒種や病弱な嗣子の無事な成長を願う場合、髪形も装いも女子として育てる習慣もありました。懐剣、手鏡、耳飾、首飾、指輪は魔除けとしての役割があります。これらには、霊魂を体内に繫留しておく呪力があると考えられていました。帯や紐も、霊魂を結び留める「玉の緒」から変化したものです。

扇は日招伝説が示すように、他者の行動を制御する呪力を備えています。神事に不可欠であるばかりではなく、吉凶占いにも用いられました。

火吹竹や金火箸は、息継竹、日嗣（火継）箸だから、歳祝の贈物とされました。また、「無事に帰る」に通じるから蛙の置物がお守りになったりしています。捨てられた櫛を拾うのは、「苦死を拾う」として嫌われ、投櫛は縁切りの呪いになりました。これらは、呼称や形態の連想から呪術効果を期待されているものです。

日用の器物も、百年の歳月を経ると精霊を得ると考えられたことから思い描かれた妖怪が、「付喪神」です。齢を重ねた古狸や老猫などが化けると考えられたことと同じ発想ですが、「付喪神」の出現は、平安時代の京人《みやこびと》たちが怖れた「百鬼夜行」まで遡ります。「付喪神」が思いつかれたのは、民具に造り手や使い手の霊魂が宿ると考えられていたからです。多くの民具には、生存のための備えとして、切実な状況のもとで獲得されてきたという起源性があります。だから民具には呪力が籠り、崇められ、一部の民具は実用から離れた聖器や神像そのものになりました。そのため、無下には捨てられなくなり、抜魂のための儀礼が必要になりました。人形供養や針供養など、様々な供養があるのもそのためです。

神や妖怪、霊魂などの存在を想定して構築された民俗社会の世界像は、たとえて言えば、快適な空想の繭といった共同幻想のようなものですが、それは共同体の構成員の行動規範を形成する上で重要な役割を果たしてきました。死後の世界や、神々の領域に属する世界、つまり、異界との対置によって現実の世界を意識し、この世の摂理を理解してきたのです。口承文芸の一分野として成立し、発達を遂げてきた「怪談」は、こうした異界のイメージを共有し、次代に正しく伝えるために整備されてきた表現形式の一つです。異界の観念は科学の発達によっても払拭できませんでしたし、今後もできないように思われます。近年はパソコン供養も行われていますが、このような行為に誘導されるのは、現代人が今も民俗社会が構築してきた「心象風景」の中で生きていることの証にほかなりません。

2 恐怖を和らげるための妖怪

妖怪については、時々テレビで取り上げられ、解説されることがありますが、その中で、妖怪学者の香川雅信氏が解説してくださったことを元に、私が調べたことや私見を交えて、妖怪の意義についてまとめてみました。

天変地異は理解を超えたとてつもない恐怖です。人々にそうした災いや恐怖を齎す元凶が妖怪であり、古代人が鬼と呼んでいたものです。鬼というと、角の生えた鬼のことが頭に浮かびますが、古代においては、災いを齎す元凶である妖怪を広い意味で鬼と言っていました。「百鬼夜行」という時のあの鬼がそれです。

自然は恩恵も与えますが、突如猛威を振るうのは今も昔も変わりありません。平安時代の七九四年から一一七〇年までの記録によると、この間に、飢饉七十八回、疫病四十一回、暴風・洪水百四回、地震十三回があり、特に正暦四年（九九三年）には疫病が蔓延し、死体は鴨川に流されたり、鴨川の河原に山積みにされたそうです。

人々は、これらの災いの元凶は鬼であると考えました。そうした鬼たちに立ち向かったのが陰陽師です。陰陽師は災いを予測したり、祓う儀式を執り行いました。有名なのが「大儺之儀《だいなのぎ》」といって、節分の基になったものです。米、海産物、絹等をお供えし、鬼を持て成し、矢を放ち、「おにやろう」（鬼は外）と唱え、都の外を住み家にするようお願いし、おとなしく立ち去っていただくよう説得しました。キリスト教文化圏では、悪いものは悪魔としてやっつけてしまう方向へ行くのですが、日本では持て成し、お願いして帰っていただく策を採ったのですね。これは怨霊対策も同じで、怨霊を手厚く祀り、祟らないようにお願いするわけです。こうして鬼（妖怪）を大儺之儀で鄭重に祀り、崇めることで立ち去らせるという災いを祓う物語を生み出し、儀式を滞りなく行うことで、いっときの心の平安を得ていたのです。説明できない現象を何とか説明しようとする時に持ち出されるのが、神の力、仏の力、妖怪の力ということになります。

霊的なものを持ち出し、納得のいく物語を創ることで人々の恐怖を和らげるために、鬼（妖怪）の物語が創り出されたのです。

人は原因がわからないと不安が増しますが、たとえどのように恐ろしいことであれ、原因がわかれば、手立てを考えていくこともできますから、切実に原因が知りたくなります。

そこで考え出されたのが鬼（妖怪）なのです。妖怪の物語は、自然の脅威に対する人々の恐怖を和らげるために生まれました。今の言葉で言えば、恐怖を司る扁桃体の暴走を食い止めるために妖怪が生み出されたと言えます。恐怖を感じ続けると、脳は萎縮し、様々な弊害が出てくることになるのですが、妖怪物語はそれを和らげる効果があることがわかってきました。妖怪物語を共有することで、不安、恐怖、怒りを和らげることができるのです。今の言葉で言えば、理性を司る前頭前野が扁桃体の活動を抑制するということになります。

因みに、妖怪の造形化について、前に書いたのとは違う視点で、少し触れておきたいと思います。妖怪に姿・形を与える元になったのは、縄文時代の土偶にあることはすでに見ましたが、その他にも、川の恐ろしさを象徴する妖怪として河童という姿・形が考え出され、山の恐ろしさを象徴する妖怪として天狗が考案されました。小松和彦氏が所長を務める国際日本文化研究センターには、「怪異・妖怪伝承データベース」というものがあって、ここに掲載されている伝承数は三万五千件以上ありますが、妖怪伝承数ランキングベストスリーは、三位河童、二位天狗、一位狐となっています。河童や天狗がいかに日本全国に浸透していたかがわかります。

絶滅した大型生物の化石も人々の想像力に訴え、妖怪に姿・形を与えられた例もあります。四十五万年前に日本に棲息していたワニの骨の化石から竜の姿・形が想像されました。瀬戸内海は陸になったり、海になったりした歴史を持っていますが、その当時の地層が今は海底にあって、そこから象やバイソンの骨が浮かび出て、漁船の網にかかったことがあり、その骨から牛鬼という妖怪が考え出されました。牛鬼の造形には、象やバイソンの角や爪が活かされています。

3 江戸時代の妖怪ブーム

江戸時代も中期以降になると合理的思考が普及し、妖しいものごとにも種があるという思いが浸透し、妖怪も娯楽の仲間入りをし、妖怪がブームになりました。「野暮と化け物は箱根の先」（江戸文化圏にはいないということ）、「無いものは金と化け物」といった言葉がこの当時の人々の心を代弁しています。平成八年八月の『堂々日本史』で、「大江戸妖怪ブーム」を取り上げていましたので、そこで放映された内容を紹介しながら、「妖怪」のもう一つの意義について考えてみたいと思います。

妖怪がブームになったのは、文化・文政時代（一八〇四―一八三〇）でした。江戸が繁栄を極めていた頃のことで、庶民だけでなく、有名人も殆ど妖怪マニアでした。葛飾北斎の出世作は妖怪の挿絵でした。滝沢馬琴は妖怪同好会に入っていて、そこで仕入れた妖怪を自分の作品に登場させました。松浦静山は平戸の殿様で、自分の書いた随筆に一三九ものおばけの話を載せています。文政年間だけで五〇〇件の幽霊騒動がありました。文政一〇年（一八二七年）には妖怪「墓磨き」というのも出現しています。

平田篤胤は妖怪の正体を明かそうとした学者です。彼は幕末の尊王攘夷思想に影響を与えた人物ですが、この頃は妖怪研究に没頭していました。東京代々木の平田神社に残る彼の研究ノートには、自ら調べた妖怪が絵入りで記録してあります。妖怪を退散させる方法まで研究してあり、しかも、海外の魔除けの呪文まで記録してありました。

当時の妖怪図鑑には『百鬼夜行』『桃山人夜話』等がありますが、私たちが知っている妖怪の殆どがこの頃出てきました。のっぺらぼう、かまいたち、豆狸、やまちち、等です。

平田篤胤が妖怪研究にのめり込んだのは、『稲生物怪録』を読んでからです。これは広島県三次の十六歳になる稲生平太郎の三十日間に亘る妖怪との戦いの記録です。平田はこれを読んで、単なる作り話ではないと確信し、妖怪は自らの存在をこの世に示したくてこの世に現れるのだと考えるようになりました。

文政八年（一八二五年）、『四谷怪談』が大人気になります。無念の死を遂げた女性が、幽霊となって恨みを晴らす物語が庶民の心を掴みました。なぜ当時の人々は化け物の世界に関心を寄せたのでしょうか？　そこには、繁栄の一方で夢を持てなくなった江戸の実状がありました。江戸の生活は厳しく、生き残るために激しい競争がありました。出世もできない、夢もない、金もない、ないないづくしで、その日暮らしの庶民にとって、妖怪や化け物は現実を忘れさせてくれるものでした。これが妖怪物語のもう一つの意義です。

この頃流行ったのが『百物語』です。怪談を百語ると異変が起こるというものです。つまり彼らは妖怪に会うことを望みだしたということです。行燈を青くし、青い浴衣を着て行います。青は霊を呼び寄せる色です。百は願いが成就する数です。お百度参りとか百人一首の百にも、その思いが込められています。

因みに、欧米では何かが成就する数は七で、アメリカの作家テオドール・ドライサーが書いた『亡き妻フィービー』は、妻が死んで七年後に、死んだ妻の亡霊に会える老人の話です。

文化・文政時代は、幕府延命策として、庶民を締め付ける改革が多く行われました。遊興禁止、贅沢禁止、お色気小説禁止、寿司禁止、幕府諷刺禁止等々、何でも禁止され、庶民の鬱屈は深まるばかりで、夢も希望も持てませんでした。

そうした中で、大目にみられていたのが妖怪物でしたが、最後の砦の妖怪物さえ弾圧されることになりました。その顛末はこうです。

平田篤胤は、天狗の世界に行ったという寅吉という少年から、異界のことをいろいろ聞き出し、その世界を幽冥界と名づけました。目には見えないけれど身の周りに存在しているこの世界こそ、死者の魂が赴くところだとも考えるようになりました。この世とは別にもう一つの世界が存在するという考えは、現状に不満を持つ人々の心を捕らえ、そうした平田の考えを幕府は危険視しました。幕府は、お寺の檀家制度で人々を縛り、死後の世界を管理し、神社で霊的世界も管理していましたが、魂が幽冥界へ行くとしたら、人々は幕府の体制から離れて行ってしまい、管理できなくなります。一方庶民は、幕府の政治に飽き飽きしていましたので、平田の考えを大歓迎しました。

こうした中、もう一つの異界が日本に迫っていました。異国船です。庶民の関心は海外へも向かうことになりました。こうした情勢を踏まえて、老中水野忠邦は厳しく取り締まります。天保一〇年（一八三九年）、別世界への関心を封じ込めるため、多数の洋学者たちが捕らえられました。蛮社の獄です。弾圧の矛先は篤胤にも向けられ、天保十二年（一八四一年）、著述差し止め、江戸所払いになり、出身地秋田へ追放されたのです。お化け屋敷、怪談芝居も禁止になります。

追放から二年後に篤胤は亡くなりましたが、その年に江戸で一枚の錦絵が爆発的人気になります。歌川国芳の「源頼光公《みなもとのよりみつこうの》館《やかたに》土蜘蛛《つちぐも》作妖怪図《ようかいをなすず》」、妖怪退治で有名な四天王が、妖怪に攻められている図です。四天王の一人卜部季武《うらべすえたけ》の紋所は忠邦と同じ沢瀉《おもだか》であるところから、卜部季武には水野忠邦が投影されていることがわかります。天保の改革によって更に自由を奪われた庶民の恨みが妖怪に姿を変えて描かれているのです。庶民がそのことを読み取ったために、この錦絵は大人気になったのです。ここでの妖怪は、批判の手段としての意義があり、自分たちを圧迫するものを退治してくれる、庶民の希望を代弁するものとしての役割を担っています。

4　物語の負の面

物事には、いつも二面性がついてまわります。「人の長所は短所でもある」とか「負けるが勝ち」とか、『マクベス』の魔女の言葉「きれいは穢ない、穢ないはきれい」といった言葉は、物事の逆説性を示すものとして使われています。

妖怪物語に限らず、物語にも二面性があって、人の不安を和らげるプラスの面がある一方で、権力に服従しない人々を鬼・妖怪として退治したり、不安の原因をでっち上げて、人々の不安を取り除こうとしたりする負の物語が、世界史の中で創られてきました。

日本史においては蝦夷《えみし》を鬼・妖怪と呼んで退治させたのがその一例です。

蝦夷とは、大和朝廷から続く歴代中央政権がそのように呼んだ、本州東部とそれ以北に居住していた人々のことで、中央政権やその支配下に入った地域への帰属や同化を拒否していた人々のことです。中央政権は、そうしたまつろわぬ人々を異民族視し、蔑称として蝦夷と呼びました。最終的には蝦夷は中央政権によって征服・吸収されていきました。

蝦夷征討の将軍は、征夷大将軍坂上田村麻呂（七五八―八一一）でした。田村麻呂は武力で圧倒せず、融和策を採りました。当時の朝廷は財政が逼迫し、民衆も疲弊していたので、武力を用いるのは非効率で不経済だったのです。そうした田村麻呂の政策が功を奏して、八〇二年に蝦夷の将アテルイが副将モレとともに降伏します。田村麻呂は二人の助命嘆願をしますが、公家たちの反発にあい、八〇二年八月に二人は処刑されます。

田村麻呂は、蝦夷に対する同情・理解を持っていた人として、今も東北の人々の間で人気です。『日本後紀』にも、田村麻呂は寛容な人であったと記してあります。部下を大事にし、蝦夷を理解し、族長を信頼しました。蝦夷の伝統も大切にした、文化の共生を視野に入れた寛容さでした。

田村麻呂以降、敵・見方を超えてお互いを寛容に認め合い、融和していくことを掲げて行かざるを得なくなります。東北の底流にはこれがあることを思うと、田村麻呂には政治的未来を見通す力があったことがわかります。田村麻呂の影響で日本には地方分権的社会が根強くあり、強い中央集権が誕生するのは秀吉になってからのことでした。

今も東北の人々にとって田村麻呂は特別な存在で、田村麻呂が建立した京都の清水寺の境内には、アテルイとモレを慕う東北の人々の願いによって、二人の顕彰碑が作られました。

田村麻呂と蝦夷の関係は、異質でも共存を模索できる道があることを示す、一つの道しるべとなっています。

物語の負の面の世界史上の例としては「魔女狩り」があります。「魔女狩り」につきましては、私が以前書いた『物語が伝えるもの』（注②）の中で詳しく書きましたが、ここでは、そこに書いたことに簡単に触れながら、物語の負の面を見てみたいと思います。

最近の研究によりますと、魔女が誕生し、迫害されるようになった主な原因の一つに苛酷な気候状況が挙げられるようになりました。十五世紀から世界規模で気候の悪化が見られ、「小氷期」と呼ばれて十九世紀まで続きました。不作と飢饉が何年にも亘って農民を苦しめました。更に近世ヨーロッパを厭世的にしていたのは、「小氷期」だけではなく、ペスト等の伝染病、戦争、プロテスタントとカトリックの宗教対立等が重なって、近世ヨーロッパ全体が不安の中にありました。

そうした人々の不安からくる苦しみの責任を、一手に負わされたのが魔女たちでした。一四八六年に書かれた『魔女の鉄槌』という本で、魔女が定義され、十六、七世紀に印刷機の発明でそれらの知識が大量に、広く浸透していったのです。こうして魔女が捏造され、ヨーロッパでは十五世紀半ばからの三百年間におよそ六万人の人々が魔女として処刑されました。

『魔女の鉄槌』という本は、人々の恐怖と不安を和らげるために、人間によって創り出された負の物語であると言えます。こうして、物語は人が人を徹底的に排除する狂気の世界を生み出すこともあるのです。

5　現代における異界の意義

明治時代に近代化を進めていく上で、どうやって前の世代の考え方を否定していくのかといった時に、幽霊、妖怪は実際はいない、新しい考え方で見ると世界はそうは見えないということを訴えていくことが有効な政策でした。戦後も迷信・俗信の撲滅に乗り出しました。一九四六年には「迷信調査協議会」が発足し、『迷信の実態』として報告されました。

近代以降、妖怪に代わる科学という新しい物語を、日本人は獲得しました。そして戦後は、驚くべき速さで周囲の世界が変貌していきました。人々の暮らしを豊かにし、経済を支える膨大なエネルギーを生み出すための発電所が多く作られ、町のネオンは煌々と輝き、人々は、かつて妖怪たちを恐れた夜も謳歌するようになりました。

経済成長という名の元に、日本列島は改造され、妖怪たちの住み家だった豊かな自然は次々と切り開かれ、汚されていきました。

科学の力で妖怪は消されてしまった印象を受けますが、近年の調査では、異界の存在を求めている人が増えていることがわかってきました。また、霊的力に満ちているパワー・スポットへの関心も高まっています。「あなたは『あの世』というものを信じていますか？」という問いに対して、信じるが一九五八年では20％だったのが、二〇一三年には40％になっています。「年に一、二度は墓参りをしている」が一九七三年は62％だったのが、二〇一三年には72％になっています。

悩みや不安が多様化する現在、異界の物語は個人個人の心の中で生き続けていることがわかってきました。現実では安心できないし、和むこともできません。そこで無意識のうちに異世界の存在を感じ取り、恐れ、不安を物語に転化して日常を安らかに暮らしたいと思うようになります。要するに、共同幻想という空想の繭の中で安らかに暮らしたい！　ということだと思われます。

あの世とこの世を繋ぐ霊場である恐山のイタコは死者の霊を憑依させ、その言葉をこの世の人に伝えます。これは人の心を救う文化です。イタコであれ妖怪であれ、異界の世界を利用して、現実に向かっていくためのセルフケアであるとも言えます。人々は、説明できない出来事の背後に異界の住人の存在を感じ取り、現実では解決できない怖れ、不安を納得のいく物語に転換して、日常を安らかに暮らすことを考えてきたのです。

人々は、霊的存在である「物」の「語り」と共に暮らしてきたのです。文明の発達した現在でも「物」の存在を畏れ、敬い、崇め、そこに心の平穏を求めるのです。絵馬、盛り塩、地鎮祭等がなくならないのもそのためです。

◎注

①『大妖怪展』、朝日新聞社、二〇〇〇年

②佐藤義隆『物語が伝えるもの―『ドラえもん』と『アンデルセン童話』他―』、近代文藝社、二〇一七年

第六章　妖怪物語

「妖怪の造形化」、「妖怪の意義」のところで、妖怪についての基礎知識をある程度頭に入れることができたと思いますので、妖怪をテーマにした物語のいくつかを鑑賞してみたいと思い、四つ用意しました。1　水木しげるの『ゲゲゲの鬼太郎』、2　真倉翔の『地獄先生ぬ～べ～』、3　上田秋成の『雨月物語』、4　小泉八雲の『怪談』です。

1『ゲゲゲの鬼太郎』

二〇一四年三月二十四日の中日新聞の夕刊に、「妖怪に光を当てた水木漫画」という記事が載りました。『水木しげる漫画全集』（講談社）の刊行が進んでいる水木さんの妖怪文化への貢献や漫画の魅力を、全集を責任監修している作家の京極夏彦さんに聞いたものです。その内容をかい摘んで書きますと、次のようになります。

今、私たちが普通に口にする「妖怪」をつくったのは、実は水木しげるさんであるということです。妖怪は、水木さんが『ゲゲゲの鬼太郎』などの漫画に描く以前は、概念として固まらず、今でいうＵＦＯや超能力、宇宙人なども含めて妖しいものを指し、お化けとか化け物とか呼ばれていました。

水木さんはそのような日本の文化や習俗を、妖怪の名の下に世に押し出したということになります。柳田国男もそうした文化を民俗学を通して明文化することで提示しましたが、水木さんはより卑俗な形で私たちに再評価させてくれました。二〇一〇年、文化功労者に選ばれたのも、妖怪文化を認知させた功労が大きいといいます。

江戸の知的遊戯としてのお化け、明治から昭和初期にかけての学問的研鑽、その成果を水木しげるがエンターテインメント（娯楽）の世界で合流させて、今、私たちが知っている「妖怪」ができたことを「すごいことだ」と京極氏は述べておられます。

そうした『ゲゲゲの鬼太郎』の世界を覗いてみたいと思います。

❖水木しげる氏の人生と『ゲゲゲの鬼太郎』

地球の先住民・幽霊族の最後の生き残り鬼太郎が、悪い妖怪をやっつける物語は、妖しく、不思議な魅力を放っています。京極夏彦氏は、鬼太郎が他のヒーローと違うところは、古びないところで、その秘密は、日本人にしみこんでいる情念とか文化を踏まえているところにあると捉えています。

その鬼太郎の生みの親水木しげる氏は、大正十一年（一九二二年）三月八日、武良亮一、琴江夫婦の次男として、父が働いていた大阪で生まれました。生後一か月で母とともに鳥取県境港市へ帰郷します。五歳の時、武良家のお手伝い景山ふさ（のんのんばあ）さんに可愛がられ、妖怪の話や伝説を聞いて育ちます。また、のんのんばあに正福寺へ連れて行ってもらい、地獄極楽絵を見せてもらったりして、不思議なものへの関心を持ち、別の世界の存在というものを知るようになります。

水木氏の人生を決定したのは、こののんのんばぁとの出会いでした。彼女から聞いた妖怪の話や正福寺で見た絵の衝撃が、後に妖怪の世界探究につながっていきます。

彼女に教えてもらったことは、『のんのんばあとオレ』に詳しく書いてあります。七歳の時、境尋常小学校に入学しますが、自分のことを「しげる」と言えずに、「げげる」となまっていたので、「ゲゲ」と綽名されるようになります。後に『墓場の鬼太郎』が『ゲゲゲの鬼太郎』に変わるのは、この綽名をもとにしています。

のんのんばあや妖怪と過ごした夢のような少年時代の後には、厳しい現実が待っていました。世間からちょっとずれているところのあった水木氏は、どこへ行っても長続きせず、小学校卒業後、職を転々とします。昭和十九年にはラバウルへ送られ、日本陸軍の陰湿ないじめを体験します。

この時爆撃を受け、左腕を失いますが、収穫もありました。トペトロたちトーライ族の人々との出会いです。彼らは温かく、愛嬌があって、心豊かな人たちでした。そして、彼らの祭で見たワニや鳥の仮面をかぶって踊る姿から、故郷の妖怪を思い出し、後に鬼太郎を創造する時のモデルにして造形していったそうです。

戦後、ひょんなことからアパート経営をしていた時期があり、そこは神戸市兵庫区水木通りにあったので、「水木荘」という名前にしました。「水木しげる」のペンネームはここに由来しています。

住人の一人に紙芝居画家がいて、その人から紙芝居技術を教わり、紙芝居描きが始まります。紙芝居仲間から、かつて東京で伊藤正美原作の「ハカバキタロー」という因果物が流行したことを聞き、ここから鬼太郎を手掛けていくことが始まります。昭和二十九年、三十二歳の時でした。そして、昭和四十三年、四十六歳の時に、『ゲゲゲの鬼太郎』のアニメ版が放映されて妖怪ブームが巻き起こり、現在に至っています。

❖妖怪の定義

江戸時代に妖怪ブームがあったことは前述しました。

江戸時代の妖怪は、現実を忘れさせてくれるものとして、また、庶民の恨みを体現したものとして捉えられていましたが、水木氏は妖怪をどのように考えておられるのでしょうか。水木しげる著『妖怪なんでも百科』によると、水木氏は、妖怪は人間が持つ恐怖心や恨み、憧れの心が創り出したものとして、その心を五つに分けて考えておられます。

(一) 自然が起こす地震や洪水、津波、火山の噴火など、人間とは較べようのない凄い自然の力は妖怪の仕業と信じた。

(二) 病気になること、貧しくなること、死ぬことへの恐怖心が、それらの原因を、恐ろしい妖怪のせいにしたもの。

(三) 動物やある種の生きものなど、自分を襲ってきそうなものに対して持つ恐怖心が、動物を妖怪へ変えていったもの。

(四) 死ぬことに対して恐れを抱き、それが永遠の生命に対する憧れを生み出した。長い寿命を持つ植物を、羨ましさから特別なものと考え、妖怪に見立てた。

（五）迷信や噂等をそのまま信じてしまい、本当のことだと思ってしまった心が想像して創りあげたもの。

水木しげる氏の基本姿勢

水木氏は、一切の問題は科学によって解決しうるという科学万能主義に警告を発しています。科学万能主義の欠点は、精神面を軽視しがちになるということです。世界には、目に見えない世界、耳で聞こえない世界があります。妖怪について考えるということは、目に見えない世界に目を向け、耳で聞こえない世界に耳を傾けることだという基本姿勢を、水木氏は貫いておられます。

この基本姿勢を示すかのように、一九九六年に出た『ゲゲゲの鬼太郎』完全復刻版全九巻（注①）の第一巻の最初に載っているのが、「大海獣」です。

ニューギニアで三億年前の鯨の祖先の大海獣が発見され、天才科学者山田秀一が調査に行くことになります。山田の妹啓子が彼にお守りを渡そうとしますが、そうした非科学的なものは馬鹿にして受け取りません。同行する鬼太郎が預かります。鬼太郎は心が優しいと思う啓子。この調査の目的は、大海獣の血を採血して持ち帰り、不老不死の謎を解くことにあります。

この名誉を独り占めするため、鬼太郎に大海獣の血を射ち、山田は一人で日本へ逃げ帰ります。大海獣になった鬼太郎が日本へ帰って来ると、山田は大海獣のロボットを作り、鬼太郎を攻撃します。自分が預けたお守りを大海獣が投げたので、啓子は大海獣が鬼太郎であることに気づき、全てを察すると、名声だけが全てではないと兄を諭します。いい大学を出て、勲章を貰う人間が一番と考えていた山田は、母と妹に諭され、科学の知識を自分の利益だけのために使おうとしたことは間違いだと気づき、鬼太郎を救い、詫びます。

科学的思考が増すと、精神性や人間性が薄れがちになるきらいがあり、山田もそれに取り憑かれていたわけですが、母や妹の兄を思う気持ちによって目覚め、人間性を取り戻すことができました。

❖「妖花の森のがしゃどくろ」

『ゲゲゲの鬼太郎』には、人間の傲慢やそれに対する自然の復讐、人間の優しさや醜さ等が描かれているだけではなく、自伝的要素、文学的要素も多く含まれていて、子供だけではなく、大人にとっても、学べることが多く入っています。『ゲゲゲの鬼太郎』に見られる自伝的要素、文学的要素がわかる一例として「妖花の森のがしゃどくろ」を味わってみたいと思います。そのあらすじは、次の通りです。

アパートに住んでいる増田花子という女性が妖花の咲く木の下に立つ夢を見て目覚めると、部屋中がその妖花で一杯になっています。通りがかったねずみ男が力になろうとしますが、自分の力では手に負えず、鬼太郎と目玉の親父を連れてきます。

この妖花は熱帯性のものだとわかり、手がかりを求めて、獺《かわうそ》の作ってくれた貝の船に乗って、南洋の島へ行きます。墓守のがしゃどくろの起こす嵐のために手古摺《てこず》りますが、嵐もおさまり島へ着きます。妖花のところへ辿り着く途中には、打ち捨てられた日本の戦車がありました。妖花のところへ辿り着くと、花子の隣に霊が現れ、「よく来てくれたね。この木の下を掘ってごらん」と言います。一反もめんをスコップ代わりにして掘ると、遺骨が出てきて、時計に増田喜八郎と書いてありました。花子が父から聞いて知っていた、戦争に行ったまま行方不明になっていたおじさんの名前でした。墓を荒らしにきたと勘違いした墓守のがしゃどくろと闘いになりますが、鬼太郎たちが勝ってがしゃどくろが退いた後に、再び霊が出てきて語ります。

「遠いところを本当によく来てくれたね。私はね、この木の下で死んでしまったんだ。こうして木にとりついていれば、きっと誰かが来てくれると思っていた。ありがたいことにがしゃどくろさんはこの島の墓守をしてくれているんだが、この島に誰も近づけようとしない。そうしているうちにこの木の寿命が近づいてきてね。だからこのことを知らせようと花を送った。お前に会えてもう思い残すことはない。じゃあさようなら」

霊が消えた後、花子たちはおじさんの墓を作り、丁寧に葬ります。その後、それぞれがそれぞれの思いを語ります。

花子：安らかに眠ってください。おじさんのことはいつまでも忘れません。

猫娘：こうして多くの兵隊さんが死んだんだわ。忘れられた兵隊さんの骨がどこかで沢山眠っているんだわ。

目玉の親父：戦争はいやだ。日本人の中には昔戦争があったことをすっかり忘れてしまっている人もいるが。日本の小説家で、満開の桜の木の下には死体が埋まっていると言った者がおったが、妖花の木の下にはおじさんが眠っておったんじゃ。

後のことは、がしゃどくろに頼んで、鬼太郎たちが帰っていくところで終わります。

❖「妖花の森のがしゃどくろ」における自伝的要素

『ゲゲゲの鬼太郎』にはよく戦時中の南洋のことが出てきますが、それは水木氏の戦争体験と関わっています。この作品では、妖花のところへ行く途中に出てくる戦車がそれを物語っていますし、花子のおじ増田喜八郎はそこで戦死しています。

水木氏は、昭和十九年、二十一歳の時に、太平洋戦争の激戦地ラバウルへ送られています。そこは地獄のような戦場でしたが、そんな最中にも、ラバウルの大自然の美しさに魅せられました。そこには、優しいトペトロたちや、文明の中で忘れ去られた妖怪の世界がありました。『ゲゲゲの鬼太郎』の創造には、ラバウルでの体験が大きく影響しているのです。

❖「妖花の森のがしゃどくろ」における文学的要素

①「桜」モチーフへの言及（注②）

目玉の親父は、「日本の小説家で、満開の桜の木の下には死体が埋まっていると言った者がおった」と言っていますが、その人の名は梶井基次郎で、水木氏は、目玉の親父に、梶井基次郎の「桜の木の下には」（昭和三年、一九二八年）の文を引用させることによって、桜をはじめとする樹木の妖力に目を向けさせていることがわかります。

桜は不思議なほど日本人の心を捉え続けてきました。古来より多くの文学作品の中に桜をモチーフにした作品が見られます。

『古事記』『万葉集』『源氏物語』『古今集』……挙げていけばきりがありません。在原業平、西行、兼好法師、本居宣長といった古典に出てくる文学者だけでなく、梶井基次郎、芥川龍之介、坂口安吾、宇野千代といった、近代、現代の作家にも見られます。梶井基次郎「桜の木の下には」、坂口安吾「桜の森の満開の下」（一九四七年）、芥川龍之介「神神の微笑」（一九二二年）、宇野千代『薄墨の桜』（一九七五年）は桜をモチーフにしたもので、日本文学における「桜」モチーフの根深さを感じさせます。

古代から現代に至るまでの文学者が「桜」モチーフに拘るのは、日本人に浸透しているアニミズムのせいであると指摘したのは佐伯彰一氏です。アニミズム（animism）とは、ラテン語の「気息」とか「霊魂」を意味するアニマ(anima)に由来する語で、様々な霊的存在(spiritual beings)への信仰を言います。霊的存在とは、神霊、精霊、霊魂、生霊、死霊、祖霊、妖精、妖怪などです。

これは、本来の神道が説く世界観であり、日本人の無意識にはこのアニミズムが生き続けているのです。そして、妖怪がアニミズムの霊的存在の一つであるということから、妖怪は文学の一つの大きな要素であると言うことができます。

水木氏は、こうした日本の文学的伝統をさりげなく使うことによって、氏の妖怪の世界を深いものにしていると言えます。

②死後の世界からの語りかけ――「能」の世界（注③）

妖花に導かれて南の島へやって来た花子は、そこでおじの亡霊と出会います。成仏できない霊が出てきて無念を語るのは「能」の世界の特徴です。世阿弥が死後の世界から人生そのものを凝視する「夢幻能」を創造して以来、多くの亡霊を主人公とする演劇が創られてきました。帰らぬ夫を待ち続け、草深い里で孤閨を守っていた妻が悲しみの果てに死んでいき、あの世からの訴えを語る「砧《きぬた》」、愛妻の夢の中に現れた平清経の亡霊が、全てをおし流す戦の非情を語る「清経」等、多くの「夢幻能」があります。

また、「妖花の森のがしゃどくろ」では、埋葬されずに死んだ増田喜八郎が、きちんと埋葬されることを願って亡霊となって現れたことからもわかるように、どのような形であれ、死者は葬られることを望みます。四万年前にネアンデルタール人が初めて死者を葬って以来、人々は様々な方法で死者を葬ってきました。アイネイアースが父アンキーセースに会いに死者の国を訪れた時、「嘆きの河」を渡る場面がありますが、その河は、正式な葬儀を受けた人たちの魂だけが渡れて、埋葬されずにそのままになっている人たちは渡れず、一〇〇年の間彷徨い歩かねばならないという記述があります。アイネイアースは殺したラウススの遺骸をラウススの家来たちに渡して正式な葬儀が受けられるようにしてやりました。また、戦死者埋葬のために、両軍とも数日休戦したという記述もあって、死んだ者にとって埋葬の儀式がいかに大事かということが感じられます。

マーク・トウェインの『ハックルベリー・フィンの冒険』の中にも、「埋葬されていない人は埋められて安楽でいる人よりもとかくその辺をウロウロする」という記述があります。ナサニエル・

ホーソーンも「ロジャー・マルヴィンの埋葬」の中で、「辺境の住人たちは、埋葬の儀式に対して、多分生者ばかりでなく、死者とも戦うインディアンの風習から起こったものであろうが、殆ど迷信といってもいいほどの関心を払ったものだし、『荒野の剣』に倒れた者たちを葬ろうとして命を犠牲にした例は、数多いのである」（注④）と書いています。

ナサニエル・ホーソーンの生きた十九世紀アメリカは、都市計画によってマサチューセッツ州マウント・オーバーン墓地やニューヨーク、ブルックリンのグリーンウッド墓地等、大規模な墓地が郊外に作られるようになったことも手伝って、服喪が拡大し、思い出の崇拝や墓参が頻繁に行われた時代です。少し例を見てみますと、十九世紀アメリカの女の子たちは、学年末に実習課題として刺繍が課せられていました。彼女たちはそこに、心に強く抱いている感情や考えを表現しました。

一八一五年十一月に、サラ・クールドという女の子が刺繍した作品が残っています。彼女はそこに、兄エグバートと姉ジャネットの墓碑を織り込んでいます。

「私の愛する兄よ、姉よ。あなたがたのために、私たちは悲しみの涙を流します。そして、あなたがたのお墓の底から響いてくる、あなたがたの言葉に耳を傾けます」

彼女は完成した刺繍を自分の居間や寝室に掛けて、生涯手放すことはなかったといいます。

当時は、死者の思い出のために、愛する人の墓をペンダントやブレスレットの留め金に書き込むことも流行しましたし、死者の肖像を専門分野とする画家も現れました。（注⑤）

こうした時代に生きたホーソーンは、死や墓地に対して無関心ではいられず、「鑿で彫る」「墓と亡霊」「ロジャー・マルヴィンの埋葬」等、墓を主題にした作品も書いていますし、「野心をもった客」等、多くの作品の中で墓のことに言及しています。

❖「妖花の森のがしゃどくろ」と「妖花」（注⑥）

テレビアニメ「妖花の森のがしゃどくろ」には、原作「妖花」には見られない優れた点がいくつかあります。「妖花」は、昭和四十年から四十一年にかけて『少年マガジン』で連載された『墓場の鬼太郎』シリーズの中に入っているものです。この時の作品が一九九六年に講談社から完全復刻版で出ました。話の筋は同じですが、「妖花」には「妖花の森のがしゃどくろ」のような膨らみはありません。「妖花」には、亡霊に語らせる工夫も欠けていますし、「桜の木の下には死体が埋まっている」という文学作品への言及もありません。また「妖花」には、がしゃどくろも描かれていませんし、目玉の親父も登場していません。

こうして原作「妖花」とテレビアニメ「妖花の森のがしゃどくろ」を比較してみますと、後者は前者に較べて凄い膨らみを持っていることがわかってきます。元々鬼太郎には妖怪退治の発想はありませんでした。『ゲゲゲの鬼太郎』の元になった『墓場鬼太郎』では、鬼太郎は幽霊族の末裔で、人間の文明に滅ぼされた妖怪を追い詰めた人間たちを不幸にしていく怪奇漫画でした。しかし、編集者から、もっと合理的で、簡略化した、わかりやすいストーリーにしてほしいという注文を受け、妖怪をやっつけるパターンができてきます。それと同時に物語を深みのあるものにするために、いろいろな膨らみを持たせるようにしていったのだと思います。

「がしゃどくろ」を登場させたのもその膨らみの一つです。「がしゃ」とは、静岡方言で「くつわむし」のことです。巨大な「がしゃ」の「どくろ」が墓守としてこの島の死者たちを守っているのです。「くつわむし」のことを英語では a noisy-cricket というように、騒がしいのが特徴で、誰かが墓荒らしにこの島へ来ると、騒ぎ立ててこの島から追い返すのが彼（?・）の仕事です。「がしゃどくろ」は、戦争が終わっても帰国せず、僧となって同胞の霊を弔った『ビルマの竪琴』の水島上等兵のようですね。「墓守」という仕事は地味ですが、死んだ者たちにとってはこれほどありがたいことはありません。がしゃどくろは、花子や鬼太郎たちが来るずっと前から墓守をしていたし、彼らが帰ってからも墓守を続けていくわけですから、「妖花の森のがしゃどくろ」とは、いいタイトルに変えたものですね。

ユング心理学から見た『ゲゲゲの鬼太郎』

①『ゲゲゲの鬼太郎』を心のドラマとして読む

鬼太郎は最初から正義の味方ではなく、タバコも吸えば、人も殺す怪しい少年でしたが、紙芝居時代、貸本漫画時代、少年週刊誌時代と長期に亘って描かれ続けていくうちに成長し、最後には専ら正義の味方に徹した、現在私たちが知っている鬼太郎に進化していったのです。ユング流に言えば、「個性化」を達成した姿が今の鬼太郎だということができます。「個性化」とは、ユング心理学の究極目標で、個人に内在する可能性を実現し、自我を高次の全体性へと志向させる努力の過程のことをいいます。鬼太郎少年は「個性化」を達成し、「老賢人」の域にまで達しています。「老賢人」

は「個性化」が達成された心の象徴ですが、時として少年の姿で現れることがあります。老人の知恵を持った子供ということですが、これは自己実現の過程として現在も進行中である面が強調されているのだと思います。鬼太郎が座敷ワラシに似た少年の姿で描かれるのは、そのことを暗示しているのだと思います。

こうして鬼太郎は、人を愛し、自然を大切にし、悪い妖怪や人間を懲らしめる正義の味方という、いい意味でのペルソナ（チャンチャンコは鬼太郎のペルソナとしての制服）を身につけて、ゆるぎない博愛主義の生活を送っていますが、無意識はなくなりませんから、何かの拍子に無意識が現れて、それと闘い、勝利して正義の味方をキープしていると思われます。鬼太郎に現れる無意識とは何でしょうか。それは鬼太郎の「影」だと思います。鬼太郎が初期に持っていた悪への傾向という影だと思います。

②ぬらりひょんは鬼太郎の「影」

『地獄先生ぬ〜べ〜』（第九巻）では、ぬらりひょんは「客人神《まろうどかみ》」として紹介されています。

昔は、どこの家にも神棚があり、神が客として来られるように、御馳走や供物を用意して歓迎していました。その家を守ってくれる隠れた神として尊敬されていたのです。現代ではそんな神の存在は忘れられ、神棚も減り、客人神の出入りできる家も少なくなり、他人の家に勝手に入り込み、その家の主人のように振る舞う、厚かましく、偉そうな妖怪と思われるようになってしまいました。

鳥山石燕がこの妖怪を、頭が風船のように大きく、旅装束をした老人の姿に描いて以降、絵画や漫画に登場する「ぬらりひょん」は、大体このイメージを踏襲しています。

このぬらりひょんは、『ゲゲゲの鬼太郎』の中では妖怪軍団の総大将として描かれています。

そして、鬼太郎が無意識の中に封印してある悪への傾向にぬらりひょんという形を与えて、心の中でそれと闘っているのが、鬼太郎の作品中に多く現れる「鬼太郎対ぬらりひょんの闘い」の意味なのではないでしょうか。ぬらりひょんは、悪い妖怪の総大将で、彼の執念は鬼太郎を倒すことです。このことは、鬼太郎の影の大きさを示していると思われます。「影」が「老賢人」に取って代わろうとしているのだと思われます。

『妖怪なんでも百科』によると、ぬらりひょんは妖怪の中で一番頭がよく、ぬらり脳と呼ばれる50キロ以上の重さの脳を持ち、あらゆる知識がぎっしり詰まっています。体内にはぬらりひょん石という石を持っていますが、これは妖怪のボスの印で、無限のエネルギーがあります。

彼の目はひょん目と呼ばれ、この目に見つめられると、嘘がつけなくなって、本当のことをペラペラしゃべってしまいます。

二〇〇七年のアニメ版『ゲゲゲの鬼太郎』では、「宿敵ぬらりひょん」というタイトルで、ぬらりひょんとの対決が描かれています。ぬらりひょんは、鬼太郎との対決の前に、手下の蛇骨婆と朱の盆を前にして演説をぶちます。

「長年に亘り私の邪魔ばかりしてきたにっくき鬼太郎。何度その命を狙ったことか。だがやつは死ななかった。その理由は三つある。①幽霊族の末裔で、祖先の霊毛で編まれたチャンチャンコが力を与えていること。②肉体自体に強い生命力があり、髪の毛ばり、体内電気等数々の能力があること。③仲間の妖怪や人間たちとの心のつながりがあること。これらがやつに能力以上の力を発揮させているのだが、これら全ての長所を塞げば、そこが弱点になる。鬼太郎の終わりだ！　妖怪の世界、人間の世界で全てを手に入れた私が、一つだけやり残したこと。それは鬼太郎の抹殺だ！　こんどこそ終わりにしてみせる！」

と言って、百々目鬼《とどめき》を使った誘い出し作戦の話をします。この闘いも最終的には鬼太郎側の勝利に終わりますが、鬼太郎作品に見られる数々のぬらりひょんとの闘いを、鬼太郎の「影」との闘いと見ると、面白いですね。

私が、鬼太郎とぬらりひょんとの対決を鬼太郎少年の心のドラマだと思ったきっかけは、完全復刻版の第四巻を読んだ時です。ここでぬらりひょんは、鬼太郎によって古代の石臼を使って先祖流しにされ、マンモスの時代に捨ててこられたはずなのに、どういうわけかまた戻ってきて、鬼太郎をつけ狙って何度も悪さをしかけてくるのです。これを、心の中の出来事と考えれば納得できます。意識にのぼってきた「影」という無意識を、再び無意識に閉じ込めたが、また意識にのぼってきたと考えれば、閉じ込めても何度も現れる鬼太郎の影であるぬらりひょんの説明がつきます。宿敵ぬらりひょんの宿敵とは、自分の中の影という無意識であり、闘っている相手は影というもう一人の自分なのだと思います。人の最大の敵は自分自身という言葉が思い出されます。

人間にとってもう一人の自分である影との闘いは大きなテーマであり、闘い方にはいろいろあるでしょうが、「座禅」もその一つですね。「禅」とは、心を安定させ、統一することによって、宗教的叡智に達しようとする修得法ですが、「座」という字は、土の上に人が二人いて、対話している様を表現しているのだといいます。

つまり、人が、もう一人の自分と対話している形だというのです。他にも、もう一人の自分である影と闘う方法はいろいろあるのでしょうが、鬼太郎の悪との対決と勝利を見てほっとするのは、私たちの中にある「影との闘いに勝つ憧れ」が満足させられ、希望につながっていくからではないでしょうか。前にユングの元型のところでも触れましたが、ユング心理学の特徴は、影を否定せず、その人を形作る心的エネルギーの一部と考え、うまく扱うことによって、心をもっと深く、豊かで、創造的なものにしていくことができると考える点です。鬼太郎が影を意識の中に取り込み、統合し、新たなる可能性を引き出していくのを見て、私たちは感動し、感銘を受けるのだと思います。

③目玉の親父は「自己」

鬼太郎が老賢人を維持し、更に進化を続けている要因の一つに、ぬらりひょんも挙げているように、仲間の妖怪や人間たちとの心のつながりがあります。その中で、目玉の親父は、ユング心理学でいうところの「自己」を象徴していると思います。鬼太郎の両親は、人類によって滅亡に追いやられた幽霊族の最後の生き残りでしたが、両親とも不治の病で死んでしまいます。母のおなかの中には鬼太郎が宿っていて、埋葬された母から誕生し、墓場から這い出してきました。その時、死んだはずの父の肉体から目玉が落ち、父は目玉だけとなって鬼太郎を見守っていきます。この、目玉だけになっても我が子を見守る執念は、鬼太郎作品を読んだり見たりしているとよくわかります。

自分の命をかけても鬼太郎を守ろうとする姿勢、鬼太郎に正義感を吹き込む使命感、これらはまさに心の中で「自己」が果たす役割です。自己は自我と無意識を統合し、人を「個性化」に向かわせます。この目玉の親父という自己が常に傍にいることで、鬼太郎は老賢人の域まで到達したのだと思います。

④ネズミ男はトリックスター

目玉の親父についで、鬼太郎に老賢人を維持させ、更に進化させている要因はネズミ男だと思います。ネズミ男は金に汚く、平気で鬼太郎や仲間たちを裏切りますが、その裏切りが引き起こした問題を解決するために、鬼太郎と仲間たちは知恵を絞り、技を動員させて闘います。その結果、鬼太郎の正義感は益々冴え渡っていき、深化していっているともとれます。

トリックスターとは、本人にはそんな意図は毛頭ないのに、相手を裏切り、何らかの問題の解決を計り、よい方向に向けていく役割をする心の働きのことです。ネズミ男はまさしくその役割を果たし、ストーリー展開を面白くしてくれています。

トリックスターはいろいろなところで出てきます。『創世記』に出てくる蛇もトリックスターと言えます。蛇に唆されて知恵の実を食べたために、楽園から追放され、それ以降、人間に死と労働が生じます。子孫はそれを解決するために、知恵を絞って格闘していく人間ドラマが展開していくようになったわけです。蛇がいなかったら、何の進歩もない、怠惰な日々が続いていただけです。『ギリシャ神話』のプロメテウスも、火を盗むことによって、人間に文化を齎したのでトリックスターと言えますし、アンデルセンの「裸の王様」に出てくる二人の詐欺師も、王様を騙すことで、王様の仮面をはいだわけですからトリックスターと言えます。トリックスターとは、自分の無意識に潜む膠着した世界を打ち壊し、新しい価値観の発展を促す心の働きのことです。私たちは人生の中でよく失敗しますが、この失敗も無意識が呼び起こしているもので、人生を振り返る機会を作っているのです。「ピンチはチャンス」という言葉も、そういうことを言っているのだと思います。

こう考えると、失敗に対して前向きになれますね。

ネズミ男はトリックスターだとわかりましたが、砂かけ婆、子泣き爺、一反木綿、ぬりかべ等、鬼太郎の仲間たちは、善きもの、美しきものを愛する心の働きだと思います。

鬼太郎が影と対峙し、闘う時、負けそうになっても、これらの心の働きがともに作動して、影の封じ込めに成功しているのだと思います。

⑤鬼太郎の「アニマ」

最後に、鬼太郎のアニマを見ておきましょう。鬼太郎は、死んだ母の胎内から自力で抜け出したということは前に触れました。ということは、鬼太郎には母はいないわけで、鬼太郎には「太母」を巡っての葛藤はありませんが、母を思う気持ちは強く残っていて、『鬼太郎地獄編』では、地獄の母と会っています。鬼太郎の母は岩子といって、『四谷怪談』のお岩さんと血縁関係にあり、人間でした。幽霊族とは知らずに鬼太郎の父と結ばれましたが、人間と幽霊族の結婚は厳禁との古代からの掟を犯したため、地獄に落とされ、虫の番をさせられています。

鬼太郎の心の奥には母を思う気持ちが強く残っていて、それが反映されて、女性に弱いところがあります。鬼太郎は三五〇歳ということですが、見た目は少年なので、アニマも、母親的な感情に惹かれたり、ほのかな恋心を持つ程度です。鬼太郎の初恋の相手は貸本漫画版や『鬼太郎夜話』に登場する寝子で、この恋は寝子の自殺で悲恋に終わります。『続ゲゲゲの鬼太郎』では、高校生になった鬼太郎にユリ子という美人の恋人ができましたが、ユリ子は芸能界に入り、振られてしまいます。次は女子大生になった猫娘が鬼太郎に迫り、一つ屋根の下で暮らすようになりますが、ネズミ男の妬みで、猫娘は悪魔にされてしまいます。『その後のゲゲゲの鬼太郎』では、南洋の島の酋長の娘メリーに一目惚れした鬼太郎が告白し、できちゃった婚のような形で結婚してしまいます。

2 地獄先生ぬ〜べ〜

❖『地獄先生ぬ〜べ〜』の世界（注⑦）

『地獄先生ぬ〜べ〜』の世界を一言で言えば、多くの方がご存知のように、鬼の手を持つ霊能力小学校教師「ぬ〜べ〜」こと鵺野鳴介が、児童を守るために、妖怪や悪霊を退治する学園コメディアクション漫画ということになります。

集英社の『週刊少年ジャンプ』に、一九九三年から一九九九年まで連載されたもので、友情、努力、勝利というジャンプ従来のコンセプトに加え、ホラー、都市伝説、怪談、ラブコメディ、教育、博学、お色気等、様々な要素を取り入れ、バリエーションに富んだ展開と個性豊かなキャラクターが繰り広げるストーリーで、老若男女を問わず非常に幅広い年代から多くの支持を受け、一九九〇年代後半の『ジャンプ』人気に陰りが出始めた頃、『るろうに剣心』などとともに、『ジャンプ』の一翼を担う大ヒット作となったものです。メディアミックスも果たし、テレビ朝日系でテレビアニメ化（一九九六―七）、アニメ映画化（三作）、OVA化（三作）、PSゲーム化等が実現していて、コミックス版全三十一巻の総発行部数は二〇〇〇万部以上になっているそうです。

妖怪は、鳴介たちに襲いかかるだけではなく、人間の理解者・味方だったり、時には人間によって捻じ曲げられた被害者としても描かれています。ストーリーは多種多様で、パターン化されない工夫がなされています。児童や町民に襲いかかる妖怪・悪霊を倒すバトル中心の展開だけではなく、本格的なホラー、ドラマチックなメロドロマ、ラブストーリー、ヒューマンドラマ、ミステリアスな伝奇ストーリーやナンセンスギャグ、諷刺や皮肉を籠めた幅広い物語が見られ、編集者の意向にも合わせて創ったと真倉氏は語っておられます。

また、一つひとつの話のベースとなっているものは、鳴介の教育理論、道徳論、人生論であって、読者へのメッセージ性が強く、教養漫画としての側面もあります。

私もコミックス版全三十一巻を全て読み、いろいろ勉強させてもらいましたが、その中で興味深く思ったことをいくつか取り上げて語ってみたいと思います。

『地獄先生ぬ～べ～』の舞台はどこ？

『地獄先生ぬ～べ～』が『ジャンプ』に連載される前は、「読み切り」の形で登場し、その時のタイトルは『地獄先生ぬ～ぼ～』でしたが、連載が始まると、『地獄先生ぬ～べ～』に変わりました。

これは、同じ名前のお菓子がすでにあったためで、変更せざるを得なかったようです。

読み切りの『地獄先生ぬ～ぼ～』には、『地獄先生ぬ～べ～』の基本構造が出揃っています。記念すべき鵺野鳴介登場の物語を追ってみましょう。

童守小学校の校長室で、校長が赴任してきた鵺野鳴介に話をしています。

童守小学校は霊のたまり場で、悪霊の災いによる生徒たちへの被害が後を絶たないので、日本でただ一人の霊能力教師である鵺野を招聘したことを語ります。

鵺野は五年三組の担任になります。新学期、クラスの生徒たちが新任の鵺野が教室に現れるのをそわそわしながら待っていると、鵺野のことを知っている稲葉郷子が自慢げに鵺野の話をします。

先生は昔、郷子の家の隣に住んでいたこと。先生の実家は駄菓子屋で、お婆さんは町の占いババとして有名だったこと。昔はごく普通のおじさんやおばさんが霊能力を持っていて、そういう人たちを民間除霊師といってお金は取らず、子供たちを守るために命がけで悪霊と戦ったこと。鵺野先生にはその民間除霊師の正義の血が流れていること。昔、鬼と闘った時の霊障で左手が「鬼の手」になっていること、等を話していると、遂に先生が教室に入ってきます。

先生は生徒たちを驚かせる演出をしながら入ってきますがうまくいかず、お決まりの間抜けな面を見せ、「人呼んで地獄先生ぬ～ぼ～だ、よろしくな！」と自己紹介します。

そして、郷子が除霊の実演にと用意した人形の除霊にも失敗し、失笑をかい、反抗的なサッカー少年立野広には、イカサマ除霊師と言われてしまいます。

しかし、その広が突然倒れてしまい、保健室で広の体を調べた鵺野は、広に肝狸《きもり》という心臓病を誘発する煽動霊が憑いているのを発見します。こんなに大きくなるまでなぜほっておいたと訊くと、父と何十軒も霊能力者のところを回ったが、どこも法外なお金を請求するばかりで、効果はさっぱりなかったといいます。その代金を支払うために父は寝ないで働いて、とうとう入院してしまったといい、広の霊能力者への不信はここに原因があり、それで鵺野にも反発したのです。

しかし、どうやっても自分の頑張りだけではどうにもならないことを悟った広は、鵺野を信じ、除霊してもらい、広は、この先生は本物だとわかります。

最後の場面では人形の除霊にまたまた失敗し、落差の激しさを見せて話を終わらせます。

ところで、鵺野先生が赴任した童守小学校はどこにあるのでしょうか。コミックス版の第十二巻・ナンバー104の「騎馬武者幽霊の巻」では舞台が小田原と思わせるような描き方がしてあります。

この土地を治めていた北条氏が豊臣秀吉に攻められた時、童守城は前線基地で、十月七日から十日まで合戦がありました。城をまかされていた小笠原弘康の子りんどう丸は十四歳で出陣し、討ち死にしました。

現代の、この合戦のあった場所では、この三日間の合戦の期間である十月七日から十日の間に、騎馬武者の霊が出て、交通事故をひき起こさせています。同じくこの期間にりんどう丸の霊も出て、無念を晴らしたがっていることがわかり、鵺野はこのりんどう丸の霊に交通事故を起こさせている霊を成敗させて、りんどう丸を成仏させ、同時に交通事故を解消させました。

また、舞台が東京であると思わせる描き方がしてある作品もあります。コミックス版第十八巻・ナンバー152の「妖怪つらら女・氷の国から来た刺客！の巻」がそうです。鵺野は生徒たちを連れてゆきめとデートをしますが、行き先は、童守町から少し離れた悦楽園遊園地で、傍には悦楽園ドームがあって、その外観は後楽園遊園地と後楽園ドームそのものです。

ぬ～べ～たちが遊園地で楽しく過ごしていると、そこへ山の神の使いのつららがゆきめを連れ戻しにやってきます。人間の男を愛したゆきめを山の神は許さず、力ずくでも山へ連れ帰ることを使命としてやってきたつららでしたが、本当の目的はぬ～べ～を殺すことでした。ぬ～べ～が生きているとゆきめが不幸になると思っているからです。しかし、そんなことはゆきめが許さず、ゆきめはつららを攻撃し、ぬ～べ～を助けます。ぬ～べ～はとどめを刺すことをやめさせ、つららを逃がしてやります。そして、必ずゆきめを幸せにすることを誓います。

童守小学校は童守町にあります。わらべをまもる町という名の町ですから、いかにも架空の町を思わせるような町名で、その通り、架空の町であり、架空の小学校なのです。童守町は中規模の町の設定でスタートしましたが、連載が長期化するとともに、いろいろな名所が存在する巨大な町というコンセプトに変更されていきました。

コミックス版第十巻の巻末には、童守町の想像図が描かれています。童守町の想像図を見ながら、ぬ～べ～、広、郷子の三人が会話しています。
ぬ～べ～：これが「ぬ～べ～」の舞台童守町らしいぞ！
広：こんな町だったのか知らなかった！
郷子：山あり海ありビル街あり幼稚園から高校まであるすてきな町よ！
この想像図には「この地図はあくまでも想像図です。今後のストーリー展開によって変更される可能性があります」という注もついています。
こうして、どことは特定できない架空の町の架空の小学校をメイン舞台に、命がけで児童を守る地獄先生ぬ～べ～の物語が展開していきますが、その中からいくつかの興味深い物語を紹介しながら、その世界を堪能したいと思います。

❖鵺野鳴介と恩師美奈子先生

まず知っておきたいのは、どのようにして霊能力教師鵺野鳴介が誕生したのかということですが、そのことは、コミックス版第十巻、ナンバー78の「時をかけるぬ～べ～の巻」で知ることができます。

ここでは、妖怪「チャブクロ」のことが取り上げられています。チャブクロは、汚いきんちゃくのような姿をしていて、それが天から下がっている状態で人の目に触れます。それに触った人は気を吸われて死んでしまいますが、邪心のない清らかな心の持ち主が触ると、時間のトンネルを抜け、過去に戻り、過去の失敗を一つだけ修正できます。生徒たちがチャブクロのことを話題にしたので、チャブクロはめったに人前に現れないことをぬ～べ～は語りますが、偶然にも学校の帰りに、ぬ～べ～の前にチャブクロが現れます。過去をやり直せる袋が現れたのです。ぬ～べ～の心臓の鼓動が速くなります。自分は毎日を悔いのないように精一杯生きているので、やり直したい過去なんかないと思っていましたが、動悸は速くなり、顔面に冷や汗を浮かべて、つい触ってしまいます。

すると、ぬ～べ～は少年時代へ戻っていきました。化け物！と言われて級友たちに石を投げつけられている場面でした。そこへ美奈子先生が現れ、いじめっ子たちを追い払ってくれました。この頃の鳴介は霊感が強いせいで友達に気味悪がられ、いじめられていました。霊にも取り憑かれやすく、しかしまだそれを追い払う力はありませんでした。そんな鳴介を、気の力で病気や怪我を治すことのできる超能力を持っていた美奈子先生が、手の平でさすって直してくれていました。

美奈子先生は優しく、厳しく、美人だけど豪快で、鳴介が尊敬し、憧れていた先生でした。

しかし、美奈子先生も子供の頃、自分の不思議な能力のせいで、いじめられ、魔女だと言われたという話を聞いた鳴介は激怒します。「先生は魔女なんかじゃない！　先生の能力はいい能力じゃないか！」と言うと、「キミの能力も同じよ」と言ってくれた先生。「いつかキミの能力を必要とする人たちが大勢現れる。先生にはわかるわ」という言葉で、鳴介は先生と同じ教師になろうと決心したのです。

そして遂に、心の奥深くで、やり直したいと思っていた過去の一シーンが蘇ったのです。それは、鳴介がトウビョウ（蛇神の憑きもの）に取り憑かれた場面です。美奈子先生はいつものように、取り憑いた霊を取り払おうとします。「これはあなたの手に負える相手ではない」と言って、鳴介はやめさせようとしますが、「キミは逃げなさい」と、美奈子先生は霊に立ち向かいます。「あの頃の俺は非力で、あなたがやられるのをただ見ていることしかできなかったが、今はちがう。今ならあなたを守れる！　そのために過去に来たんだ！」と言って、鬼の手をかざしますが、チャブクロの力が弱まり、「鵺野くん……生きて先生の分まで……そしてキミの力を……たくさんの人たちのために……」という美奈子先生の声を聞きながら現代に戻されてしまいます。チャブクロは天へ戻っていきます。「待てっ！　待ってくれ！　あと一分いや三十秒でいい！　それで先生が救えるんだ……頼む、行かないでくれ……」ぬ〜べ〜の懇願も虚しく、チャブクロは天の彼方へと消えていきました。「そうか……チャブクロは邪心のない者しか過去に連れて行かない……封印したとはいえ鬼の手は邪悪な力だからはじき出された。過去は変えられないのだ」ぬ〜べ〜は倒れこんでしまいます。忘れ物をして戻って来た生徒たちに起こされて目覚め、「そうだ過去は過去。今の俺にはお前たちがいる」と気を取り直します。そして、今の霊能力教師としての自分を創ったのは美奈子先生であること。そして先生が教えてくれた優しさと強さは自分の中にあって永遠に変わらないということを、改めて胆に銘じます。

ぬ〜べ〜と美奈子先生との関わりが大きくクローズアップされるのは、ぬ〜べ〜が童守小学校へ赴任早々の時のことでした。コミックス版第十二巻・ナンバー102の「鬼の手の秘密（前編）」とナンバー103の「鬼の手の秘密（後編）」です。

ある日、ぬ〜べ〜の鬼の手の制御ができなくなり、ぬ〜べ〜が苦しんでいるといって、生徒たちに助けを求められた玉藻が行ってみると、鬼の手の封印が解けかかっていることがわかります。玉藻の診立てでは、今日は「絶命受死日」といって、一生のうちで最も霊力が下がる日であることがわかり、このまま放置すれば鵺野先生は心も体も鬼に化してしまうといいます。対処するには、どうやって鬼の手が封印されたのかを知る必要があるというので、まずそれを知ることに時間を費やします。

郷子は、鵺野先生が新任で赴任してきて、鬼に取り憑かれた生徒を除霊した時に鬼の手を封じたことを知っていたので、今は立ち入り禁止になっているその時の教室へ、手がかりを求めて行ってみます。そこで玉藻は霊力を使って、三年前を再生させます。ぬ～べ～が持っている、美奈子先生の写真の入ったロケットから、玉藻は鵺野先生が美奈子先生を慕って教師になった経緯を霊視します。生徒たちも初めて知ることでした。そしていよいよ生徒に取り憑いた霊を除霊する場面が出てきます。

しかし、生徒に取り憑いた霊は、鵺野の数百倍の霊力を持っている大物でした。普通だったらとてもこの鬼を倒すことはできませんでしたが、鬼がぬ～べ～に止めをさそうとした時、鬼が苦しみ出し、「私を封じなさい」という声が聞こえてきたのです。それは美奈子先生でした。

美奈子先生は、子供の時の鳴介の除霊に失敗し、悪霊に殺された後の話をしました。死んだ後、先生の魂は悪霊たちによって冥界の奥深く、人が地獄と呼んでいる場所へ連れて行かれました。そして先生の魂は地獄の鬼に吸収され、鬼の一部になったのです。

しかし幸か不幸か、鬼の体内で先生の意志は残りました。だから、この鬼が世に災いを起こすため現世に出てきた時は、ここへ来るように仕向けたのです。ぬ〜べ〜に封じてもらうために。

「うそだ！」とぬ〜べ〜は激しい感情に襲われます。しかし、放っておけばこの鬼は、何人もの子供たちの命を殺めることになるので、自分もろとも鬼を封印するように美奈子先生は迫ります。先生が鬼の力を抑えている今なら勝てる、何を躊躇っていると玉藻もぬ〜べ〜に迫ります。そしてとうとうぬ〜べ〜は、大声で叫びながら、「白衣観世音の力によりてわが左手に鬼を封じたまえ！」と唱えます。こうしてぬ〜べ〜は鬼を左手に封じたのです。ぬ〜べ〜はその時誓いました。

「美奈子先生、いつか必ずあなたの魂を鬼から救ってみせます。その日まで俺は子供たちを悪霊から守ります。あなたの魂の宿ったこの鬼の手で！」

　こうして鬼が鵺野の左手に封じられた経緯を水晶玉を通して知った玉藻は、美奈子先生の魂を呼び覚まし、もう一度鬼を抑えてもらうことにしました。すると美奈子先生の魂が現れ、全力で鬼を抑え、鬼の手はもとの状態に戻りました。

　ぬ〜べ〜の左手に封じられた鬼の名前は覇鬼《ばき》といいますが、覇鬼を解放するためにやってくるのが弟の絶鬼《ぜっき》で、その話が出てくるのが、コミックス版の第二十四巻・ナンバー２０４から２０８の「童守町最大の決戦！」です。絶鬼は強力な鬼なので、ぬ〜べ〜、玉藻、ゆきめの三人で立ち向かいます。しかし、三人で攻撃しても、カスリ傷一つ負わせることができません。

　絶鬼は、兄が封じられた経緯を、ぬ〜べ〜の心を読み取ることで知り、美奈子先生が内側から兄の力を抑えていることを知ります。これで恐れるものは何もなくなったと言って、一気にカタをつけようとします。広や郷子も立ち向かおうとするのを見たぬ〜べ〜の霊力は彼らを守るために一気に上がります。「俺の生徒に手を出すな！　俺の命がほしいならくれてやる！　だが生徒や関係のない人たちをまきこむことは許さん！」「やっぱりその力の上昇は誰かを守ろうとする時おきるものなのだね」と絶鬼は言います。そしてぬ～べ～をもっと挑発するために、もっと大量の人間を傷つけると言って、その場を去ります。

　ぬ～べ～たちは対策を練ります。絶鬼が出てきた鬼門から地獄へ追い返したらどうかという案を出しますが、とても不可能に思えます。そこへ、いつもいいかげんな童守寺の和尚が、鬼退治のガラクタのアイテムを持ってやってきます。その中に、一つだけ使えそうなものがありました。

それは「御鬼輪《ぎょきりん》」でした。役小角《えんのおづぬ》が作った腕輪で、前鬼・後鬼という鬼にはめて、これを自在に操ったというものです。前にぬ～べ～は自分の鬼の手にそれをはめて、鬼の力を制御しようとしましたが、童守寺にあった御鬼輪はまがいもので、鬼の力の50%しか制御できず壊れてしまいました。それでも御鬼輪を奴の腕にはめることができれば、パワーダウンできるので、その作戦で戦いますが、やはり駄目でした。ところが絶鬼は、落ちていた御鬼輪に興味を示し、自分で腕にはめたのです。この機を逃さず、ぬ～べ～は絶鬼を縛り、ゆきめは絶鬼を氷づけにして、鬼門に封じますが、あとちょっとのところで、絶鬼の力が戻り、蘇ります。そして特大の妖力波で攻撃します。生徒たちは、自分の命を捨てても先生を助けるんだと言って助けに走ります。傍観していた玉藻も、立ち向かっていきます。しかし奮闘も空しく、玉藻もやられてしまいます。ぬ～べ～の怒りは激しく、封じられた鬼の力を解放して、鬼になろうとします。「封印を解かれた鬼の力は、私とあなたが全力で抑えても制御できないので止めなさい」という美奈子先生の声が聞こえてきます。しかしぬ～

べ～は鬼になってしまいます。兄が戻ったことを喜んだ絶鬼は、これからは人間を殺しまくろうと言いますが、鬼になったぬ～べ～は絶鬼を攻撃します。人間への強い愛が鬼以上の力を発揮して、絶鬼を地獄へ追いやります。速魚《はやめ》は人魚の血でみんなの怪我の傷も治し、みんなでラーメンを食べにいくところで終わります。

ぬ～べ～はずっと美奈子先生を鬼の手から解放したいと思っていましたが、遂にその時がきます。コミックス版第二十五巻・ナンバー215の「逆襲のリツコ先生！の巻」とナンバー216の「ぬ～べ～ドキドキ！誕生律奈子先生⁉」です。

ぬ～べ～たちは、童守小学校の冬のスキー学校の行事で信州へやって来ました。ぬ～べ～はゆきめを愛していましたが、同僚の高橋律子先生にも憧れていました。律子先生もぬ～べ～のよさがわかり、ぬ～べ～を愛するようになっていました。そしてここでぬ～べ～は、律子先生が美奈子先生にそっくりであることを打ち明けます。律子先生に美奈子先生の影を見ていたということです。

自分はそっくりさんだから愛されたことを知り、律子先生は傷つき、山の中へと入って行きます。ぬ～べ～は急いで後を追い、とある洞窟の前で追いつきます。洞窟の前に、ここは「封魔堂」であると書いてある看板が立っていました。興味を引かれ中へ入ってみると、偶然にもそこで本物の御鬼輪を発見するのです。そして、美奈子先生を自由にする時がついにきたのです。ぬ～べ～は御鬼輪を腕にはめ、鬼を制御して美奈子先生に出てきてもらいました。出てきた美奈子先生を見た律子先生は、自分とそっくりであることに驚きます。その時、律子先生が妖怪にやられます。美奈子先生は、その御鬼輪は、この洞窟に、強力な妖怪を封印するためのものであったことに気づきます。

ここに封印されていたのは「両面宿儺《りょうめんすくな》」という妖怪でした。

両面宿儺は『日本書紀』の仁徳天皇紀に登場する妖怪で、頭の両面に二つの顔を持ち、四本の腕、四本の足という異形の怪物で、飛騨地方に住み、土地の人々を苦しめる大妖怪であったとされています。朝廷はこの妖怪を退治するため軍隊を派遣し、討ち殺したといいます。

ところが飛騨地方の伝説によると、両面宿儺は美しい鎧をまとった守護神であり、人々を苦しめる悪竜と戦った英雄であるといいます。こうした歴史と伝説の違いはよくあります。おそらく当時、飛騨地方の人々と中央政府である大和朝廷との間で何かの争いがあり、この時人々の側について政府軍と戦ったのが両面宿儺だったと考えられます。そして勝った側の歴史書である『日本書紀』では極悪妖怪として描かれ、負けた側の飛騨地方の伝説では英雄として描かれたのでしょう。

どちらの言い分も、全てが真実とは思えません。話半分に聞いておくほうが無難でしょう。

話をもとに戻します。両面宿儺にやられた律子先生を助ける方法は一つだけだと、美奈子先生は言います。自分が律子先生の中へ入ることだというのです。こうして美奈子先生が律子先生の中へ入り、律奈子先生が誕生したのです。

そして再び両面宿儺が襲ってきた時、ぬ〜べ〜は御鬼輪を使って対抗しようとしますが、その御鬼輪は鬼の力を八〇%しか制御できないものであることがわかります。百%の力を出せば、御鬼輪は壊れてしまい、ぬ〜べ〜は鬼に支配されてしまいます。残された方法は一つしかないことを律奈子先生は悟ります。御鬼輪が毀れる瞬間に律奈子先生から美奈子先生の魂を分離させ、鬼の手に戻させるしかありません。せっかくぬ〜べ〜との距離が縮まったのだから戻るのはいやでしたが、みんなの危機が迫っている中、躊躇ってはいられません。律奈子先生はぬ〜べ〜に鬼の力を百％使わせ、ぬ〜べ〜の鬼の手に戻っていきました。戻る間際にぬ〜べ〜にキスをして。

ぬ〜べ〜と父無限界時空

ぬ〜べ〜の父、無限界時空の話がコミックス版第十八巻・ナンバー153の「ぬ〜べ〜・過去を知る男の巻」に出てきます。

日本一の霊能力者、今世紀最高の除霊師、無限界時空が除霊している場面がテレビで放映されています。生徒たちもかぶりついて見ています。ぬ〜べ〜以外にもこんなことができる人がいるんだと、生徒たちは驚きながら見入っています。時空は、一撃で除霊に成功します。生徒たちは時空についての情報を持っていて、一回の除霊に何百万円もとること、それでもテレビや雑誌で取り上げられるので、除霊の依頼が後を絶たなくて大もうけしていて、最近田園調布に豪邸を建てたこと等、よく知っています。でも、時空がぬ〜べ〜の父であることはまだ知りません。

数日後、サッカー部の広が、同じサッカー部の二年生が霊に取り憑かれているといって、ぬ〜べ〜に除霊を頼みます。その子の家へ行ってみると、その子はヤコオ憑きであることがわかります。ヤコオ憑きはキツネ憑きの一種です。お母さんはお金がなくて何のお礼もできないと言いましたが、「人間バカになって人を救えですよ」と笑って答えました。

そこへ、その子の父親が時空を連れて帰ってきます。家を担保にお金を借りたといいます。時空はぬ～べ～の考え方を馬鹿にします。ぬ～べ～も、「お前こそ相変わらず人の弱みにつけこんで大金をふんだくるクズ霊能力者だ」と非難します。しかし、その子の父親が時空を選んだので、時空が除霊することになります。悔しいけれど的確な除霊だったので、なぜその力を金儲けなどに使うのかと、ぬ～べ～は腹立たしく思います。

昔、時空には、貧しいけれど幸せな親子三人の家庭がありました。その頃の時空は善意の霊能力者で、どんな除霊でも一切金はとりませんでした。貧しい人々は彼をたよって毎日列をつくり、彼は町中の人々に好かれていました。それが彼の誇りだったのです。

ところがある日、最愛の妻が病に倒れ、手術には大金が必要になりました。それで仕方なく今まで助けた人々にお金の無心にかけずり回りましたが、誰も貸してくれませんでした。そしてとうとう妻は亡くなってしまったのです。その時、時空は悟りました。善意など身勝手な世間の奴らには全く通じぬきれいごとだと。妻の死が彼に教えたのは、金こそがこの世の中の全てであるということでした。そして鳴介を祖母に預け、去って行ったのです。

数年後には、金の亡者となり、除霊や占いで法外な金をふんだくる悪徳霊能力者として活躍するようになりました。

的確に除霊したはずのヤコオ憑きが、苦し紛れに暴れ出し、逆襲してきました。そこでぬ～べ～は助太刀を申し出ます。しかし、鬼の手のことを知らない時空は、「貴様の霊力ではそいつに太刀打ちできない、やられてしまうぞ！」と叫びます。確かに霊力だけでは無理だが、俺の左手には切り札があると言って、ぬ～べ～は鬼の手でヤコオ憑きを吹き飛ばしました。鬼の手のことを知った時空は、「貴様自身にとっても危険な技を、なぜ好かぬ俺のために使ったのだ」と言います。「死んだあんたの妻は、あんたが善意で人を助ける姿を愛していた。俺にもそうなってほしいと、人間バカになって人を救えと。それは母さんが死ぬ間際に俺に遺した言葉だ。おやじ」「くだらん。俺を父と呼ぶな。俺はお前を捨てたんだ」こう言うと、時空はお金を貰わずに去っていきました。

コミックス版第二十巻・ナンバー170と171の「ぬ～べ～・ゆきめ愛の最終決着⁉の巻」前・後編にも時空が登場しています。岩手県の大雪村で、体中が木葉で覆われる奇病が発生します。これは霊障であると見抜いた時空は、その原因がぬ～べ～とゆきめの道ならぬ恋にあると霊視します。それでゆきめを消しにやってきます。

ぬ～べ～は、ゆきめは確かに妖怪だけれど、人間と暮らそうとする無害な存在であると弁護します。しかし時空は、ゆきめが山を離れて人間界で暮らしていることで山の神を怒らせ、付近の山村の人々に祟りを及ぼしているのだと主張します。ゆきめは動揺しますが、ぬ～べ～は金目当てだと一蹴し、「お前を殺させずに山の神を鎮める方法を考える」と言います。しかし時空は、「その雪女を殺さぬ限り山の神の怒りは解けない」と迫ります。「だまれ！　たとえ妖怪でも、温かい人の心をもったゆきめをどうしても殺すというのなら、俺は戦うぞ！　たとえ相手が実の父親のあんたであってもな！」この言葉を聞いて、ゆきめや生徒たちは、時空がぬ～べ～の父であることを初めて知ります。そして二人の戦いが始まります。ぬ～べ～は、「おやじ、いつまで人の心を捨てたままで生きるつもりだ。母さんは、貧しくても優しい心で人を助けるあんたを愛していたんだ」と訴えます。

時空がひるんだところを鬼の手でやっつけ、山の神のところへ行って怒りを鎮め、ゆきめのことを許してもらうと告げます。「無駄だ。あいつは人間の言うことなど聞きはせぬ。死ぬぞ」と時空は言います。「それでも行く。俺は命をかけてもゆきめを救う」とぬ〜べ〜は応じます。

大雪村へ向かう列車の中でゆきめはぬ〜べ〜から彼の父の話を聞き、悲しい話だと思いました。ぬ〜べ〜はゆきめからゆきめを造った山の神の話を聞きます。山の神は自然の神で、自然の掟を守るためだけに存在し、もし人間が自然の掟を守らない時は、躊躇うことなく人間を殺してしまうと聞いて、説得の難しさを痛感します。

山へ入ると、雪崩が起こり、山の神オオミズツが現れ、問いかけます。

「人間よ、なぜ雪女を連れ出す。雪女は自然が造った雪の精霊、ある時は山に雪を降らせ、ある時は人間たちに山への畏怖を知らしめるためのもの、雪女は森羅万象自然の一環なのだ。それを連れ出すことは自然界の掟を破ることだ」

ぬ〜べ〜は答えます。

「ゆきめは人間の心をもっている。あなたが造ったには違いないが、もう人間に近くなりすぎて、本来の雪女の仕事はできない。どうかゆきめが人間の町で暮らすことを許してやってくれ。ゆきめは人間と暮らすのがしあわせなのだ」

一瞬の沈黙の後、「自然の掟破りし者、滅びよ」と言って山の神は攻撃してきます。そこへ時空が現れ、二人を助けます。なぜ助けに来てくれたのかと訊くと、ぬ〜べ〜が話してくれた母の最期の言葉「人間バカになって人を救え」を聞いた時、自分が間違っていたことに気づいたといいます。「今までお前に父親らしいことは何一つしてやれなかった。今、せめてもの償いをさせてくれ。鳴介、その娘と幸せに暮らせ」と言って山の神への人柱となったのです。古来人間は自然の神の怒りをおさめるために強い霊力をもった人間が命を捨てて自然神を封印してきました。

こうして時空は、二人を守ったのです。

❖立野広の物語

ここでは、『地獄先生ぬ～べ～』のメイン・キャラクターの一人である立野広に焦点を当ててみたいと思います。ぬ～べ～が童守小学校へ赴任して来た時は、それまでの霊能者に対する不信感から、ぬ～べ～を敵視していた広でしたが、自分の肝狸を除霊してもらって以来、百％ぬ～べ～を信頼して学園生活を送っています。広は三歳の時に母を病気で亡くし、今は父と二人で暮らしています。そんな十一歳の広の前に、生まれ変わった広の母が現れたのです。そのことが描いてあるのがコミックス版第六巻のナンバー45・「前世の記憶の巻」です。

仏教の「輪廻転生」思想では、人は死んだあと、別人になって生まれ変わるといいますが、その時、前世での記憶は失われるのが普通です。しかし、まれに前世の記憶が残っている時があり、それはある日突然よみがえります。まるで神のいたずらのように。

登校途中の広に、幼稚園児のかとうれいこが、「しばらく見ないうちに大きくなったねえ。あたしだよ。わからないのかい？　おまえのお母さんだよ、広！」と声をかけてきます。広はきょとんとし、困ってしまいます。学校へも押しかけ、いろいろ世話をやこうとします。しまいに広も怒って、何が目的でおれにつきまとうと訊くと、「お前に会いたくて、母さん生まれ変わってきたんだ」と言います。ぬ〜べ〜も傍で聞いていて、調べてみる必要を感じ、今は空き家になっている、広が小さい頃に住んでいた家へ行ってみます。れいこは鍵の隠し場所も覚えていて、それで中へ入ります。部屋の間取りもよく覚えていて、天井のしみの数まで言い当てます。なんでそんなことまで、と皆が驚くと、「この部屋で父ちゃんと初めての夜を過ごした時、恥ずかしがる私を押し倒して、天井のしみを数えてる間に終わるよと言ったので数えたんだ」と答えます。そして広が幼児の時のいたずらが原因でできた腕の傷跡も見せて、「母さんと呼んでおくれ」と迫ります。鬼の手は、その霊魂に触れることでその心が読めるので、ぬ〜べ〜は鬼の手でれいこの額に触れ、れいこが広の母の生まれ変わりであることを確認しました。ぬ〜べ〜はどうしたらいいのか悩みました。そしてしばらく様子を見ることにしました。

れいこは広をデパートへ連れて行き、服を買ってあげたり、回転木馬に乗せたり、御馳走を食べさせたりして、一日を楽しく過ごしました。そして、「一言母さんって呼んでくれないかい」と願います。「死んでもやだ！」と答える広。それを見ていたぬ〜べ〜はれいこに耳打ちします。するとれいこは広と呼びかけ、お別れの言葉を言います。「今日は本当に楽しかったよ。母さんが死んじゃってさみしい思いをしてるんじゃないかと思ったけど、元気そうなんで安心したよ。もう思い残すことはないわ。先生、どうぞ私の記憶を消して下さい。前世の記憶が強すぎると、この子、れいこちゃんの人格にとってよくないんだって。そりゃそうだよね。いつまでもお前のお母さんでいたいけど、そうしたらこの子のお母さんが悲しむものね。そんなことはできないわ。一言お母さんって呼んでほしかったけど。しかたないよね。じゃあ先生お願いします」広は言ってあげなかったことを後悔し、「まって」と言いますが、時すでに遅く、もう消された後でした。消されたれいこは、「あれ、ここどこでちゅか。おじちゃんだれ？」とぬ～べ～に言います。感極まった広は、れいこちゃんに抱きつき、叫んで言います。「ごめん。ごめんよ、母ちゃん。俺、恥ずかしかっただけなんだよおぉ。本当はずっと母ちゃんがいなくてさみしかったんだ。授業参観の時も、運動会の時も、父ちゃんが仕事でいない時、一人で食べる夕食の時も、いつも、いつも。なのに、なのに、俺……」するとれいこちゃんは、一瞬広の母の姿に戻り、「ばかね。男の子がメソメソ泣くんじゃありません。でも、やっとお母さんって呼んでくれたのね。ありがとう。広ちゃん」と言って去っていきました。ぬ～べ～はまとめます。「人は輪廻によって生まれ変わる。しかしそれは、前の人生をやり直すためではない。新しい人生を始めるためなんだ。そのためには、冷たいようだが、前世の記憶など忘れてしまったほうがいい」と。

輪廻転生は、誰もが一度は心惹かれる思想の一つであると思うのですが、輪廻転生といえば、預言者であり心霊診断家のエドガー・ケイシーの名が思い浮かびます。咽頭の治療を受けた時に行われた催眠療法中に、別の人格が現れ、自らの治療方法を述べ、その通りにすると症状が治まり、他者の疾患の治療方法も答えることができ、心霊診断を行うようになりました。後に、神智学の影響を大きく受け、病気診断や前世診断、霊的アドバイスを行うようになります。

神智学の創始者、ヘレナ・ブラヴァツキー（一八三一―一八九一）によれば、神智学とは、神秘的な直観や思弁、幻視、瞑想、啓示等を通じて、神と結びついた神聖な知識の獲得や高度な認識に達することを目的としたものです。神智学は、宇宙には、宇宙的生命が遍在していて、それが万物を生み出す根源的な原理であって、それは全ての区別を超えた根本原理であることを主張しています。そして、霊魂の存在と輪廻転生を確信しています。身体的な進化の基礎となる霊的な進化の理論を唱え、人間は輪廻の連鎖を通して起源へ旅する神性の輝きが具現化したものと見ています。数十億年もの進化の果てに、全ての心霊的自我はニルヴァーナ（涅槃：煩悩を断じて絶対的な静寂に達した状態。仏教における理想の境地）に到達し、自らの本源である宇宙的・神的根源に合流するという考え方をしています。

ケイシーは、催眠術で人々からの相談や質問に答え、病気の診断や人生のアドバイス等を行いました。ケイシーは主として彼自身の潜在意識にアクセスして質問者の問いに答えていました。この潜在意識とは、神智学用語で言えばアカシックレコードということになります。アカシックレコードには過去の輪廻転生の膨大な記憶が刻まれているといいます。

アカシックとは、サンスクリット語の「アーカーシャ」に由来し、その英語的変形がアカシックです。「アーカーシャ」は「もともとの本質」という意味だそうです。アカシックレコードの意味を簡潔に書けば、元始からの全ての事象、想念、感情が記録されているという世界記憶のことです。ユングの「集合的無意識」と類比されたり、「神の無限の記録または図書館」という言い方もされます。誰でもこのアカシックレコードにつながっているのでアクセスできますが、特に霊能力の強い人がアクセスできるのでしょうね。シンクロニシティ（意味のある偶然の一致・共時性）や予知夢等は、アカシックレコードからの情報が元になって起こるようですし、霊視はアカシックレコードから情報を読み取って行っているようです。ケイシーやぬ〜べ〜が霊視できるのも、その霊能力の高さ故だと思います。

『地獄先生ぬ〜べ〜』にも、アカシックレコードのことを扱った作品があります。コミックス版第二十巻のナンバー１６８・「明石谷老人の不思議な紙の巻」です。

屋台できなこ餅を売る明石谷老人は、買ってくれた子にはサービスとして、自分の運命が書いてある「アカシの紙」をくれます。もらった細川美樹は、自分の今までの人生のことが寸分たがわず書いてあるのにびっくりします。ぬ〜べ〜はすぐに、アカシックレコードのことを思い浮かべます。こんな凄い能力を持った予言者が、なぜきなこ餅なんか売っているのだろうと不思議に思います。そして老人は童守中の子供たちの人気者になります。ところがある時、美樹は図書館で八年前の新聞に、老人の予言が幾つもはずれ、告訴され、テレビ界を永久追放になっていた記事を見つけます。怒った美樹は老人に最後のチャンスを与えると言って、明日の出来事を予言するように言います。

すると老人は、美樹ちゃんたちは明日、童守寺裏の竹林で埋蔵金約二億円を発見すると言ったので、童守川の鉄橋からの釣りをやめて埋蔵金掘りをします。しかし埋蔵金はありませんでした。美樹たちの罵倒を聞いてから老人は町を去りました。ぬ〜べ〜はなぜあんな嘘をついたのか尋ねます。

童守川の鉄橋は錆びて、崩れ落ちる寸前だったので、嘘をついて行かせないようにしたのだということでした。実際橋は、犬が渡った振動で崩壊してしまいました。八年前の予言のはずれも、はずれたおかげで、事故が起きずに済んでいたのでした。「自分は誰にも認められなくてもいい」と言います。「予言は人のために使わないと、ただの人の運命を覗く覗き魔に過ぎない」と老人は言います。「二人の命でも助けられるのなら、わしが嘘つきになることぐらいなんでもない」と言います。「あなたはすばらしい予言者だ」とぬ〜べ〜は言って、老人が去っていくのをいつまでも見送っていました。

前世・生まれ変わりをテーマにした作品は文学作品からアニメまで沢山ありますが、ここではそのいくつかを簡単に紹介したいと思います。

アニメの『セーラームーン』(注⑧)は、『ギリシャ・ローマ神話』のエンディミオンとセレネーの物語を基に創られています。地球の王国が月の王国を攻撃し、滅ぼしますが、地球の王子エンディミオンと月の王女プリンセス・セレニティは恋をして、ロミオとジュリエットのような関係になります。その後、プリンセス・セレニティは月野うさぎ、エンディミオンは地場衛という名になって、20世紀の地球に生まれ変わり、再び愛し合うようになります。

『セーラームーン』の舞台は20世紀の地球ですが、月野うさぎと地場衛が30世紀に再び生まれ変わって結ばれ、二人の間にちびうさという子ができ、その子が20世紀の月野うさぎのもとにやって来ているという設定になっています。そうした、過去・現在・未来に亘って愛を貫く縦軸の中で、月野うさぎことセーラームーンが、他の戦士たち、セーラーマーキュリー、セーラーマーズ、セーラージュピター、セーラーヴィーナスと共に、愛と正義を守る戦いの日々を送ることを横軸にして描かれています。『セーラームーン』はアメリカでも放映されていて、私も学生たちの語学研修の引率でアメリカへ行った時に見ました。

鈴木光司のデビュー作、『楽園』は、一九九〇年の日本ファンタジーノベル大賞の優秀賞を受賞したもので、一九九一年には、『満ちてくる時のむこうに』というタイトルでアニメ化もされました。

遠い昔のモンゴルに、愛し合いながらも別れ別れになった男女がいました。二人の魂は伝説の赤い鹿の精霊に守られながら、十八世紀の南海の小島、現代のアメリカにと、一万年の時を越えて生まれ変わっていき、二人の子孫を再会させる物語です。『楽園』は、遺伝子または血によって再会を果たす点に特徴があります。鈴木は、ただひたすら愛を描いてきた作家であると村山由佳氏は評しています。この作品は丸ごと虚構だけれど、本当のことしか描かれていないとも評しています。『楽園』は男女の愛の物語であり、愛は、信じて願う心だけが呼び寄せる奇跡であり、愛こそこの世で最も壮大なスケールを持った冒険であり、ファンタジーであると村山氏は言っています。

三島由紀夫の『豊饒の海』は、彼の最後の長編小説で、『浜松中納言物語』を典拠にした夢と転生の物語です。『春の雪』『奔馬』『暁の寺』『天人五衰』の四巻からなっています。第一巻は、貴族の世界を舞台にした恋愛、第二巻は、右翼的青年の行動、第三巻は唯識論を突き詰めようとする初老の男性とタイ王室の官能的美女との係わり、第四巻は認識に憑かれた少年と老人の対立が描かれています。構成は、二十歳で死ぬ若者が、次の巻の主人公に輪廻転生してゆくという流れとなり、仏教の唯識思想、神道の一霊四魂説、能の「シテ」「ワキ」、春夏秋冬等の東洋の伝統を踏まえた作品世界となっています。また、様々な「仄めかし」が散見され、読み方によっては多様な解釈可能な、謎に満ちた作品でもあると解説されていて、じっくり読んでみたい作品ですね。

日本最大最高の幻想怪奇小説とされる夢野久作の『ドグラ・マグラ』は、胎児の見る夢がテーマになっています。生物学者ヘッケルは、「個体発生は系統発生を繰り返す」と言っています。個体発生とは、個々の動物の発生過程のことで、系統発生とは、その動物の進化の過程を意味する表現です。人間の胎児は、魚類、両生類、爬虫類、原始哺乳類という進化の諸段階を繰り返すような発生プロセスを辿ります。そうだとすれば、出産が迫る頃には、胎児は人類史を体験しているはずだという奇想が『ドグラ・マグラ』には語られています。胎児は、お母さんのおなかの中で、自分の前世を夢見ているのかもしれませんね。

❖『地獄先生ぬ～べ～』の共通理念

『地獄先生ぬ～べ～』の共通理念は、一言で言えば、「人の心が妖怪を創り出す」と言えると思います。真倉翔氏はコミックス版の第十四巻に次のように書いておられます。

「人間が自然を破壊しすぎたため妖怪が住み処を失い、その数も減り、人間に対して怒っているなんてお話がよくある。

でもそれは違うのだ。妖怪は人間の恐怖や不安、欲望などの感情が生んだものだ。人がそこに見るから、人がそこに存在を感じるから、妖怪は生きていける。人間あってこその妖怪なのだ。

だから、たとえ自然が全て失われても人間がいる限り、妖怪たちは飄々と楽しげにそこに存在するのである」

ぬ〜べ〜のセリフにも、「どの民俗学者も言っている、妖怪は人間の心が生み出したものだ」というのがあります。一例を挙げれば、雪山に対する恐怖が、男を凍らせ、その魂を奪う雪女という妖怪を生み出したのです。

ここでは、『地獄先生ぬ〜べ〜』の中で、どんな心がどんな妖怪を生み出したのかに焦点を当てて、いくつか簡単に紹介したいと思います。

①百々目鬼《どどめき》

百々目鬼は、第九巻・ナンバー76に登場します。女スリがサイフを掏ったら手に目ができ始め、盗む度に体中が目だらけになり、妖怪になったもので、悪人にできる霊障を目に見える形にしたものです。悪いことをした人が、それを隠そうとするその後ろめたい気持ちに憑く妖怪で、罪をどこかで誰かに見られている気持ちが目となって現れるものです。本当のことを白状すれば消えるとぬ〜べ〜は解説しています。万引きを白状した六年五組の篠崎愛の体から百々目鬼が全て消える話になっています。

②天邪鬼

天邪鬼は、第十一巻・ナンバー88に登場します。天邪鬼は、ひねくれた心を天邪鬼という妖怪として捉えたものです。これに心が支配されると、何にでも逆らう言動となって現れます。除霊というのは、そうした心の傾向を、何らかの方法で変えて、素直な心を取り戻させることです。転校生の小林由香はひねくれ者で、何にでも逆らい、友達と仲良くしようとしません、ぬ〜べ〜は由香のひねくれを妖怪の仕業だったと思わせることに成功し、素直になれる方向へ由香を導きました。妖怪の仕業だったと思えば、みんなわだかまりもなくなり、仲良くなれるだろうというのがぬ〜べ〜の狙いでした。

③妖鳥・以津《いつ》真天

以津真天は、第十三巻・ナンバー105に登場します。妖鳥・以津真天は、戦乱の時代に多く現れ、「いつまで」「いつまで」と喚いたことが、『太平記』『今昔画図続百鬼』に書かれています。いつまで死体を放っておくのかという意味です。以津真天は、死鳥ともいって、供養されない亡骸の魂が呼ぶ鳥です。以津真天は、魂を粗末にする者の見る幻影ということになります。ぬ〜べ〜のクラスで一番我儘で、乱暴な、キンタマサルと綽名される金田勝に以津真天が取り憑きます。飼っている虫や動物が死ぬと、窓から捨てていたのです。そのことに勝も心の奥深くで後ろめたさを感じていたので、以津真天が現れたのでしょう。それを知ったぬ〜べ〜は、勝に虫や動物の墓を作らせ、以津真天に帰ってもらいました。

④舞い首

舞い首は、第十六巻・ナンバー134に登場します。ぬ〜べ〜クラスの木村克也、立野広、金田勝はことあるごとにケンカします。給食のシューマイの残りを争ったり、野球の打つ順番を争ったり、掃除の時の箒を取り合ったり、等々です。美樹は妖怪舞い首の話をしてケンカを止めさせようとしましたが、逆に火に油を注ぐ羽目になってしまいます。舞い首の話は一八四一年刊行の『桃山人夜話』に出てくる話で、口ゲンカした三人が互いに首を切り落として死に、その三人の名を呼ぶと、ケンカしながら絡み合って飛ぶ生首が出てくるという話です。童守港へ行って三人の名を呼ぶと、罵り合いながら三人の舞い首が出てきて、広たち三人に取り憑き、三人の憎しみの心はエスカレートし、本気で殺し合いになっていきます。ぬ〜べ〜は説得します。「よせ、お前らは妖怪に操られている。仲直りしろ！　そいつらはお前たちの憎しみに同調して憑いているのだ」それでも三人の憎しみは消えず、殺し合いますが、「お前たちはクラスメートだろ」というぬ〜べ〜の説得にやっと目が覚め、憎しみは消えていき、ぬ〜べ〜に泣いて謝ります。私たちの憎しみの心を形にしたものが妖怪舞い首であり、その心を何らかの方法で抑えることが大切ですね。これは他人事ではなく、車を運転していて、腹の立つ運転をしている車に遭遇した時などに、突然湧いてくる、日常的に経験する感情なので、心したいものです。

⑤朧車《おぼろぐるま》

朧車は、第十八巻・ナンバー151に登場します。朧車は平安時代の妖怪で、その時代貴族の女性は、お祭見物などに牛車で出かけ、見物しやすい場所を取り合い、その争いに勝つことに大変なプライドをかけていました。朧車は、彼女たちのそんな負けず嫌いな怨念が妖怪化したものです。

いつもは仲の良い郷子と美樹が、ちょっとしたことをきっかけに、朧車に取り憑かれてしまいます。テストの点数争いで自分たちのテストを先生に見直させて、点数を上げ合ったり、給食の量を競ったり、女の子の人気投票で一位になるために男の子たちに媚を売り合ったりして、どんどんエスカレートしていきます。朧車の妖気にあてられたことを感じとったぬ〜べ〜は、二人に忠告します。「負けず嫌いの怨念が取り憑いたのだ。このままでは二人は永遠に争い続けるぞ。呪いを解く方法は一つ。二人仲良く朧車を追い抜かすんだ」。朧車は先を越されると負けを認めて呪いを解くと言われています。二人は自転車で追い越そうとしますが、ここでもまた競争になり、ぬ〜べ〜は呆れますが、危なくなった美樹を郷子が助け、二人は仲直りします。と思ったら、落ちていた五百円玉を巡ってまた争いが始まります。ちょっとやそっとでは人間中々成長できませんね。

⑥巨大妖怪・乗越入道

乗越入道は、第十九巻のナンバー166に登場します。公園で黒い羽根募金をしている木村克也をぬ〜べ〜が見かけ、声を掛けると、逃げるようにして行ってしまいます。幽体離脱して後をつけると、不良にやらされていたことが判明します。不良と関わったことを後悔していますが、逆らう勇気もなく、今に至っていることを知ったぬ〜べ〜は、克也が勇気を出して、自分の力で不良と縁を切れるようにするアイディアを思いつきます。今、生徒たちの間で評判になっている見越坂の巨大入道をみんなで退治しに行こうとぬ〜べ〜は提案し、克也も誘って連れて行きます。巨大入道は、人の恐怖心を利用して体を巨大に見せているだけであることをぬ〜べ〜は証明してみせます。人は、得体の知れないものが近づいてくると、過剰に恐怖心を煽られます。そしてこの妖怪は、その恐怖心につけこんで自分をとんでもない化け物に見せているのです。「妖怪だけじゃなく、人間にも姿や恰好で必要以上に人を怖がらせて自分を大きく見せようとするやつがいるものだ」と克也に向かってぬ〜べ〜は言います。次に克也が不良たちに会った時、もう付き合わないと言います。恐怖心はありましたが、暴力を振るおうとする不良たちに勇気を出して立ち向かっていくと、不良たちは怖気づいて、逃げて行きました。ホッとした克也を、ぬ〜べ〜は陰から見守っていました。

❖さよならぬ〜べ〜

長きに亘って連載された『地獄先生ぬ〜べ〜』も、第三十一巻の最終話「さよならぬ〜べ〜の巻」で終わりを迎えます。その間には、覇鬼が人間に災いを齎さないと誓ったので、美奈子先生は鬼の手から自由になりました。お祝いに、みんなで食べたり、飲んだり、遊んだりして一日を過ごしますが、美奈子先生は、自分は死んでいて、魂だけで、陽神の術で作ったこの体ももうこれ以上は限界なので、あなたの手で成仏させてと願い、ぬ〜べ〜はそうしました。

九州の、墓地の上に建設されたために霊的磁場が発生し、悪霊や妖怪が多数現れるようになった小学校から、ぬ〜べ〜に赴任の要請がありました。考えた末、行くことにしました。後のことは玉藻が引き受けてくれました。既にゆきめと結婚していたぬ〜べ〜は、駅のホームで生徒たちの「仰げば尊し」の歌で見送られながら、九州へと旅立っていきました。

❖その後のぬ～べ～

二〇一四年に、『地獄先生ぬ～べ～NEO』として、ぬ～べ～が十五年ぶりに再開されました。物語は、前作から十二年後が舞台となっており、童守小学校に戻って来たぬ～べ～が、教師となった元教え子稲葉郷子と再会し、そこで巻き起こる怪奇現象に、新たな五年三組の児童たちと立ち向かっていく活躍を描いています。この新作シリーズでは、学級崩壊、学校裏サイト、いじめに対する学校及び教育委員会の隠蔽体質等、現代的な学校問題や、ネグレクト、モンスターペアレント、定職につかない若者たち、現代社会での他人の子供を叱る大人の存在等、大人の教育問題の要素も取り入れられています。

3『雨月物語』

一九九四年に、「NHK文化セミナー・江戸文芸を読む」というコンセプトで、『雨月物語』(上)(下)(注⑨)が出版されました。これは、東京大学教授の長島弘明氏が『雨月物語』を解説されたものので、『雨月物語』のことがよくわかります。ここでは、長島氏の解説を簡潔にまとめ、元田與一氏の『秋成綺想』(注⑩)や井上泰至《やすし》氏の『雨月物語の世界』(注⑪)の分析に触れ、私が調べたことや私見を交えながら、『雨月物語』のことを紹介していきたいと思います。

❖『雨月物語』の世界

①『雨月物語』の序文の概略

秋成は序文で、『雨月物語』がどのような作品であるのかを語っています。羅貫中は『水滸伝』を書いたために、子孫三代に亘って口がきけない子が生まれ、紫式部は『源氏物語』を書いたために、地獄に落ちたのは、真実に見紛うような嘘の話を書いて、人心を迷わせた報いでそうなったのです。しかし、これらの文章は素晴らしく、迫真的で、読者の心に興を起こさせます。私も大平の御代の無駄話を思いついて、口から出任せに書いてみました。私自身、出鱈目な話だと思います。これを読む読者も、当然真実だとは思わないでしょう。だから私は、嘘を真実と思わせる素晴らしい物語を書いた羅貫中や紫式部のようには、唇の上が裂けたり、鼻が欠けたりする報いは受けないで済むでしょう。雨が上がって月が朦朧と霞む夜、窓のもとで原稿を綴り、本屋に与えました。題して、『雨月物語』といいます。剪枝畸人《せんしきじん》書す。

秋成は、自作に対して大変謙虚な姿勢を見せていますが、それは小説の序文のクリーチェ（決まり文句）のようなものでもあるのです。それよりも、自作を到底及ばないとしながらも、『水滸伝』や『源氏物語』という傑作と比較しているところにみそがあります。その真意を探る手がかりが「剪枝畸人」という署名です。

剪枝とは、枝を剪《き》ることですが、枝は手足に通じ、疱瘡で短くなった手の指に関わる語です。秋成は、四歳の時、大坂堂島の紙油商嶋屋の養子となり、五歳の時に、重い疱瘡にかかり、生死の間を彷徨いました。その折、養父が深夜、大坂郊外の加島稲荷（香具波志神社）に詣でて秋成の助命を乞うたところ、夢中に託宣があり、養父の愛情の切なるをもって、その子に六十八の齢を与えよ

う と告げられたといいます。父の愛情と加島稲荷の神助によって、秋成は奇跡的に一命をとりとめましたが、右手の中指と左手の人差し指が短くなるという後遺症が残りました。秋成は、加島稲荷に命を救われた子供であるということを養父からたびたび聞かされたらしく、この神社への畏敬の気持ちは終生変わりませんでした。秋成が、合理主義者でありながらも、神秘的なものの存在を否定せず、時としてそうした神秘的なものへの志向を示すのも、この幼児の体験が深く関わっているようです。

剪枝という言葉が、秋成の指が疱瘡で短くなったことと関わっていると同時に、この語は、『荘子』にも由来しています。『荘子』では、実をつけて役に立つ木の枝は切られると出てきますが、とすれば、手指が切られたようになった自分は、有用であるがゆえにそうなったという意味に解することができます。一方、畸人は、これも『荘子』に出てくる言葉で、身体や精神が人と異なり、天に近いものをいいます。とすれば、これも、人とは違う手の指を持った自分は天に近い存在であるという意味にもなります。

この署名によって、序文は、表向きの謙辞とは全く逆の意味を持つことになります。自分のこの作品が、『水滸伝』や『源氏物語』と肩を並べ得るものであることは、自分がこうして指も不自由という天罰を背負っていることからも明らかではないか。それだけではない。羅貫中や紫式部が報いを受けたのはせいぜい死後のことだが、自分は生前からすでに天罰を負っている、という傲岸不遜な強烈な自負が見えてきます。『雨月物語』は、浮世草子から読本へと変わった秋成が、渾身の力を注ぎ、並々ならぬ自負を込めて創った作品なのです。

②浮世草子から読本へ

『雨月物語』の作者上田秋成（一七三四―一八〇九）は、『諸道聴耳世間猿《しょどうききみみせけんざる》』『世間妾形気《せけんてかけかたぎ》』等の浮世草子の気質物《かたぎもの》の作者として出発しました。気質とは、ある職種や階層に特有の性癖のことをいいます。何かに凝り固まり、取り憑かれた人間のみが、気質物の主人公になる資格があります。言い換えれば、人間を執着の相において捉え、極端な性癖に焦点を合わせて描くのが、気質物の方法です。実はこれは、そのまま『雨月物語』の主人公たちの性格であり、『雨月物語』の方法に他なりません。『雨月物語』の主人公たちは気質者なのです。取り憑かれたものが、武芸好きや骨董目利き、芝居等の趣味ではなく、復讐や愛欲といった情念であり、信義という倫理であったにすぎません。気質物執筆の経験が『雨月物語』の世界を支えているのです。

再会の約束を守ることは大切です。太宰治の『走れメロス』もそれがテーマです。しかし、「菊花の約《ちぎり》」の赤穴宗右衛門のように、再会の約束を守るために自殺してしまうことは、常識を逸脱していて、信義に憑かれた気質者であるわけです。浮世草子の気質物の主人公たちは、常識を踏み外しても、この世から追放されることはありません。しかし、『雨月物語』の主人公たちは、あまりに激しい情念のために、この世から追放されてしまいます。そして幽霊になり、妖怪になるのです。

しかし、『雨月物語』の幽霊や妖怪たちは、人間と別の化け物ではありません。いずれも現実の人間と同じように、執着にとらわれ、苦悩を引きずる弱い存在です。人間の浅ましさと美しさを極端な形で私たちにみせつけるゆえに、『雨月物語』の幽霊たちは、恐ろしくもあり、哀れでもあるのです。それは、私たち自身の、鏡に映った姿に他なりません。『雨月物語』の主人公は、幽霊ではなく、私たち人間なのです。

こうした気質者的主人公は外国の文学にも見られ、例えば、十九世紀半ばのアメリカの作家、ナサニエル・ホーソーンの短編小説「石の心を持つ男」（一八三七年）は、独りよがりな聖書解釈で人との交わりを絶ち、石と化す傲慢な男の物語です。

浮世草子からの脱却を模索していた秋成は、読本の代表作、都賀庭鐘《つがていしょう》の『英草紙《はなぶさぞうし》』（一七四九年刊）と『繁野話《しげしげやわ》』（一七六六年刊）から大きな影響を受けました。この二作品が浮世草子と違うところは、従来の民話的怪談から人間性を描く怪異小説に変わっていること、一貫したストーリーとテーマをもつように配慮されていること、作者の歴史観・思想等が書き込まれていること、等々です。秋成は、この新しい読本が、自分の探り当てた主題を表現しうる小説形式であることを確信し、読本作者へと転身したのです。

③「雨月」というタイトルの由来

「雨月」とは、陰暦八月十五日の中秋の名月が、雨で見えない様をいいます。また、東洋の世界観を支配する「易」の世界では、「雨」と「月」は「陰」すなわち「闇」の世界を司る、あるいは表象するものとされています。更に、「吉備津の釜」の種本の一つである中国の怪談集『剪燈新話』の「牡丹灯記」では、雨と月は怪異出現の予兆となっていて、『雨月物語』でも、雨と月は怪異出現の予兆となっています。『雨月物語』の「雨月」は、雨名月ではなく、この世とあの世の境界を曖昧にし、この世界をいつの間にか向こうの世界に変えてしまう雨と月であるのです。また、秋成は序文で、旧暦三月晩春の、雨後の朧月の光の届く窓辺で『雨月物語』を書いたと言っていますが、春の夜の闇は、その奥に何かがあるような、ただならぬものを感じさせ、光がかすかな朧月は、その闇の怪しさを一層引き立たせ、花に彩られる春の闇は、妖しくも美しい、と井上泰至氏は『雨月物語の世界』（角川選書）で述べておられます。

この世には忘れぬ春のおもかげよ朧月夜の花の光に　　式子内親王

朧月に照らされた桜の幽艶さは、生ある限り忘れ得ぬものという意味です。

公達に狐化けたり宵の春　　蕪村

狐が公家に化けるとしたら、春の宵であるという意味です。

春の闇は、古典的な艶のある美と、どことない妖しさをもって詩人の心を捉えてきました。秋成にとっても、春の闇の妖美こそ、『雨月物語』の世界を象徴するものであるという思いがあったに違いない、と井上氏はおっしゃっておられます。

こうした工夫は世界の文学にも共通していて、たとえば、アメリカのロマンス（空想小説）作家、ナサニエル・ホーソーンは、『緋文字』（一八五〇）の序文『税関』で、「ロマンス」の恰好の舞台として「中間領域」（the neutral territory）という概念を導入しました。それは、普段見慣れた事物に月の光が当たって作り出される空間のことで、その時その空間には、「現実的なもの」と「想像的なもの」とが同居し、互いに相手を自身の性格で染め合う世界になる、という領域のことです。これはまさに『雨月物語』の「雨月」と同じ考え方だと思います。

❖『雨月物語』のあらすじと分析

①「白峯」

あらすじ

仁安《にんあん》三（一一六八）年の秋、諸国行脚の途次、西行は讃岐白峯の崇徳院の墓に詣でました。崇徳院は、保元の乱に敗れて讃岐に流され、そこで怨みを抱きながら亡くなりました。供養に経を読み、歌を詠む西行の前に院の亡霊が出現します。西行は院の成仏を祈りますが、院は、近頃の世の乱れは魔道の志を傾けた自分の仕業だと言い、やがて天下に大乱を起こすと言います。続いて、『孟子』の易姓革命説によりつつ保元の乱の正当性を主張する院と、仏教と王道論の立場からそれを批判する西行の間に、緊迫した議論が交わされます。院は仇敵への怨念と復讐の決意を語り、魔道に落ちた浅ましい姿を現します。変わり果てた院の姿に涙し、仏縁につながることを勧める西行の歌により、院の顔色も和らぎ、やがて姿も消えていきます。山を下って庵に帰った西行は、平治の乱をはじめとする近頃の世の乱れが、院の言葉通りであることを改めて知ることになります。この後の平家滅亡も院の言葉通りでした。

分析

歌枕の旅を続けていた西行が、崇徳院の墓の前で供養の経を読む構成は、夢幻能の形を採っていることがわかります。西行が二十三歳で出家する前の俗名は佐藤義清《のりきよ》で、北面の武士として鳥羽院に仕え、崇徳院にも近侍していました。西行は歌を詠み、供養します。それがきっかけとなって院の亡霊が登場し、歌を返します。歌は、死者の霊を呼び覚ます力を持ち、死者と生者の対話を可能にします。こうした言葉の不思議な力は言霊信仰に起源を発していますが、特に和歌の力は深く信じられ、中世には和歌の力（歌徳）にまつわる説話も多くあります。院と西行は熱い議論を交わしますが、最終的には西行が院の仇敵への憤怒を鎮めます。「白峯」は歌徳説話の形式を採っていると言えます。

院と西行が交わした熱い議論とはどのようなものだったのか、簡単に見ておこうと思います。西行は院に、保元の御謀反は「王道」の理によって思い立たれたのか、それとも自らの「人慾《にんよく》」によってなされたものかを尋ねます。保元の御謀反とはいわゆる「保元の乱」のことです。七十二代の天皇であった白河院は、退位後も強力な院政をしいていました。子の堀河天皇が没し、孫の鳥羽天皇が即位しても院政は続きました。白河院は、養女であり鳥羽天皇の中宮として入内した待賢門院の産んだ顕仁《あきひと》親王（崇徳院）を幼少で即位させます。やがて白河院が没し、鳥羽院が院政をしくようになります。鳥羽院は、崇徳帝から寵妃美福門院腹の體仁《なりひと》親王（近衛天皇）への譲位を強制します。近衛天皇は早世しますが、次に天皇となったのは、崇徳院の期待に反して、崇徳院の重仁《しげひと》親王ではなく、鳥羽院・美福門院らと結んだ、崇徳院の同母弟の雅仁親王（後白河天皇）でした。この頃摂関家でも、関白藤原忠通が父忠実や弟頼長と対立しており、保元元（一一五六）年の鳥羽院の死去を契機に、崇徳院・頼長側は挙兵します。崇徳院側には、源為義、為朝、平忠正らがつき、後白河院・美福門院・藤原忠通側には、源義朝、平清盛らがつきました。戦闘は一日で決着がつき、敗れた崇徳院は讃岐へ配流となり、頼長は戦傷死、為義、忠正は斬られ、為朝も流されました。

崇徳院は、自分が兵を動かしたのは断じて「人慾」のためではなく、『孟子』の易姓革命論で応じます。それは、簡単に言えば、王が不徳ならば、他の有徳者が天命を受けて新しい王朝を開くということです。院の主張によれば、天命も民心も我が子重仁にあり、資格のない者を資格のある者が討とうとしたのであり、当然のことだということです。

これに対して西行は、『日本書紀』の古代の故事で反論します。応神天皇は末の皇子である菟道《うじ》の王《おうきみ》を寵愛し、兄の大鷦鷯《さざき》の王（仁徳天皇）をおいて、菟道の王を皇太子に定めました。天皇没後、兄弟は互いに帝位を譲り合いましたが、三年後、帝位の空白を我が責任と感じた菟道の王が自殺して、やむなく大鷦鷯の王が即位したという故事です。西行が拠って立つ論理は、覇道論に対する王道論です。いわゆる中国でいえば、堯舜（徳をもって天下を治めた古代の理想的帝王）の道であり、日本でいえば、日本古来の天皇の道、惟神《かんながら》の道（神代から伝わってきて、神慮のままで、人為を加えぬ日本固有の道）です。

西行の易姓革命、簒奪革命への批判の背景には、儒学・国学・仏教があります。『雨月物語』前後の秋成は、独学で契沖の学問を知り、加藤宇万伎《うまき》との出会いを通して、賀茂真淵の学問へと目を開いていく時期にあたります。西行の考え方には、この頃真淵から影響を受けつつあった秋成自身の思想の投影を見ることができます。そして二人の議論の最後で西行が、謀反という道ならぬ行いをしたために、天皇の位にありながら、こんな辺土で亡くなることになったのだという言葉は、仏教の因果論的響きを持ち、旧怨を忘れて成仏することを説く言葉も、仏教僧としての西行の当然の勧めであるように思われます。

しかし、論理で怨念が鎮められるとは思われません。道理が西行のほうにあることを院は認めますが、それでも仇敵がいかに自分を苦しめたか、いかに自分は無念であったかを延々と語っていきます。保元の乱が、院の人慾から始まったことは、院自身わかっていましたが、易姓革命を持ちだしたのは、人慾であったという事実を打ち消そうとする院のあがきに過ぎなかったと長島氏は分析されておられます。院自身触れず、西行も知っていて触れなかった保元の乱の原因に関わる重要な事実があります。それは源顕兼編の『古事談』（一二一二―一五）が伝える、崇徳院は鳥羽院の子ではなく、鳥羽院の祖父白河院の子であるという事実です。崇徳院の母待賢門院璋子《しょうし》は、白河院の養女として鳥羽帝へ入内しましたが、その時既に白河院の子を宿していて、生まれたのが崇徳院であったといいます。白河院による鳥羽帝から崇徳帝への譲位の強制、またその反動としての鳥羽院による崇徳帝から近衛帝への譲位の強制は、ここに理由があります。いずれも、実の我が子を帝位につけたいという「人慾」なのです。更に、近衛帝没後、鳥羽院が崇徳院の子の重仁にではなく、雅仁（後白河帝）に位を継がせたのも、こうした経緯からです。表向きは崇徳院と雅仁は同母兄弟でありながら、崇徳院は鳥羽院の実子ではなく、雅仁は実子なのです。

一連の譲位の間に増幅された愛憎が保元の乱を引き起こしたのであり、崇徳院が論理を投げ捨て、情念を噴出させるのは必然なのです。崇徳院は怨念の塊となり、天狗の首魁の大魔王となりました。清盛と義朝が戦った平治の乱は、院の怨霊のなす業であったことが明らかにされます。院が天狗の首魁となったのも、天狗が太平の世に乱れを起こす存在であるからです。院は復讐の成就に執着し、死後の成仏と安楽を放棄することと引き換えに、大魔王となりました。怨念が乱を起こし、歴史が転回していくのです。怨み死にした者の霊が人に祟り、災いを引き起こすというのは、日本に古来から根強く存在する御霊信仰です。夢枕獏氏の伝奇小説『陰陽師』も、早良親王の怨霊鎮めがテーマになっています。崇徳院は強力な御霊となりました。院没後十三年、うち続く災厄と異変に、朝廷は崇徳院の号を奉り、その数年後には、院と頼長を祭神とする粟田宮を建立しています。さらに下って江戸時代になっても、『雨月物語』が書かれた数年前に崇徳院六百年祭が執り行われ、また明治元年の即位翌日には、京都の今出川に造立された白峯宮に讃岐から霊が移されています。

現実の政争では敗れた者が、自分の命を犠牲にするようにして、暗闇から歴史を動かし、勝者に転じてゆく。歴史とは史書の整然とした記述ではなく、そうした敗者の数々の暗い情念に彩られた生々しいものであることを、崇徳院の言葉は示しています。

黙した西行の前に、それまで闇の中に朧に霞んでいた院の姿が、突然現れ、「相模」という名の化鳥を呼び、平家と後白河上皇の行く末を尋ね、十二年後に平家一門が滅ぶことを聞き出します。

院は手を打って喜び、ここの前の海に沈めて殺せと命じます。『雨月物語』のこの場面の凄まじい描写は、『雨月物語』が出版される十四年前に、大坂の竹本座で上演された浄瑠璃『崇徳院讃岐伝記』からインスピレーションを得て書かれてあると長島氏は指摘しておられます。そして、浄瑠璃の動き中心の文章を、秋成は換骨奪胎し、「白峯」では、静から動へ、暗から明への移りを描く文章に変え、更に焦点を遠景から中景へ、中景から近景へ、近景から爪の先へと徐々に絞り込むように改変させています。

西行は院の凄まじい姿に涙を流し、再び成仏を願う歌を詠みます。崇徳院は和歌に引かれるように西行の前に出現しましたが、再び西行の和歌を聞き、憤怒を収めて消えていきます。『陰陽師』で早良親王の霊を鎮めたのは青音《あおね》の愛でしたが、「白峯」では、議論の言葉では不可能だった鎮魂と慰藉が、歌の言葉で可能になったのです。「白峯」は、その後に、以後の歴史が崇徳院の予言通りに動いていったことを記しています。

②「菊花の約」

あらすじ

播磨の加古の駅《うまや》に、母と二人で住む丈部《はせべ》左門という清貧の儒学者がいました。左門が知人の家を訪ねると、その知人の家に滞在していた旅人が熱病に苦しんでいるのを知り、通いで看病します。旅人は出雲の富田城主塩冶掃部介《えんやかもんのすけ》に仕える軍学者赤穴《あかな》宗右衛門でした。使いで近江にいる間に主君が尼子経久《つねひさ》に殺され、急ぎ帰国する途次に病を得たのでした。

左門の献身的な看病で赤穴は快方に向かい、二人は意気投合し、義兄弟の契りを結びます。やがて全快した赤穴は、国元の情勢を見に出雲へ戻ることになります。左門母子への恩返しに、九月九日の菊の節句に戻ることを約束して、初夏、出雲へと旅立ちました。約束当日、左門は朝早くから赤穴を待ちますが、赤穴はやって来ません。深夜、左門が諦めて、床につこうとした時、帰り来た赤穴は、すでにこの世の人ではありませんでした。赤穴の亡霊は左門に、帰国後の経緯を語ります。新城主尼子に仕えることを断った赤穴は、尼子の命を受けた従兄弟の赤穴丹治により幽閉されたため、約束を果たすために自刃して亡霊となったということでした。赤穴の信義に報いるために、左門は妹の嫁ぎ先に母のことを頼み、出雲へ下ります。出雲に着いた左門はすぐ丹治の家を訪ね、不義を詰《なじ》り、その場で斬り殺して逐電します。尼子はこの次第を聞いて、兄弟の信義の篤さを憐れみ、左門の後を追わせませんでした。

分析

「菊花の約」は中国白話小説『古今小説』の「范巨卿鶏黍死生交《はんきょけいけいしょしせいのまじわり》」を典拠としていますが、「菊花の約」は人物設定や筋の運びの大きな部分で変更がなされています。赤穴宗右衛門と丈部左門にあたる范式《はんしょく》（范巨卿）と張劭《ちょうしょう》（張元伯）は、商人と農民です。范式には妻子があり、張劭には母と弟がいます。原話の商人を武士（軍学者）に、農民を儒者に変えたのは、信義を日常的なレベルから理念化された信義へと絞り込み、純化する意図があったためであるように思われます。儒者は信義を自己の学問の対象とする者であり、武士は信義のために死ぬことを倫理とする者だからです。係累を「菊花の約」では少なくし、左門の妹は既に嫁ぎ、母と二人暮らし、赤穴は父母を失った独り身の人としたのも、日常的な生活臭を薄めるためです。

原話では、この二人が、出世を夢見て科挙の試験を受けるために洛陽に行く途中、知り合うことになっています。病に苦しむ范式を、張劭は科挙の試験を放棄して厚く看病します。二人は義兄弟となり、一年後の再会を約して別れます。ところが范式は商売の忙しさに、つい約束の日を忘れてしまいます。重陽の節句の日、今日がその日だと思い出した范式は、自刎《じふん》して果て、亡霊となって張劭の家にやって来ます。受けた恩義に報いることを念じながら、生活に追われて約束を忘れるというのは、リアリティがあり、人間の弱さをついていますが、「菊花の約」ではそこを大きく改めています。「菊花の約」では、理念化された、日常では不可能な信義を描くことが目的なので、約束が忘れられるということは決してあってはならないのです。再会の不可能は、当事者の手抜かりではなく、抗うことのできない外部の事情によって齎されなければなりません。それで、「菊花の約」では、約束の阻害者である尼子と丹治が登場してくることになるのです。

原話では、范式の亡霊から事情を知った張劭が范式の故郷に赴き、范式の棺の前で自殺します。二人の信義は明帝の耳に達し、並び葬られた二人の墓前には、廟が建てられ、信義の墓、信義の祠と名づけられたとして話は終わります。

原話は一種の殉死、あるいは心中死のような趣があります。それを「菊花の約」では、信義の人と不義の人を対比させ、義合の信義の人による不義の人への処罰という話に改めています。落度ゆえの自殺から強いられた自殺へ、殉死から復讐へと展開する「菊花の約」では、信義は、欠けることのない理念として絶対化されています。

原話の題、「范巨卿鶏黍死生交」の「鶏黍」は、鶏と黍飯のことで、人を歓待し、饗応することをいいます。張劭は、鶏黍を用意して范式を待っていたのです。范式の言葉の中に見える「鶏黍之約」は、招待を受け酒食を共にする約束の意です。秋成はそれを、約束の日が菊の佳節であることをもって、「菊花の約」としました。左門は菊花を飾って赤穴を待ったのです。菊花のもつ気高さを信義の精神の気高さに重ね、信義のシンボルとしたのです。秋成の文学を知ると、彼はシェイクスピアのように、換骨奪胎のうまい作家であるという印象を受けます。

『雨月物語』は、現実から異界への移行、異界から現実への帰還という、全篇に共通する構造を持っていることがわかっています。「菊花の約」においても、冒頭と末尾は現実の論理の側に、中間部分は異界の世界の論理に属していることがわかります。

左門と宗右衛門の出会いから既に異界が始まっているのです。二人の約束にかける情念は、すでに世間智や常識の次元を越えた非日常の色に染まっています。二人は全ての点で偏頗な人間として描かれていて、『雨月物語』の主人公となる有資格者となっています。宗右衛門の幽霊が登場するから「菊花の約」が怪談なのではなく、信義の情念を秘めた二人の出会いこそが、すでに怪談なのです。「菊花の約」は、彷徨っていた分身と分身が巡り会い、異界性に火がつき、信義を媒介に合一しようとした物語であると言えます。

③「浅茅が宿」

あらすじ

下総の真間に住む勝四郎は、その土地に古くからいる豊かな百姓でしたが、仕事を嫌って家は没落します。勝四郎は家運挽回のため残った田を売って足利絹に代え、京から来ていた知人の絹商人に同行し、妻の宮木を残し京へ商いに上ることになります。宮木は心細かったのですが、この秋には戻るとの夫の言葉を信じて送り出します。

まもなく真間は戦場となり、宮木は秋になっても戻らない夫の帰りをひたすら待ちわびます。京で利を得、故郷が戦場となったと聞いた勝四郎は、急ぎ八月に京を立ちますが、木曽で山賊に襲われ、その先には関ができて通れないという噂を聞き、今は家も妻もないものと、都へ引き返します。その途中熱病に罹り、近江で過ごすことになります。

七年後、京都周辺も戦乱の場となり、たとえ妻が死んでいても、せめてその跡を弔おうと、帰郷を決意します。夕刻、真間に着いた勝四郎の見た故郷は荒れ果てていましたが、家も変わらず、やつれた宮木は生きていました。宮木は、この間の辛さを切々と訴えます。翌朝、目覚めた勝四郎の傍らに宮木はいません。家も、昨日とは打って変わって荒れ果てていました。家の中を捜すと、寝室のあった場所に塚があります。勝四郎は、昨日の宮木が亡霊であったことを知ります。戦乱の中、宮木と共に真間の里に残った古老の漆間の翁から、貞節を守った宮木のあり様を聞き、勝四郎は悲しみを深くしました。

分析

勝四郎の家の没落は、彼の「物にかゝはらぬ性《さが》」のためとされています。「浅茅が宿」の悲劇は、全てこの勝四郎の性格に始まり、この性格に終わる構造になっています。「物にかゝはらぬ性」とは、良く言えば、真っ直ぐで正直な性格、悪く言えば、物事を深く考えず、大雑把で、早合点する性格のようです。

『雨月物語』の中で、男女の物語になっている篇の男は、頼りない男が多いようです。「吉備津の釜」の正太郎《しょうたろう》、「蛇性の婬」の豊雄、そしてこの勝四郎です。この三人に共通するのは、田舎の裕福な農家や漁師の家に生まれ、不自由のない生活をしているのに、自分の生業を嫌い、都会的なものへの憧れが強いことです。

「浅茅が宿」は、明の瞿佑《くゆう》（一三四一—一四二七）が書いた怪談小説集『剪燈新話』の中にある「愛卿伝《あいけいでん》」を種本としています。『剪燈新話』は、「菊花の約」の典拠となった『古今小説』などの白話小説とは違った、文語で書かれた文言小説です。次のようなあらすじの話です。

嘉興に羅愛々（愛卿）という才色兼備の名妓がいました。名家の趙氏の息子に見初められて妻となりましたが、妻としても愛卿は非の打ちどころがありません。父方の親類から趙子に、江南の官吏に取り立てるから都に来いという勧めがあります。趙子は母と妻を残しての上京を躊躇いますが、愛卿は、男は立身の機会を誤まってはいけないと言って、夫を送り出します。趙子が都へ着くと、すでに親類は病気で免職されており、おめおめと帰国もならず、趙子は都に逗留します。留守宅では母が病に罹り、愛卿の厚い看病に感謝しながら、亡くなります。

至正十六（一三五六）年に乱が起こり、嘉興も戦場になります。趙家も劉万戸という武将に占拠され、劉が愛卿に迫ったため、愛卿は縊れ死んで貞節を守りました。乱も治まり、趙子が帰国すると、家は荒廃して人はいません。翌日、偶然出会った老僕から母と妻の死を聞きます。趙子は二人の墓へ行き、愛卿の墓を掘り起します。生きているような愛卿の姿でした。趙子は、もう一度会いたいと愛卿の霊に訴えます。十日ほどした夕べ、愛卿は姿を現して自作の詩《うた》を唄い、事の次第と自らの思いを述べました。また愛卿は、母がすでに生まれ変わっていること、自分が無錫《むしゃく》の宋の家の男子として生まれることを告げ、趙子と枕を交わして消えていきました。趙子が宋家を訪ねると、果たして男子が生まれており、それまで泣き止まなかった子が笑いました。その後趙子と宋家は親戚として長く交際しました。

「浅茅が宿」は謡曲「砧」にも話が似ています。九州の蘆屋の某が、訴えのため、妻を残して上京しますが、事が長引き、三年が過ぎます。いったん侍女を帰して、妻にこの暮れには必ず帰ると伝えさせます。国元で妻は夫を待ち焦がれ、恋い慕い、侍女と共に砧を打ちます。砧とは、「きぬいた」の約で、槌で布を打ち、柔らかくし、艶を出すのに用いる木または石の台のことで、この台の上に布を置き、打ちます。女の秋・冬の夜なべ仕事とされています。思古人（鈴木春信）の絵には、和歌の世界を江戸の風俗として描いた絵がありますが、その中にも砧を打つ情景が出てきます。

松風の音だに秋は淋しきに衣打つなり玉川のさと

秋の夜長、鄙びた家の土間で、母と娘が砧を打っている情景の絵です。砧を打つ音はものさびしく、哀れを誘います。しかし、この暮れにも帰れないという使いが来て、夫が心変わりをしたと恨み、狂い死にします。夫はこの報を聞いて急ぎ国へ戻り、梓弓で妻の亡霊を呼び出します。妻の亡霊は、夫に綿々と恨みを述べますが、法華経読誦の力で成仏します。

「浅茅が宿」の宮木は、「愛卿伝」の愛卿のように、逡巡する夫に都行きを勧めるような気丈な女性ではなく、心細さに夫の上京を止めようとする女性として描かれています。二人の別離を描く場面には、様々な和歌的修辞が凝らされていて、男女の別離の纏綿《てんめん》たる情緒が醸し出されています。一例を挙げれば、今後の暮らし向きの心細さを思うという内容を「浅茅が宿」では「梓弓末のたづきの心ぼそきにも」と表現されていますが、梓弓は、梓の木で作った丸木の弓のことですが、これは「射る」「張る」「引く」「寄る」「本」「末」「つる」「かえる」「矢」「音」などにかかる枕詞で、ここでは末の枕詞として使われています。また梓弓は、死霊の言葉を伝える梓巫女の持ち物で、亡霊となって勝四郎に思いを訴える宮木の姿までもおぼろに予見されていることにもなっていて、大変効果的な表現であると思います。

この別離の場面から言えることは、宮木の不安に対して、勝四郎は全く不安を感じていません。この二人の心情の違いが最後まで変わらないところに、男と女の溝の深さが感じられます。

④「夢応の鯉魚」

「夢応の鯉魚」につきましては、第一部「夢物語」、第二章「夢の考察」、「夢応の鯉魚」のところで触れましたので、ここでは割愛させて頂きます。

⑤「仏法僧」

あらすじ

伊勢相可《おうか》に住む拝志《はやし》某は、隠居して名を夢然《むぜん》と改め、あちこちへ旅するのを老いの楽しみとしていました。ある時夢然は、世馴れぬ子に京見物させようと、末子作之治を連れて京の別荘に滞在し、ついで吉野の花を見、さらに初夏に高野山に詣でます。高野山に着いた時は日が暮れていましたが、僧坊にゆかりのない人は泊めない決まりでしたので、二人は弘法大師の霊廟の前の灯籠堂で一夜を明かすことになります。寝られぬまま、夢然は作之治にこの霊場の由来を話し、また仏法僧の声を聞いて句を詠んでいるところに、ある貴人と家臣の一行がやって来ます。二人は先払いの若侍に見咎められ、土下座します。人々は堂にのぼって酒宴を開き、高野の玉川の歌の話などをしていましたが、突然夢然を呼び出し、先の句の披露を命じます。

一行は高野山で憤死した関白秀次とその家臣たちの亡霊で、夢然を呼びに来たのは、連歌師の紹巴《じょうは》でした。夢然の発句に脇句が付けられ、人々はまたひとしきり打ち興じました。やがて人々は修羅の時となったと騒ぎ、二人も修羅道へ連れて行かれそうになりましたが、ようよう許され、人々の姿は消えていきます。しばし気絶していた親子が気づくと、すでに夜は明けそめていて、二人は命からがら山を下り、京に戻りました。

分析

秋成は作中人物の名に『新撰姓氏録』『和名抄』などに載る古代の姓を用いることが多いようですが、拝志もその一つであるように思われます。拝志夢然は伊勢の人ですが、京の二条に別邸を持っているなど、裕福な人であることがわかります。早く跡取りに家を譲り、四季折々の美しさを尋ねて、あちこちの名所に旅をし、大平の世を謳歌する、大平の逸民という役柄を与えられています。旅を老いの楽しみとすることができるのは、治まった御代の恩恵といえます。しかし秋成は、そうした旅には批判的意見を持っています。『雨月物語』出版の四年後に成った秋成の『去年《こぞ》の枝折《しおり》』という紀行文の中で、芭蕉のことを、真似してはいけない人だと言っています。平和の世に生まれたら、おのおの自らの生業に励んで定住すべきであるという考えを持っているようです。

平和な浮世を、のんびりと夢見心地で旅に遊び暮らす夢然に、お灸をすえる意味で、彼に怖い思いをさせたのかもしれません。旅は非日常への通路であり、どんなに安全な旅に見えても、旅人を知らず知らずのうちに、危うい非日常の世界へと誘い入れていくものです。旅人は自ら意識しないままに、つい境界を越え、別の世界へ踏み入ってしまいます。夢然について言えば、夜の高野山という異界へ踏み入ってしまったということです。そこで夢然は、秀次一行の亡霊と出会うことになります。「夢然」という号は、悪夢と出会うべく宿命づけられた名前であるのかもしれません。

弘法大師が、この三鈷《さんこ》の留まる所が真言宗の霊場である、といって唐土から投げたところ、それが落ちた場所がこの高野山であったという、高野山の由来を、夢然は作之治に語り聞かせます。その時、仏法僧の声が聞こえてきます。仏法僧は深山・清浄の地だけに棲む霊鳥であると考えられていました。奇しくもここ高野山で仏法僧の声を聞くことができ、夢然は大師がこの鳥を詠んだ詩偈《しげ》を思い出し、自らも発句を詠みます。

鳥の音《ね》も秘密の山の茂みかな

仏法僧の声と発句が、亡霊たちを招き寄せることになります。鳥の声と発句を境として、「秘密の山」は、真言の霊地から、もう一つの「秘密の山」へと相貌を改めてゆくことになります。仏法僧の声と夢然の発句に招き寄せられて、秀次と家臣たちの亡霊一行がやってきます。豊臣秀次は、秀吉の姉の子で、秀吉の養子となり、関白も継ぎました。しかし秀頼が生まれ、秀吉が盲愛するようになると、秀吉と秀次の関係は微妙になっていきました。秀次は、石田三成・増田長盛らとも対立しており、秀吉や石田・増田らから謀反の嫌疑をかけられ、関白・左大臣の職を奪われて高野山へ追放され、文禄四（一五九五）年七月十五日、ついに秀次は高野山で切腹させられました。二十八歳でした。秀次の妻妾・子女ら三十余人も京の三条河原で処刑されました。

秀次らの亡霊は、灯籠堂へのぼり酒宴を開きます。いわば幽界の饗宴といったところです。人が、偶然にも亡霊や異形の者、あるいは神仙の宴会を垣間見てしまうという話は多くあります。『宇治拾遺物語』の鬼の酒宴に交じって瘤を取られた翁の話もそうですし、秋成自身の作でいえば、一つ目の異形の神らが登場する『春雨物語』の「目ひとつの神」もそうです。そんな中で、「仏法僧」が大きな影響を受けているのは『太平記』二十五の「宮方の怨霊六本杉に会する事」であるように思われます。「仏法僧」と「宮方の怨霊六本杉に会する事」には、日々、修羅道や天狗道の責め苦を受けつつ、なお怨念を払拭できない亡霊たちの姿が共通して見られます。しかし、「宮方の怨霊六本杉に会する事」の怨霊たちの会合が、怨敵への復讐のための密議に焦点が合わされているのに対して、「仏法僧」のほうは、和歌の談義をはじめとする風雅の宴の色合いが強くあります。

和歌談義の中心は、大師がお詠みになった、

わすれても汲やしつらん旅人の高野の奥の玉川の水

を巡る論議です。この歌は、玉川の水には毒があるので、飲んではいけないと、大師が旅人に戒めた歌として伝承されていますが、それを巡っての疑問の提出と議論をしていきます。

『雨月物語』の中で、一夜の出来事として語られている篇は、「仏法僧」にしろ、「白峯」にしろ、後で分析する「貧福論」にしろ、ストーリーの複雑な展開もなく、亡霊や精霊との対話、あるいは亡霊同士の対話に主眼が置かれています。「白峯」の易姓革命論とその批判、「仏法僧」の和歌談義、「貧福論」の貧福の論は、怪談話にしては理に傾き過ぎているようにみえますが、実際には、物語のストーリー性を補完するための、重要な知的要素になっています。怪談に知的な議論を持ちこむのは、中国の小説によくみられますが、日本の小説では、『雨月物語』に大きな影響を与えた読本の元祖都賀庭鐘の『英草紙』をその典型として挙げることができます。『英草紙』の場合も、その知的な論が庭鐘自身の思想や論であったように、『雨月物語』の「白峯」「仏法僧」「貧福論」の議論も、秋成の歴史論であり、歌論であり、金銭論に他なりません。

このような議論が物語の中でどのような機能を果たしているのかといいますと、「白峯」の場合は、院の論も西行の論も、情念や怨念の前では全く無力であることを示すために、逆説的に思想的な議論が必要とされたわけであり、「仏法僧」の場合は、怨念を離れたかに見えた風雅の議論も、修羅

の時が来ると、一瞬のうちに投げ捨てられ、宴は魔宴へと様相を変えてしまうことを描くために、逆に楽しげな知的議論が持ち込まれる必要があったのであり、「貧福論」の場合は、戦国武将論から、来るべき徳川治世への予言という、筋の展開を導く役割として富貴・果報論が展開されていることがわかってきます。

夏の夜は短く、夜明けが近づき、やがて修羅の時がやってきます。なごやかな談笑の座は一変します。「修羅の時」とは、生前の驕慢・我執の罪、あるいは闘争を好む罪で修羅道に堕ちた者が、日々味わわねばならない闘諍《とうじょう》の業苦の始まる刻限のことです。秀次はその阿修羅たちの首魁となっていたのです。妄執から離れていたかに思われた亡霊たちも、修羅の時が至れば、形相を変え、彼らを自刃に追い込んだ石田・増田らとの闘争の真っただ中に戻ってゆかざるをえません。そしてその業苦は永遠に続きます。

老臣の取り成しによって、夢然と作之治は辛うじて許され、気絶していた二人は、弘法大師の御名を唱えつつ、夜明けとともに命からがら高野山を下り、京都へ戻り、薬や鍼で治療をしたといいます。

⑥「吉備津の釜」

あらすじ

吉備の庭妹《にいせ》に住む富農の井沢庄太夫は、祖父の代まで赤松氏に仕える武士でした。その放蕩息子正太郎は、吉備津神社の神主香央《かんざねかさだ》氏の娘磯良《いそら》と結婚することになります。神社に伝わる釜占いでは結婚は凶と出ましたが、婚儀はそのまま執り行われました。嫁いだ磯良は夫やその父母によく仕えます。しかしやがて正太郎は、鞆の津の遊女袖と馴染みになります。父は正太郎を家に閉じ込めますが、正太郎は磯良を騙して旅費まで整えさせ、袖と駆け落ちしてしまいます。裏切られた磯良は、恨み嘆きつつ病死します。

駆け落ちの後、二人は袖の従兄弟の彦六がいる荒井の里に立ち寄り、彦六の家の隣りに落ち着くことになります。しかし、袖はここで物怪に憑かれたようになり病死します。正太郎は悲嘆に暮れ、厚く袖を弔います。袖の墓に日参するうちに正太郎は若い女と知り合い、その女主人を訪ねることになりますが、それは自分が置き去りにしてきた磯良でした。彦六の勧めで陰陽師に見てもらうと、磯良の怨霊がとり憑いていることを聞かされ、四十二日間の物忌みを命じられます。その夜から磯良の怨霊は正太郎のいる家のまわりを飛び巡り、正太郎は連夜の恐怖を味わいます。

四十二日後、長い物忌みが明けたと思い外へ出た途端、正太郎は殺されます。夜はいまだに明けていなかったのです。正太郎の死骸はどこにもなく、後には壁の血と髻のみが残っていました。

分析

正太郎は、井沢庄太夫の一子で、井沢の家は、播磨の赤松氏に仕えていましたが、嘉吉の乱でここ庭妹にやって来て、庄太夫で三代になるといいます。嘉吉の乱は、嘉吉元（一四四一）年、赤松満祐《みちすけ》が将軍足利義教を殺し、その後満祐が幕府軍に攻められて自刃した戦いのことです。それから三代の後であるので、だいたい一五〇〇年前後という設定だと思われます。正太郎は、農業を厭うあまり、酒に溺れ、色に耽って、父の教えに従わない人物で、やがて愛人をつくり、妻を怨み死に至らしめ、自らの命を失うことになります。身を修めることができない男が、正太郎という名であることは、とても皮肉なことです。

父母は、嫁をとらせれば素行も改まるだろうかと考え、吉備津神社の神主、香央氏の十七歳の娘が候補に選ばれます。香央の家も大変乗り気で、事はとんとん拍子で運びますが、香央の家では、一応幸せを神に祈って、御釜祓いの神事を行うのが常ですので、吉兆は疑いなしと思いましたが、一応やっておこうということで、神事を行ったところ、凶と出ました。香央はこの結果に不安を覚え、妻に相談すると、妻は、神事を執り行った社人たちの身が汚れていたからだと言い、先方の井沢家は由緒ある家で、今更破談にはできないこと、また何より娘が結婚を楽しみにしており、そんな話をしたら、娘がどんなことをしでかすかわからないことを夫に説きます。香央は妻の言葉に従います。そして、御釜祓いの結果は伏せられたまま、目出度く婚儀が執り行われたのです。

吉備津神社の神主が、神社の神の託宣を用いなかったことになります。香央氏は、祭神吉備津彦命と血を同じくする者の末裔で、その祖神の託宣を無視したことになります。因みに、「桃太郎」は、吉備津彦命の鬼退治を昔話化したものと考えられていますが、それはさておき、正太郎と磯良の婚姻の悲劇は、この神託の無視という禁忌を犯したことに始まると言ってよいでしょう。

『雨月物語』の女主人公の名前は、「浅茅が宿」の宮木にしろ、後で分析する「蛇性の婬」の真女子《まなご》にしろ、みな少し変わった名前です。それは、物語の構想やモチーフに結びつく、何らかの拠り所のある名前になっているからです。この磯良も、そうした名前の一つで、磯良とは、海中深くに住む神の名前です。神と同じ名前をつけたのは、香央の血、すなわち神の血筋を引く者であることを示唆するためであると同時に、神は時に荒ぶる存在でもあるので、やがてこの眠っている神性が揺り起こされる時が来ることも、この名前は暗示しているものと考えられます。

正太郎は、生来の浮気性から、袖という愛人をつくります。父は正太郎を家に閉じ込め、袖に会わせないようにしますが、磯良はこれを悲しがり、正太郎の身の回りの世話を心を籠めてし、さらには袖のもとへも密かに物を贈るなどして、真心の限りをつくします。

ある日、父のいない留守に正太郎は磯良に、あの女とは別れるが、身の立つようにしてやりたいので、お金を都合してくれないかと言います。磯良は夫の改心が嬉しく、嫁入り道具を売ったり、実家の母に嘘を言ってお金を工面し、正太郎に渡しました。しかし正太郎はその金を持って、密かに家を抜け出て、袖と逃げたのです。

あまりにひどい正太郎の裏切りに磯良は病に臥し、生霊となり、死霊となっていくのです。物語は磯良を、愛人に夫を奪われた嫉妬深い妻として類型化しようとしていますが、磯良が怨霊（鬼）に変貌していくのは、本当に嫉妬のためでしょうか。自らの感情を抑えて、袖の経済的な窮状を救う配慮と誠意を見せる磯良は、嫉妬に狂って前後を忘れるようなタイプの女性とは違います。磯良が怨霊（鬼）にならざるをえなかったのは、忍従を重ねて示した真心を、無残にも踏みにじられた怨みからです。ここにあるのは、もはや愛人への嫉妬という次元の問題ではなく、人間としての信頼を裏切られ、人間性を蔑にされた屈辱的な仕打ちへの怒りに他なりません。

『雨月物語』は、女性という存在の哀しさを深く描き、女性に同情し、擁護している面もあるのですが、女性を厳しく見つめている面もあるのです。「吉備津の釜」には、「女の慳《かだま》しき性《さが》」という言葉が出てきますが、「慳しい」には、拗《ねじ》けているという意味と嫉妬深いという意味があって、「吉備津の釜」では嫉妬深いという意味で使われているようです。どの女性にも共通する本質が嫉妬深いということになります。そして嫉妬深さが極まった時には、女は人以外の鬼や蛇という異形のものに姿を変じるほどの凄まじさになるといいます。女性の中には、この異形性・異類性があるという見方です。

こうした、女性を「鬼女」として捉える考え方の背景には、江戸時代に共通する女性観があります。江戸時代は、家を守るために子を成してはじめて妻は一人前でした。子が生まれない場合は、妾を容認するのが家制度の実態でした。江戸時代の婦人道徳の代表作、貝原益軒の『女大学』によれば、子供ができないこと、妻の嫉妬深さは離婚の条件でした。女性は我慢を強いられる環境にあり、この道徳に便乗して浮気する男性もいました。女性に耐えることを強いる男性の、女性への罪悪感からくる恐怖が「鬼女」を生む基盤にあったと井上泰至氏は『雨月物語の世界』で分析されています。秋成はこうした男性側の不安の現実を冷徹に見つめ、想像力で強烈な形にして作品化したように思われます。これが読者を惹きつける要素の一つになっているのだと思います。

元田與一氏は『秋成綺想』の中で、正太郎の罪に焦点をあてて分析されておられます。井沢家の両親が正太郎の結婚を考えたのは、息子の「奸《たわけ》たる性」（生来の好色な性格）を押さえ込み、家業に専念させることによって家を担う者として相応しい生活と生き方を望むところにありました。

よくできた妻磯良に致命的な痛手を与えたのは、夫正太郎の裏切りと詐取でした。夫の帰りを願う磯良の切ないまでの懸命な祈りを踏みにじった酷い正太郎の仕打ちは、妻への最大の裏切りであると同時に、香央家の釜神に対する罪と全く構図を同じくする罪深い行為だったのです。加えて、正太郎の家系にも罪深さがあります。井沢庄太夫の祖父は裏切り者の家臣だったのです。このように見ると、「吉備津の釜」は、裏切りの罪とその末路の話であることがわかってきます。

正太郎の磯良に対する裏切りは、「家」を捨てることにつながり、共同体に離反する行為でした。このように見ると、正太郎が消されたのは、蹂躙された磯良の怒りの発動とは別の、「家」や土地を捨てた者への釜神の断罪、反共同体的行為への罰としても捉えることができます。「吉備津の釜」は、妬婦ではなく、奸夫が犯した共同体への罪に対する罰としての苛酷な神の与えた罰としての家門断絶の行方が見据えられていると捉えることができるのです。

⑦「蛇性の婬」

あらすじ

紀伊の三輪が崎の網元、大宅の竹助の次男の豊雄は、漁師の小屋に雨宿りをした折に、少女の召し使い、まろやを連れた若く美しい未亡人の真女子に会い、傘を貸します。傘を引き取りに女の家を訪ねた豊雄は、そこで真女子から愛を告白され、金銀で飾った太刀を貰います。翌日、兄がこの太刀を見咎め、これが最近熊野権現から盗まれた神宝であることがわかると、父と兄は家を守るために豊雄を役人に訴え出ます。豊雄の弁解は聞き入れられず、捕らえられた豊雄と役人が赴いた女の家は荒れ果てていて、そこにいた真女子は雷とともに姿を消します。妖怪の仕業ということで罪は軽減され、やがて許された豊雄は姉夫婦のいる大和の石榴市《つばいち》へ行きます。後を追う真女子は豊雄の前に現れ、姉夫婦に取り入って、ついに豊雄と夫婦になります。豊雄もまたすっかり心打ち解けてきます。

三月、豊雄夫婦と姉夫婦は吉野へ花見に出かけますが、真女子とまろやは、そこで当麻《たぎま》の酒人《きびと》という翁に正体を見破られ、滝の中へ飛び込みます。豊雄は女が蛇であることをはっきりと知ります。国へ帰り、豊雄は妻を娶りますが、真女子は新妻の富子に乗り移ります。祈禱をした僧は殺され、災いが周囲の人々に及ぶことを案じた豊雄は、わが身を犠牲にする決心をします。その丈夫心《ますらおごころ》と道成寺の法界和尚の力により、蛇はついに取りおさえられ、道成寺の境内の土中深く、永遠に封じ込められました。

分析

豊雄の性格はやさしく、常に風流なことばかりを好んで、生活力がありませんでした。『雨月物語』の若い男たちは、どこか頼りなさを感じさせます。勝四郎や正太郎は勿論のこと、ある意味では左門もまたそういう青年です。彼らはいまだ生業を持つことができません。あるいは生業に馴染めないモラトリアム人間です。網元の家に生まれながら、家業に疎く、生活力のない豊雄もその一人です。しかも豊雄は次男で、家を継ぐ必要もなく、風流や学問に惹かれてゆくのは当然かもしれません。鄙に住みながら都会風の雅を好み、夢見がちなやさしい青年であったところが、都風の美女に化した真女子に付け入られる弱点でもあったのです。しかし豊雄は、最後まで婦を制することができなかった正太郎とは違っていて、末尾で、自己犠牲を覚悟した豊雄は、「雄気《おとこさび》」した男に生まれ変わっています。豊雄という名には、この柔和な青年に潜在する雄々しさが示されているようです。

九月下旬、晴天だったのが急に雨になり、豊雄は平安朝文学の学問の師の家で傘を借り帰る途中、雨がひどくなってきたので、漁師の小屋で雨宿りします。怪異出現の準備が整った訳です。そこへ、二十歳前の美しい女が、十四、五のお供の少女を連れて、雨宿りに入ってきます。女はこの近くに数年住んでいる者で、那智権現に参詣した帰途だといいます。豊雄は傘を貸し、女の名と住居を訊ねます。女は、新宮のあたりに住む県《あがた》の真女子であると言い、傘を借りて出て行きます。

豊雄はその夜、真女子の家に行き、酒食の歓待を受け、酔い心地となるままに、枕をともにした夢を見ます。生業を厭い、平安朝の文学に耽り、それゆえ家族からも無理解のまま放置されていた豊雄の願望が夢に現出したということでしょう。また、真女子が彼の夢に侵入し、こうした夢を見させたのかもしれません。夢は外からやってくるという考えが近代以前には一般的でしたから。とすれば、彼女の正体が只者ではないことが想像できます。女の家の様が夢に見た通りであるのを訝しく思うと召し使いの少女が現れ、豊雄を家へ導きます。翌日、朝食もとらずに真女子の家へ向かいながらも、歓待され、酒と肴を御馳走になります。そして真女子は豊雄に愛を告白します。夫はこの春に病死し、頼る人のいない身の上で、昨日の初対面の時から、豊雄をゆかしく感じていたと言います。昨日の夢がどんどん現実化していく様を見て、豊雄はとても嬉しく思う一方で、不審を抱き不安を覚えます。また、親や兄に養われている身の上で、一存で事が決められる訳もなく、返答を躊躇います。そんな豊雄の態度を真女子は切なく思います。それに動かされて、豊雄は結婚の約束をします。そして、先夫の持ち物だったという金銀で飾った見事な太刀を彼に与えます。剣は、八岐大蛇《やまたのおろち》を連想させます。真女子が蛇身であることが予想されるようになっています。

この後の物語の展開はあらすじに書いてある通りですが、豊雄夫婦と姉夫婦が吉野へ花見に出かけた折り、当麻の酒人に正体を見破られ、真女子とまろやは滝へ飛び込みます。翌日、お礼に翁を訪ねた豊雄に翁は言います。「あの畜生は、お前の美貌に婬欲を催して、お前に纏わりつくのだ。またお前は、あの畜生の仮の姿に惑わされて、男らしい心に欠けている。今から雄々しい心となって、よく心を鎮めたならば、これらの邪神を追い払うのに、この翁の力を借りなさることもないだろう。よくよく心を鎮めなされ」

あの畜生に誑かされたのは、自分の心が正しくなく、丈夫心《ますらおごころ》が欠如していたからだと気づいた豊雄は、この後、父母の勧めで富子という女性の婿になります。しかし豊雄は、都風の富子に真女子の面影を見、そうした心が、再び真女子を誘い寄せることになり、丈夫心はまだ豊雄のものになっていませんでした。真女子は富子に乗り移り、それを取り除こうとした僧が殺されるに至り、災いがこれ以上周囲に及ぶことを恐れた豊雄は、我が身を犠牲にする決心をし、やっと真の丈夫心になり、真女子から解放されるに至るのです。

「蛇性の婬」は、中国の白話小説集『警世通言《けいせいつうげん》』の中の「白娘子永鎮雷峰塔《はくじょうしながくらいほうとうにしずまる》」に拠っています。これは、「白蛇伝」説話の中で、最も著名な作品の一つです。この作品も異類婚姻譚なのですが、白娘子には婬欲の権化としての蛇という側面とともに、人間の女性らしさが加わっていて、妖怪としての邪悪さはかなり弱められています。「蛇性の婬」ではさらにそれが徹底され、真女子は一人の女性として造形されているようです。

「蛇性の婬」の真女子の名は、『道成寺縁起』の「真砂《まなご》」、あるいは謡曲「道成寺」の「まなごの庄司」に由来するものと思われます。婬欲のために人間の女に化けた蛇の話です。と同時に、「真女子」とは、『万葉集』ではいとし子・最愛の子を意味する言葉でもあるのです。秋成はこの名に、いとしい娘、真に女らしい娘という意味を込めたものと思われます。とすれば、真女子とは、蛇性を明示する名でありながら、他方では、最も女らしい少女を意味する名でもあることになります。真女子の中では、「蛇」性と「女」性が完全に一つのものになっているということです。

これは、外面は美しく、愛しくても、内面には蛇性もある、女性の二面性を表していると思われます。内面の蛇性は、所謂、ファム・ファタールという言葉が示しているように、男にとって運命の女であるとともに、男を破滅させる魔性の面を持った女ということで、ウイキペディアでは、その例として、カルメン、妲己《だっき》、白娘子、等を挙げています。白娘子は、真女子のモデルになっている「白蛇伝」のヒロインです。

豊雄にとって真女子が赤い糸で結ばれた運命の人に思え、彼女にのめり込んでいきました。元田與一氏は『秋成綺想』の中で、豊雄と真女子の物語を、「本来の母胎」と「もう一つの母胎」というキーワードで展開されています。家と土地が豊雄の「本来の母胎」なのに、真女子を「もう一つの母胎」として夢見たのです。しかし、その「もう一つの母胎」が虚像であることを翁に教えられ、豊雄は目覚めます。見方を変えれば、真女子との体験がなければ、豊雄の目覚めはなかったわけですから、真女子は豊雄の再生には欠かせない存在であったと言えます。ユング心理学風に言えば、トリックスターだったということになります。真女子との関係を深めることは、悪くすれば豊雄に死を齎す結果にもなっていたかもしれません。真女子との交渉は擬似的な死の体験であったと言えます。しかし、翁の助けやその他の出来事のお蔭で、豊雄はそれを乗り越え成長します。このことから想起されることは、大人になるための通過儀礼（イニシエーション）ということです。民俗学の言葉で言えば、死ぬような思いをさせて人としての道義を誓わせる青年戒といったところです。この一篇全体が、豊雄が封建社会の成員に加わるための通過儀礼のプロセスを物語仕立てにして描いた作品と言えます。『水滸伝』や『西遊記』に見られる再生のメカニズムと類似したものと言えます。

⑧「青頭巾」

あらすじ

回国行脚の快庵禅師は、美濃の竜泰寺で夏安吾を終え奥州へ行く途中、下野の富田《とんだ》に立ち寄ります。里人は快庵を見て、山の鬼が来たと驚き騒ぎます。話を聞けば、山の上の寺に篤学修行の僧がいたが、越の国から連れてきた美しい稚児に迷い、稚児が病死した後、その肉が腐るのを惜しんで、死体を喰ってから食人鬼になったというのです。僧は、夜な夜な里に下りて人を驚かし、墓をあばいて死体を喰うというのです。里人は快庵をその食人鬼の僧と見誤ったのでした。快庵は、僧が鬼に化したのは、直くたくましき性のなすところと言い、僧を本源の心に帰そうと、翌日山寺に登ります。快庵は夕方、荒れ果てた山寺に着き、一夜の宿を求めます。痩せた僧が出てきて、里へ下ったほうがよいと言いますが、快庵は強いてそこに留まります。夜、僧は快庵を喰おうと狂奔しますが、僧の目には快庵の姿が見えません。翌朝、もとのところに座っている快庵の姿を見た僧は呆然とし、懺悔し、救いを求めます。快庵は自らの青頭巾と「証道歌」の「江月照松風吹《こうげつてらししょうふうふく》　永夜清宵《えいやせいしょう》何所為《なんのしょいぞ》」の二句を授け、この句の意を求めよと言って立ち去ります。翌冬、奥州からの帰りに再び寺を訪れた快庵は、影のような僧が「証道歌」を唱えているのを見ます。快庵が禅杖で頭を撃つと、僧の妄念は消え、青頭巾と白骨が草葉に残りました。

分析

「青頭巾」は、曹洞宗の高僧快庵妙慶の伝記中の逸話を語る高僧伝であるとともに、栃木県にある大中寺《だいちゅうじ》再興の経緯を記す縁起ともなっているものです。

「青頭巾」の食人僧の話は、大江定基の話に拠っています。定基は都の美女を妾として寵愛していましたが、その妾が病死してしまいます。この定基の話は、『今昔物語』『宇治拾遺物語』「艶道通鑑」に載っていて、愛着の煩悩による死体への愛撫という背徳的な行為に衝撃を受けますが、死臭の現実が発心の契機となり、定基を仏道へ導くきっかけになったところが「青頭巾」とは違うところです。

「青頭巾」の鬼僧の愛執と交情は、この男を仏道から、人の肉を喰らう鬼畜の所業へと駆り立てています。煩悩や執着から解き放たれるために、死体の腐敗する様を観想することを不浄観といいますが、この不浄観は、この僧にとっては全く無意味でした。

僧が屍肉を喰らう話は、『新著聞集』『怪談実録』などの近世説話集にもありますが、性愛への妄執から食人へと走る僧を描いたところが、「青頭巾」の独自性です。エロスの激しさが、ネクロフィリア（死体愛好症）、そしてカニバリズム（人肉嗜食）へと僧を導いていることになります。

快庵は、この不思議な話を聞いて思います。かの僧が常日頃の修行が立派であったのは、仏に仕えることに真心をつくしていたということであるから、その稚児を傍らに置きさえしなければ、優れた僧侶であったに違いない。ひとたび愛欲の迷路に踏み入り、煩悩の炎が激しく燃え立って鬼と化したのも、ひとえにまっすぐで豪毅な本性のなす業である。心をほしいままにする時は妖魔に堕し、心を引き締めれば仏にもなる、とはこの僧の例を言うのであろう、と。

「まっすぐで豪毅な本性」というのは、原文では「直くたくましき性」となっています。「直き」という語は、賀茂真淵の思想のキーワードで、人為的な賢しらだった善悪の規範ができる前の古代人の心性をいったもので、「まっすぐ」とか「一途」といった意味です。「たくましき」とは、その「直」が尋常ではなく強いことを示しています。一途さそのものにはマイナスのイメージはありませんが、その一途さが向かう方向次第でプラスにもマイナスにもなります。この僧の一途さは、煩悩故の破戒や食人を犯してしまいましたが、この一途さがあれば、救済される可能性もあると快庵は思ったのです。「心をほしいままにする時は妖魔に堕し、心を引き締めれば仏にもなる」は、「直くたくましき性」の二面性を言ったものです。これは、魔界即仏界、善悪不二という仏教の思想に基づいています。禅宗は特に魔仏一如の考え方が強く、快庵が禅宗の僧であることも肯けます。

快庵は、鬼僧を「本源の心《もと》」に立ち返らせようと、翌日山寺に赴きます。着いたのは夕暮れ時だったので、泊めてもらうことにしました。夜が更けて月が昇り、闇夜は月明かりの夜となりました。怪異の前兆です。鬼僧は快庵を喰らおうと隈なく探しましたが見つけることができませんでした。翌朝、快庵は、「そなたを教化して本源の心に戻すために来た。私の教えを聞くか」、と言います。教えを聞くと言うので、自分が被っていた紺染めの頭巾を鬼僧に被らせ、「証道歌」の中の二句を与えました。

江月照松風吹　　永夜清宵何所為

(月は江を照らして影を水に映し、松風が吹いている。この永い夜の清らかな宵の景色は、何のためにあるのか)

「じっくりとこの句の意味を考えよ。意味がわかった時には、おのずと本来の仏心に巡り合うことができる」と、懇切に教えて山を下りました。

快庵が鬼僧を教化するために与えた二句は、唐の玄覚作の「証道歌」の一節で、禅の根本を説いたものです。この二句は、この景色は、何かのためにあるのではなく、自然のままの姿であるということを言っていて、人の目や耳を喜ばせるために、月が照り、松風が音を立てるわけではないのです。しかし、その自然のままの姿が、人の心を清らかにさせます。それが自然の摂理であり、それを感得することができれば、自ずから悟りが開けるということです。この二句が、自然の風物をあるがままの姿で受け容れよ、と言っているのであれば、それ以上の解釈はなく、解答不能な問題ということになります。鬼僧は、この解答不能な問題の解を求めて懊悩したわけです。「直くたくましき性」故に、ひとたびこの問題に取り掛かると、徹底的に懊悩します。この懊悩も妄執の一つです。妄執の対象が肉欲から「証道歌」の解釈に移ったに過ぎません。しかしその徹底的な迷いこそが、鬼僧の成仏の可能性を開くのです。

一年後、快庵が戻ってきた時に、鬼僧の様子を見ると、髭も髪も生え乱れ、雑草が絡み合い、すすきが一面に倒れている中で、蚊の鳴くようなか細い声で、二句を唱えていました。快庵はこれを見て、すかさず、「いかに、何のためじゃ」と一喝して禅杖で僧の頭を撃つと、鬼僧の肉体は氷が朝日にあたったように、消え失せ、青頭巾と骨だけが、草葉に留まりました。長い間の妄念が消え果てたものと思われます。「証道歌」の解への執着が、鬼僧を無我の境地まで導いていたのです。快庵の一喝と禅杖の一撃が、最終的に鬼僧の解脱を成就させたといえます。頭巾は、鬼僧を解脱へと導いた法力の象徴だったことがわかります。

鬼僧の所業を聞き、それが「直くたくましき性」のなすところとただちに見抜けたのは、快庵の心の中にも、何らかの鬼僧的なものが棲んでいるからだと思われます。快庵にとって鬼僧は、鏡に映った自らの像のような存在であったのかもしれません。快庵もまた、「直くたくましき性」の人であるのです。「青頭巾」は、実は分身と分身の巡り逢いの物語であるといえます。分身の鬼僧と巡り逢い、鬼僧を解脱せしめた時、快庵は自らの中の鬼を鎮め、悟りを得たのです。常に身を雲水にまかせていた快庵は末尾ではこの寺に定住したことが記されています。分身を求めてあてどなく続けられていた旅は、ここでようやく終止符を打たれたのです。

分身は、深層心理学では元型の一つである「影」にあたり、生きられなかったもう一人の自分ということで、欧米の文学でも分身のテーマが見られます。一例としてタイトルだけ挙げますと、英文学の『ジキル博士とハイド氏』（ロバート・ルイス・スティーヴンソン）、米文学の「ウィリアム・ウィルソン」（エドガー・アラン・ポー）などです。洋の東西を問わず、分身は大きなテーマであることがわかります。

⑨「貧福論」

あらすじ

陸奥の蒲生氏郷の家中に、岡左内という高禄の武士がいました。金をためることを愛する彼を吝嗇漢と憎む者もありましたが、左内が金銭を尊ぶのは、人を従えることのできる金の徳は、武士であっても軽んずべきではないという彼の哲学からでした。身分の低い奉公人が金一両を持っているのを聞きつけると、左内はその心がけを賞し、十両を与えて士分に取り立てます。そうして世の人も、左内が貪欲故に金をためるのではないことを知るのです。ある夜、左内の枕上に、小さな翁の形をした黄金の精霊が現れます。金の徳を軽んじる世の中への憤りを吐き出すため、金銀を尊ぶ左内と夜語りをしようとやって来たのです。左内は、富人の多くが貪欲残忍であり、逆に忠孝慈悲の人が貧しいのはなぜかと問います。精霊は、自分は神仏とは違う非情のものであって、善悪とは関わらない存在なので、たとえどんなに吝嗇で無慈悲な人間でも、金銀を大事にする者のところに集まるのだと言います。左内が、今の豊臣の天下の行く末に話題を転じると、精霊は、信玄・謙信・

信長・秀吉の戦国武将を富貴論の立場から評し、やがて徳川の世に改まることを示唆する詩句を唄い、消えていきました。

分析

岡左内は、武士でありながら金《こがね》を尊んでいました。時代は、秀吉の治世に設定されていますので、武士はなお戦国の気風が強く、勇猛さと軍略に秀でていることに価値が置かれていた時代にあって、刀の力に勝るものが金の力であり、金の徳であるという考え方を持っていた左内は、奇人でもあり、先見の明のある武将でもありました。使用人が一両ためたことを殊勝なことと褒め、褒美として十両与え、帯刀を許して士分に取り立てました。

そのことを知った黄金の精霊が、左内と夜話をしようとその夜左内の元へやって来ます。精霊は、日頃鬱積している思いを吐露します。「金持ちは必ず心がねじまがっている。金持ちは多くは愚人である」という、世間で一般的に言われている言葉は、いわれもない悪口であると精霊は言います。無慈悲貪欲な金持ちは例外的なごくわずかな人だけであって、昔の富人は、天の時を計り、地の利を見とって、自然に富貴となったのだと主張します。こうした立派な富人の伝は、『史記』の「貨殖列伝」に書いてあるが、後代の儒者は、この「貨殖列伝」が卑しいと言って謗《そし》るが、これは浅慮による批判だと言います。黄金の精霊の憤りは、富貴や金銭を蔑み、侮る者たちに向けられていますす。その代表が儒者・文人・武士です。聖人の道を説く儒学では、怪力乱心と同様に、金銭についても語られることは極わずかです。

しかし、悪人が富み、善人が貧しいのも事実なので、左内は精霊に、人の善悪と貧富はどう関わるのかと訊ねます。それに対して、金は、善悪という倫理・道徳を超えた非情の存在であるというのが精霊の答えです。天（儒教）・神（神道）・仏（仏教）は、人の善悪に関わる道ですが、金はそうした倫理規範とは無関係で、ただ大事に仕えかしずいてくれる人のもとに集まるのだと精霊は答えます。

秋成の時代は、商業資本は強大化し、金銭観に関して保守的な武士階級も、貨幣経済が発達する中で、商取引の重要性を認識することを余儀なくされています。儒者も武家も文人も、身に沁みついた致富蔑視の思想と現実の間で、揺れ動いているのが秋成の時代です。

左内は最後に、誰が真に天下統一を成し遂げるのかを精霊に訊きます。それに対して精霊は、人が心がけるべきは、倹約と吝嗇の境をわきまえることだと言います。家康は、天の時に従って富貴を得、倹約と吝嗇の違いをよくわきまえた、欠けるところのない武将であると言って、徳川の治世への礼讃で締めくくります。

❖『雨月物語』とは

今まで、長島弘明氏、井上泰至氏、元田與一氏の水先案内で『雨月物語』を見てきましたが、『雨月物語』の難しさと奥深さは、井上氏が指摘しておられるように、「知的遊戯」の精神に溢れているためだと思われます。何しろ『雨月物語』には「典拠」が多く、しかもそれを換骨奪胎して物語が紡がれているため、シェイクスピアの作品の豊かさと奥深さが感じられます。

そして「雨月物語」の内容に関しては、長島弘明氏が、江戸の怪談が行き着くところは、結局人間が最も怖いということであると言っておられるように、怪談物語の白眉とされる『雨月物語』の幽霊や妖怪は、現実の人間と同じく執着にとらわれ、苦悩を引きずる存在なのです。それは現世に生きる者の投影に他なりません。『雨月物語』の主人公は、幽霊や妖怪ではなく、私たち人間自身であると長島氏は述べておられます。『雨月物語』は、人を怖がらせることに主眼を置く娯楽的怪談の要素から出発しながら、心理的にそれを先鋭化することで、人間の本質に迫る文学になっていると思われます。

元田與一氏は、『雨月物語』と、秋成と親交のあった与謝蕪村の発句「己が身の闇より吼えて夜半の秋」との共通点を挙げておられます。この発句は、円山応挙（一七三三—九五）が描いた黒犬の絵に画賛を求められて詠んだものです。蕪村は、自らの内面世界をこの句に投影してしまったのではないかと思われます。闇に向かって吠え立てる黒犬は、自分の黒い姿に包まれた心の闇から叫んでいるというのですから、この句を詠んだ人の、心の闇を見つめる透徹した目を感じずにはおれません。黒犬を通して、「己が身の闇」＝「煩悩の闇」に横たわる拭い難い心の深淵に踏み迷うかのようです。確かに、『雨月物語』を包み込む世界が、この発句に凝縮されているかのような錯覚さえ覚えてしまいます。

最後に、『雨月物語』の分析を終わるに際して、長島氏が書かれた『雨月物語』の「あとがき」に書かれていることを要約して、まとめに換えたいと思います。

『雨月物語』の九篇の話の主人公たちに共通しているのは、激しい情念と、頑なまでの一途さ・

生真面目さであろうか。それゆえに彼らは、復讐や愛欲の虜になり、幽霊や鬼に変貌する。執着はたしかに彼らの身を滅ぼしてはいるが、それと引き換えに彼らはそれぞれに魂の純粋さを守り通している。男をつけまわす蛇が時にいじらしくみえ、人肉を貪る僧が時に崇高に感じられるのも、そこに理由がある。

4『怪談』

一九〇四年に出版された『怪談』は、小泉八雲（ラフカディオ・ハーン）が、妻・節子から聞いた、日本各地に伝わる伝説、幽霊話などを再話し、独自の解釈を加えて、情緒豊かな文学作品として蘇らせた十七編の怪談と、三編のエッセイからなる作品ですが、『怪談』の内容の紹介と分析をする前に、彼が日本へ来た経緯や、彼の文学の特徴等に簡単に触れておきたいと思います。

八雲の東洋への関心は二十六歳頃から芽生えていましたが、日本行を決断する大きなきっかけとなったのは、一八八五年、三十五歳の時に、ニューオーリンズ万国産業綿花百年記念博覧会の会場で、日本政府派遣の事務官服部一三と親交を結んだことと、一八八九年頃、イギリスの言語学者バジル・ホール・チェンバレンが英訳した『古事記』を読んだことだといわれています。そして、一八九〇年（明治二十三年）四十歳の時に、雑誌特派員として日本へやって来ました。一八九四年（明治二十七年）、四十四歳の時に、『日本の面影』が出版されましたが、これは彼が日本へ来て最初に出した、日本についての紀行文でした。ここには、明治以降、日本が失ってきたものが詳しく描かれています。それは、近代化の波に飲み込まれる直前の、慎ましくも誠実な庶民の生活ぶり、美しい自然、暮らしの中に生きる信仰心等です。

早稲田大学の池田雅之教授は、二〇一五年のNHKの「100分de名著」(注⑫)で、小泉八雲の『日本の面影』を取り上げられました。この中には、八雲を知る手がかりが沢山書かれています。これをまとめながら、『怪談』の内容も紹介し、他の研究者や私の考えも織り交ぜて、論を進めていきたいと思います。

❖八雲理解のキーワード「霊的なもの」(「ゴーストリー」)

池田氏は、『日本の面影』の中の「盆踊り」を八雲の霊的な旅の記録として着目されています。一八九〇年八月二十八日、松江に英語教師として赴任する途中、八雲は鳥取県の上市《うわいち》に投宿します。そしてその夜、近くの妙元寺境内の盆踊りを見学するのです。盆踊りは、亡くなった人の霊を呼び、その霊とともに踊り手が踊るものです。そうすることで、死者と生者が交流し、死者と生者の間に何か霊的な照応(コレスポンダンス)が起こると考えられます。盆踊りを体験した八雲は、その時自分の中に起こった不思議な感情について、感情とは、時、所に関係なく、生きとし生けるものの万物の喜びや悲しみに共振するものではないだろうかと言っています。彼は盆踊りで、ニューオーリンズやマルティニーク島で感じたのと同様の、懐かしい感情と感動を味わったのです。彼は、初めて見た盆踊りの舞いと唄声を通じて、人間と万物に共通する喜びと悲しみの情感をしみじみと感じ取ることができたのです。人間の感情とは、場所や時に特定されず、万物に共振するものであることを、盆踊りで再確認した八雲は、自分自身と出会う旅を続けながら、さらに日本と日本人の中へ深く入っていく契機を掴んだものと思われます。

八雲は、生者と死者との霊的な交流である盆踊りに強く感情を動かされました。池田氏は、生者と死者の間にある「霊的なもの」（ゴーストリー）とは何かを理解することが、八雲の文学を読み解く一つの鍵であると考えておられます。英和辞典でghostlyを引くと、「幽霊のような」「ぼんやりした」などと出ていますが、八雲はこの言葉をもっと広く、深い意味で使っています。八雲は後に、帝国大学で行った「文学における超自然的なるもの」という講義でこの言葉を取り上げているのですが、そこで彼は、古代英語でghostlyは、「霊の」「超自然的な」という意味も含んでおり、更に、宗教上の「神の」「聖なる」「奇跡的な」といわれるものも全てこの一語をもって説明していたと述べています。八雲にとって「ゴーストリー」とは、人間の内なる心＝魂を示す言葉でもあり、「神、宗教」をも表す言葉でもあるのです。

八雲の文学は、彼の魂とあらゆる存在物（超自然的なもの、自然や動植物、人間など）の内に宿る「霊的なもの」との響き合い、その照応によって生まれたものといえるでしょう。八雲は同じ講義の中で、「我々が幽霊を巡る古風な物語やその理屈づけを信じないとしても、なお今日、我々自身が一個の幽霊(ghost)にほかならず、およそ不思議な存在であることを認めないわけにはいかない」と述べています。そして、だからこそ、科学が進んだ今日においても、世界中の人々は霊的な文学に歓びと楽しみを見出すのだと論じています。つまり、私たちの中に、「霊的なもの」が存在しているからこそ、私たちは童話や昔話の夢の世界、そこに潜む妖精、妖怪、幽霊などに感応する想像力の翼を、何の不合理、不可解さを感じることなしに広げることができるのです。

　さらに八雲は、その「霊的なもの」の想像力の翼を、人、自然、異文化など、あらゆるものに対して広げました。合理的・効率的なシステムが社会に広がった今、私たちはつい物事を表面的に、機械的に判断しがちです。また、自分と異なるもの、複雑で一見わかりにくそうなものに対しては、すぐに心の扉を閉ざしてしまうこともあります。しかし、人が本当に感動したり、喜びを感じたりするのは、自分の中にある「霊的なもの」と、相手の中にある「霊的なもの」とが、お互いに響き合う、共鳴し合うということなのです。八雲の文学は、そのような霊的な魂の響き合いの大切さを、また、私たち自身がそのように響き合える「魂の共鳴器」を持っているのだということをも、改めて教えてくれているような気がすると池田氏はおっしゃっておられます。

　『小泉八雲作品集』（注⑬）を出されている平井呈一氏も、八雲文学を読み解くキーワードとして、ghostly を挙げておられます。平井氏は、「八雲と怪談」というまとめの文章の中で、池田氏も挙げておられた東京帝国大学での講義に注目されています。八雲がこの講義の冒頭で言っている「超自然の物語など、優れた文学の中ではすでに時代遅れのものだと考えるのは、大きな誤りだとわたくしは申したい」という文章は、八雲の怪談を考える上で、一つの重要な鍵であると平井氏は述べておられます。八雲はこの講義の中で、主として怪談の実作者としての立場から、文学・芸術における ghostly なものの重要性を強調し、その実例としてイギリス十九世紀の作家ブールワー・リットンの“The House and the Brain”（「幽霊屋敷」）（平井呈一訳）を世界最上の怪奇小説として挙げ、更に、夢と怪談の関係を分析し、全ての怪談は夢から出たものだと八雲が断定していることも平井氏は紹介しています。

次に平井氏が論究されていることは、なぜそんなに八雲が怪談を愛好し、なぜそんなに霊的なものに興味を持ったかです。一番考えられることは、八雲の生まれながらの気質、素質、性向であると平井氏はおっしゃっておられます。アメリカで新聞記者をしていた時代から怪談を病的なくらい愛好し、自分でも優れた怪談を書いていますし、ゴーチェその他の作家の書いた数多くの怪談の翻訳もしています。幻想的な傾向の強い人はロマンティストになる宿命的な条件が備わっています。ロマンティシズムが、人生に奇を求める一つの冒険的な精神活動であるとすれば、ロマンティストが奇談を好み、異国的なものを求め、冒険を愛し、怪談を愛好するのは理の当然で、ゴーチェが優れた怪談を書き、若いロマンティスト八雲がそれに深く傾倒したのは、これまた自然の結果であると平井氏は述べておられます。

八雲が日本へ来て、日本の風土や伝統、日本人の因習や信仰を日増しに深く知るにつれて、日本の風土と国民の信仰が、いかに怪談の貴重な温床であるかを知って、大きな喜びを発見したに違いないと平井氏は言っておられます。日本に取材した八雲の怪談には、粉本がありますが、八雲の怪談はそれらの逐語訳でもなければ、勝手に歪曲した翻案でもありません。筋を原作に借り、近代小説として足りないものを補って書いた創作と言ってもいいものです。どのように換骨奪胎したかの一例として、平井氏は、「和解」という作品を取り上げて解説されています。ここには、妻に不実をした男の悔悟と、死んだ妻の無私に近い純情が美しく書かれています。これは、原作の『今昔物語』には殆ど書かれていないもので、八雲が肉として加えたものです。そこには、男と女の、人間としての素朴な誠実の美しさと寂しさとが描かれています。この素朴な誠実の美しさと寂しさこそは、八雲が日本人の中に見つけて、愛おしみ、賛美したものであり、こうした人間的なものを捉えている点が八雲の怪談文学の生命であると平井氏は書いておられます。

田代三千稔《みちとし》氏が訳された『怪談・奇談』（注⑭）の中で田代氏が書いておられるハーンについての解説も大変参考になりますので、簡潔にまとめて紹介したいと思います。ハーンは生まれながらの詩人である上に、様々な思想に触れて、その影響を受け、人生に対して新しい目をひらかれたのだと田代氏はおっしゃっておられます。影響を受けた主な思想は、ハーバート・スペンサーの進化論と仏教の輪廻思想と神道の祖先崇拝の精神だといいます。ハーンはこれらの思想を融合させ、万物は無限に輪廻し、果てしない転生を繰り返していると考えます。従って私たちは過去に生きていた生命の断片の、限りない混合体であって、いかなる人間の思想も感情も、死滅した幾億兆の過去の人々の、感覚や観念や欲望の、集合ないしは再集合にすぎず、それゆえに、私たちの歓喜も恐怖も、そして恋愛の情熱すらも、全て既往の人々の数限りない生活を通じて蓄積された記憶の再現であり、また美的感覚も芸術的技巧も、祖先伝来の経験の復活にほかならないというような考え方を持つに至ったのだと田代氏は書いておられます。こういう観念からハーンは、あらゆるものの背後に、精妙な心霊の働きを観るという詩的な思想を抱くようになり、それが発展して、「万有は一なり」という汎神論的な世界観を持つに至りました。こうして彼は全てのものに対して愛を抱くようになり、夢を好み、怪談を愛し、美と真実を探求し、幾多の比類ない物語、随筆、論文を書いたのです。

『怪談』については、池田氏の解説を引用しながら見ていきたいと思いますが、『怪談』を書く前の、

『日本の面影』でも八雲が採集した日本の説話がいくつか取り上げられていますので、まずはそれらを紹介し、その後で、『怪談』の分析へ入っていきたいと思います。

『日本の面影』の中の怪談

『日本の面影』所収の「神々の国の首都」には、二つの話が紹介されています。一つは、松江の北東部、北田町の普門院に伝わる怪談「小豆磨橋《あずきとぎばし》」で、もう一つは、中原町の大雄寺《だいおうじ》の墓地にまつわる怪談「水飴を買う女」です。「小豆磨橋」では女の幽霊の男への復讐がテーマとなっていますが、「水飴を買う女」では、死んで亡霊となってまでも、我が子を守り、養おうとする母の永遠の愛がテーマです。両者のテーマは、後に八雲が『怪談』で結実させる重要な主題となっていきます。

「小豆磨橋」という作品は、普門院近くの橋のたもとに夜毎女の幽霊が現れ、小豆を洗っていましたが、そこで「杜若《かきつばた》の歌」という謡を聞くとその幽霊が怒り出し、歌った本人に恐ろしい災難が降りかかるので、決して歌ってはならないとされていました。ある時、怖いもの知らずの侍が大声で歌ったため、恐ろしい災難に遭ったという話です。この作品は、人間の側の死者へのタブーの侵犯、あるいは冒涜を描いています。八雲によれば、現世の人間と死後の世界（霊界）にいる幽霊との結びつきは、一つの契約で成り立っています。両者の契約関係を侵す者は、必ず霊によって復讐を受けることになります。この両者の霊的関係の主題は、『怪談』の「雪女」などでも深められていくテーマです。

「水飴を買う女」は、死んですぐに埋葬された母親の霊が、墓の中で生まれた子供のために、水飴を買いにきていたという話です。京都にある「幽霊飴」の話と同じです。八雲は、「愛は死よりも強し」でこの物語を結んでいます。八雲には幼年期に生母と生き別れた経験がありますが、彼が一生抱き続けたのは、ギリシャ人の母への思慕であり、その母を捨てたアイルランド人の父への憎しみでした。八雲は、「愛は死よりも強し」という言葉に、自分の母への思慕と、子に寄せる母の永遠の愛とを重ね合わせることによって、この古ぼけた民間伝承に、物語の生命を吹き込んだのだと、池田氏は分析されています。

「日本海に沿って」には「鳥取の布団」や「子捨ての話」が収録されています。

「鳥取の布団」は、小さな宿屋の布団から、「あにさん、寒かろう」「おまえ、寒かろう」という子どもの声が聞こえてくる話です。その布団を売った古道具屋に確かめたところ、その布団は、病で父母を亡くし、幼くして二人取り残された兄弟のものでした。最後に残ったその布団の中で、「あにさん、寒かろう」「おまえ、寒かろう」と互いを気遣っていたのですが、無慈悲な大家にその布団を取り上げられて、雪の夜に家を追い出され、亡くなってしまったのです。そのことを知った宿の主人は、その布団を寺に寄進し、お経をあげてもらって二人を供養しました。すると布団からは声は聞こえなくなったそうです。

「子捨ての話」は、夏目漱石の『夢十夜』の「第三夜」の子捨てのテーマと酷似していることから、漱石が八雲からインスピレーションを受けたのではないかとも推測されている作品です。八雲も漱石も、父親から捨てられたという幼年期の共通体験を持っていました。

こうして見てくると、八雲が最晩年の一九〇四年に著した再話文学の傑作『怪談』の萌芽は、来日から間もない松江時代にすでにあったことになります。そして、松江時代における「小豆磨橋」「水飴を買う女」「鳥取の布団」「子捨ての話」などの霊的世界への開眼と採話がなかったならば、後年の『怪談』は生まれなかったかもしれません。これらの話を採話し、再話化したことが、晩年の『怪談』に代表される芸術的達成へとつながっていったといえます。

それでは、『怪談』のいくつかのあらすじを追い、その後で、まとめて作品の分析に入りたいと思います。

5 『怪談』の中のいくつかの作品のあらすじ

『怪談』には次の十七の怪談が収録されています。「耳なし芳一のはなし」「おしどり」「お貞《てい》のはなし」「乳母ざくら」「はかりごと」「鏡と鐘」「食人鬼《じきにんき》」「むじな」「ろくろ首」「葬られた秘密」「雪おんな」「青柳のはなし」「十六ざくら」「安芸之介の夢」「力ばか」「日まわり」「蓬莱」。この中から、「おしどり」「お貞のはなし」「雪おんな」「葬られた秘密」「青柳のはなし」を取り上げて鑑賞してみたいと思います。

①「おしどり」

陸奥の国、田村の郷に村允《そんじゅう》という名の鷹庄がいましたが、赤沼でひとつがいのおしどりを見つけます。その日は獲物が獲れなかったので、おしどりを射てしまいました。その夜村允は恐ろしい夢を見ました。綺麗な女が枕元に立ち、泣いて訴えるのです。「どうしてあの人を殺したのか、あの人にどんな罪があったというのか、どれほど酷く、道に外れたことをなさったのか、ご承知なのですか。あなたはこの私のことも殺したのです。夫がいなくなっては、生きている空はありません。そのことだけ申し上げに参りました」そして歌を詠みます。

日暮れば　さそひしものを　赤沼の　まこもがくれの　ひとり寝ぞ憂き

あなたはご存じないのです。ご自分がどんなことをしたのか。あした赤沼へいらっしゃればきっとおわかりになります。

正夢だったのかを確かめるために赤沼へ行くと、メスのおしどりが泳いでいます。彼女は、村允の方へ向かって来て、自分の嘴で体をつつき、自ら命を断って果てました。

村允は剃髪し、僧になりました。

②「お貞のはなし」

新潟の町に医者の倅で長尾長生という男が住んでいました。父の友人の娘お貞が許嫁でしたが、お貞は体が弱く、十五歳の時、不治の病に罹り、死ぬ身とわかると永の別れに長尾を呼んでもらい、お別れを言います。「これは神様の思し召しなので、嘆かないと約束してください」と言います。「きっと二人はもう一度会えると思います」来世のことだと思った長尾に、「この世でもう一度会える宿世になっている」とお貞は言います。「あなたさえ本当にそうなることを望んでくださるのでしたら。ただ、そうなるためには、わたくし、もう一度子供に生まれ変わって、女にならなければなりません。待っていただけますか。十五、六年、長い年月ですわ。あなたは今年十九歳……」「お前のことを待つのはおれの義理。いや、義理よりも嬉しいこと。お互い、七生の間と固い約束がしてあるのだから。しかし、どうやってお前の生まれ変わりだとわかるのだ。なんぞ証拠か印でも言ってくれないことには」「それはできません。二人がどこで、どんなふうに出会うかは、神様か仏様だけがご存知のこと。でもあなたに私のことを心よく迎えてくださるお心もちがあれば、私はきっとあなたのお傍に帰って参れると思います」そう言って事切れました。

長尾は、お貞が生まれ変わって帰ってきたら、必ず二人は夫婦になるという堅い誓紙を書いて、位牌の脇に供えました。しかし、長尾は一人息子故に、父の選んだ娘を迎えました。お貞のことは忘れませんでしたが、お貞の面影は記憶から影を薄めていきました。そして歳月が過ぎ、その間に、両親は亡くなり、妻も、一人の子も亡くなって、一人ぼっちになりました。心の憂さを忘れるために、旅へ出て、伊香保へ辿り着いた時でした。旅籠で、お貞そっくりの給仕女と出会います。「私の名はお貞と申します。あなたは越後の長尾長生様でいらっしゃいますね。あなたの誓紙の通り、こうして帰って参りました」そう言うと、その場に倒れてしまいました。

長尾はこの女と結婚しましたが、彼女は、倒れる前に言った言葉を覚えていませんでした。それから、前の世に自分が何であったかということも覚えていませんでした。巡り会ったあの刹那に、ちょうど狐火か何かのように、ふと燃え上がった前世の記憶は、それ以降、不明になってしまったのです。

③「雪おんな」

武蔵の国に茂作と巳之吉という木こりが住んでいました。ある寒い夕暮れ、吹雪になり、二人は渡し守の小屋で一夜を明かすことにしました。そこへ雪おんなが現れ、老人の茂作の命を奪い、巳之吉に対しては、お前はまだ若いので死なせるのは可哀そう、今夜見たことは誰にも言うな、言ったら殺す、と言っていなくなりました。

翌年の冬、両親に死なれ、江戸の親戚のところへ行く途中だったお雪という娘と知り合った巳之吉は、彼女を嫁に迎えます。お雪は男女十人の子を産みましたが、いつまでも若く、瑞々しい姿をしていました。

ある晩、巳之吉はとうとう雪おんなのことを妻に話してしまいます。「それは私じゃ。子のことを思えば命は取らぬ。この上は、子供を大切に、大事に育ててくだされ。子供に憂き目を見せるようなことがあれば、報いがある」、と言って、お雪の姿は、白く、煌《きら》めく霧となって天へ消えて行きました。

④「葬られた秘密」

丹波の国の稲村屋源助という裕福な商人に、利発で器量よしのお園という娘がいました。京都へやり、行儀作法を学ばせ、長良屋という商人に嫁がせました。男の子が生まれましたが、嫁いで四年目にお園は病死してしまいました。

葬式が済んだ後、倅が言うには、かかさまもどってきて二階にいる。おれのこと見てにこにこ笑っていたが何も言わない。こわくなったので逃げてきた、とのことでした。二、三人で行ってみると、確かにいました。箪笥の前に立っています。箪笥の中には、お園の衣装や櫛、笄等《こうがい》、そのままにしてありました。首から肩まではよく見えますが、腰から下は薄く、全体は透き通っていました。箪笥の中のものに気が残って戻ってくるのだろうということで、それらを寺へ納めましたが、それでも戻ってきて、箪笥に見入っています。毎夜やってきました。禅僧に相談すると、そのあたりに嫁御の心にかかるものがあるにちがいないと考え、和尚は夜、番をしてみることにしました。子の刻に現れ、じっと箪笥に目を据えています。和尚は、お園の幽霊に協力を申し出て、探してやります。すると、一番下の段の中張りの紙の下から一通の文が出てきました。この文を焼いてしんぜようかと言うと、お園は頭を下げました。わしの他の誰にも読ませはせぬと約束すると、幽霊はにっこり笑って消えていきました。それは、行儀見習いをしていた時にもらった恋文だったのです。和尚の死とともに、その秘密は葬られたのです。

⑤「青柳のはなし」

十五世紀、能登の大名畠山義統《よしむね》の家臣に友忠という若い侍がいました。二十歳の頃、密使の命を受け、遠戚の京都の細川政元のもとへ行く途中、越前のやもめの母を見舞うことを許されました。厳しい寒さの中、馬で旅していた友忠は、柳の木の立っている陰にわら家を見つけ、しばしの休息を乞うと、翁が入れてくれました。そこの、青柳という名の娘をすっかり気に入り、嫁に所望し、青柳を連れて旅立ちます。当時は主君の許しがなければ婚《めあ》うことはできないし、美しい青柳を人に取られないためにも、隠しておきました。しかし、細川家の家臣に見られ、細川公に注進されてしまいます。細川公は漁色のくせがあり、連れていかれたので、友忠は、屋敷を抜け出して駆け落ちを頼む文を青柳に送ります。細川公に呼び出された友忠は、死を覚悟しましたが、細川公は漢詩で書かれたその文に感激し、二人の祝言をしてやる用意をして待っていたのです。

五年の楽しい月日の後、青柳は急に苦しみ出します。そして言います。「私共が夫婦になりましたのは、前世の約束事。この先も幾度か生まれ変わって、一緒に暮らせることと存じます。でも、この世の御縁はもう切れました。お念仏を唱えてくださいまし。私は人間ではござりませぬ。私の魂は、木の魂、心は木の心でございます。柳の生が私の命なのです。それをたれやら私の元木を切り倒しておりまする。それで死なねばなりませぬ」こう言うと、青柳は消えていき、衣装と髪飾りだけが残りました。

友忠は剃髪して仏門に入り、雲水となって諸国を遍歴し、青柳の霊のために祈念しました。青柳の両親の住んでいたところへ行ってみると、柳の切株が三株残っていました。友忠は、切株の傍らに経文を刻んだ碑を立て、三人の菩提のために供養しました。

『怪談』のテーマ

八雲の才能は、再話文学でいかんなく発揮されました。再話とは、既に存在している古典の原典を元にしつつ、自分なりの文体で語り直した文芸作品のことをいいます。再話文学の代表例としては、シェイクスピアの作品群、グリム兄弟のグリム童話、アンデルセンの童話の一部、芥川龍之介の「杜子春」「羅生門」、中島敦の『山月記』等が挙げられますが、八雲の『怪談』もその一つと言えます。

八雲の『怪談』の一つの特徴としては、自分の母であったり、知人であったりした死者が、妖精、妖怪、幽霊という姿をして現れてきます。八雲はそういったものと向き合いながら、内なる自分との対話、自分の内面への沈潜を行っていると思われます。それによって八雲は、長く抱えた自分の生い立ちにまつわるトラウマや心の傷を癒していったものと思われます。『怪談』は、そうした内面の告白、魂の遍歴をしるす自伝的要素を持つ作品でもあると池田氏は考えておられます。

『怪談』のテーマは、大きく五つに分類できそうです。「愛」「信頼」「約束」「共感」「不条理」がそれです。これらは、八雲自身が生きて行く上で大切にした価値観、倫理観だということができます。八雲はこれらのテーマを、再話という凝縮した物語で展開しました。しかし、八雲が再話に込めたこれら五つの倫理的価値観は、彼自身だけのものではなく、人間にとって普遍的なモラルといえます。『怪談』は世界中で読まれています。その理由は、そこに描かれているテーマが、人間の持っている普遍的なテーマであり、基本的な倫理観だからでしょう。

八雲が幼い頃、一人の女性が大叔母の家に逗留し、家のみんなからカズン・ジェーンと呼ばれていました。彼女は熱心なカトリック教徒で、八雲の素朴な質問に対して狂信的な暴言と振る舞いをしたため、八雲はジェーンを憎むようになりました。季節が巡り、彼女に再会したので、声を掛けて、振り返った顔を見た時、そこには顔はなく、あったのは、青ざめた、のっぺりしたものだけだった、という体験をしています。ジェーンに顔がなく、のっぺらぼうだったということは何を意味しているのでしょうか。八雲が憎み、怯え、彼女の死さえ願ったカズン・ジェーンへの脅迫的な気持ちが、のっぺらぼうという形で八雲の前に現れたのかもしれませんし、こののっぺらぼうは、存在すべきものがそこにないという、八雲の内なる不安のトラウマを象徴しているのかもしれません。この体験が、五十年近くを経た後に、『怪談』の「むじな」に登場するのっぺらぼうという「顔なしお化け」に結実したのではないかと池田氏は考えておられます。つまり、あるべきものが顔にない→いるべき人（母）が傍にいない、という喪失感と恐怖が、彼の文学の根底に流れている、と見ることができると思います。また、平家の亡霊と交流する『怪談』の「耳なし芳一のはなし」は、霊的世界と交信し、それを創作力の源泉としていた八雲自身の自画像と考えると、これも自伝的要素の一つといえます。また、物語に登場する女性像には、八雲の母ローザの面影が色濃く感じられます。

「雪おんな」は、「異類婚姻譚」という民話の型の中で、自然の精霊が人間の男と結ばれ、かつ裏切られ、元の彼岸の世界に戻って行くという悲劇を扱っています。「雪おんな」の主人公お雪は、人間の世界で長く暮らしながら、いつまでも美しく、若やいでいます。このイメージは、八雲の心の中で、決して老いることのない母ローザの面影を伝えているように思われます。しかしこの物語は、お雪が夫の裏切りに遭うところから、急転直下、一気にクライマックスへと向かいます。昔話特有のタブーの侵犯にお雪は遭遇するのです。すると、思わぬ夫の背信行為によって、お雪はもう一つの隠された女性性、狂気と破壊を現し始めます。彼岸の世界へ戻らざるを得なくなったお雪の悲嘆に暮れる姿は、息子ラフカディオをアイルランドに置いて故郷ギリシャに帰っていく母ローザの悲しみに通い合うものがあります。

雪おんなは、夫の巳之吉も子供も殺すことができずに彼岸へ戻っていった、極めて人間臭い、悲しみに満ちた霊的存在でした。ここに八雲文学特有の倫理観と哀感が流れています。このように、『怪談』に収められた作品には、人間の恐怖心をたんに煽るものではなく、何か人間の根源にある存在の悲しみや孤独感、畏怖心や愛しさの情感に訴えかけるところがあります。幽霊や妖怪の残忍さや酷さ、恐ろしさは勿論ありますが、私たちはそれ以上に、お雪のような霊的存在の持つ迫力や真実味に心を強く打たれるのだと思います。

同じように、「愛」をテーマにした作品の中でも、八雲のアニミズム的な思想をよく伝えているのが、「青柳のはなし」です。この作品は、柳の木の精の化身である美しい少女と人間の男の出会い、結婚、そして死別を描いた作品です。同時に、近代人が功利のために、いかに無慈悲に樹齢の長い木々までをも無造作に切り倒してしまうか、いかに無自覚に自然破壊をしてしまうかをも批判している作品でもあります。この作品の結末は、「雪おんな」と同様に、人間のひどい仕打ちに遭った青柳の壮絶な最期を伝えています。雪おんなであれ、青柳であれ、思いを寄せる美しい女性が突如消失するという恐怖感は、生母の突然の失踪という、八雲の痛ましい幼年期の体験と絡み合い、彼の作品で反復される基調となっています。八雲の文学が対象喪失の文学といわれるゆえんです。

『怪談』は、八雲自身が自分の心の傷を見つめなおし、癒していく作品集であったと思われますが、私たちにとっても、同じような効果や清涼感を齎すものでもあると思います。人間は誰しも、いろいろな悩みや傷、挫折感を抱えて生きています。それが、『怪談』を読むことで、どこか癒され、立ち直っていけます。『怪談』という作品には、そんな不思議な物語の持つ癒しの力が秘められているように感じられます。

八雲に、『怪談』のような傑作が書けたのには、二つの理由が考えられると池田氏は書いておられます。一つは温かい家族に恵まれたことと、もう一つは松江と出雲の存在です。

八雲は日本で、愛する妻と四人の子供たちに囲まれて、幸せな家庭生活を送ることができました。それは、温かな家族に恵まれなかった幼年期のトラウマや青年期の人間不信の気持ちを癒してくれました。特に、妻の節子の存在が大きかったと思われます。松江と出雲は、古代の神々の聖地であり、人々の暮らしの隅々にまで信仰が生きていた出雲は、「霊的なもの」と交信する八雲にとって、理想的な土地でした。また、彼が日本的な美しいものや日本人の誠実な心といった、美質に触れることができたのも、松江でした。

池田氏は、『100分de名著・小泉八雲』の最後で、八雲が現代の私たちに投げかけている意味に触れられ、彼から学ぶべきことは「オープン・マインド」と「マルチ・アイデンティティ」であると結ばれています。

「オープン・マインド」とは、文字通り「開かれた心」あるいは「開かれた魂」を意味します。これは、マイノリティの文化を偏見なく愛した八雲の心を表した言葉です。自分の五感を解き放ち、他者に対して温かな眼差しを持ち、他者に対して共感し、共鳴する心です。国や民族の違いを超えて、共に生きる。動植物とも一緒に生きる。八雲の存在と文学は、そういった共生のための視点を用意してくれています。

「マルチ・アイデンティティ」とは、自分のアイデンティティ（身元）が一つではなく、流動性があって、多様であるという考え方です。アイルランドとギリシャの混血児であった彼は、イギリス、アメリカ、日本等、自分が体験したその土地土地で、自己変革可能なマルチ・アイデンティティを有することができたのです。

私たち日本人は、昔から海外の文化を取り入れ、それらを咀嚼して、日本独自の文化に変えてきましたが、明治時代には西洋の後を追い、戦後はアメリカを追ってきました。つまり、日本人の異文化へのチャンネルは、いつも一元化していたことが共通しています。いつもその時のトップネーションにだけ目が向いていたのです。しかしこれからは、日本人も、いくつもの異文化へのチャンネルを持つ必要があります。八雲の作品を読み、その人生に触れることは、自分のアイデンティティを一元化しない世界観を作っていくヒントになるのではないかと思われます。

複雑な対立が渦巻く国際社会に生きる私たちが直面する課題は、いかにしてオープン・マインドを養い、「共生」という世界観を創り出し、それを共有していくかということだと思います。その課題に対して、小泉八雲という生き方は、私たちに大きな示唆を与えてくれていると思うのです。

◎注

①水木しげる『ゲゲゲの鬼太郎』完全復刻版全九巻、講談社、一九九六年
②桜をモチーフにした文学作品の知識については、平川祐弘・鶴田欣也編『アニミズムを読む―日本文学における自然・生命・自己―』（新曜社、一九九四年）に載った佐伯彰一氏の論文「現代小説の中のアニミズム―「桜」モチーフの軌跡」を参考にさせて頂きました。
③増田正造・戸井田道三共著『能をたのしむ』、平凡社、一九七六年
④これらの文は筆者が、こびあん書房の『読みのパノラマ』に載せた論文「ロジャー・マルヴィンの埋葬」についての一考察」より引用しました。
⑤フィリップ・アリエス『図説―死の文化史』、日本エディタースクール出版部、一九九〇年
⑥水木しげる『ゲゲゲの鬼太郎』完全復刻版、第五巻
⑦真倉翔・岡野剛共著『地獄先生ぬ～べ～』、コミックス版全三十一巻、集英社、一九九四～一九九九年
⑧『セーラーチーム公式ファンブック』、講談社、一九九六年
⑨『NHK文化セミナー・江戸文芸を読む（上・下）』、NHK、一九九四～五年
⑩元田與一『秋成綺想　十八世紀知識人の浪漫と現実』、双文社出版、二〇〇四年
⑪井上泰至『雨月物語の世界―上田秋成の怪異の正体』、角川学芸出版、二〇〇九年
⑫池田雅之『小泉八雲　日本の面影』、NHK100分de名著、二〇一五年
⑬平井呈一『全訳小泉八雲作品集第十巻　骨董・怪談・天の川綺譚』、恒文社、一九六四年
⑭田代三千稔『怪談・奇談』、角川書店、一九五六年

あとがき

本を書くということは、日頃漠然と思っていることを体系的にまとめてみる作業だと思います。そのためには、関連のある本をいろいろ読んだり、書くのに役立つテレビ番組を見たり、何かにつけテーマと関連づけて見たり、考えたりして毎日を過ごすことになります。

そうしているうちに、何をどういう順番で書いていったらいいかの大体の構想が整ってきて、大まかな目次を立て、それに従って文章を書いていく作業を繰り返していくことになります。

そのようにして出来上がった原稿を読み返していくと、最初漠然と思っていたことが、ある程度体系的に整えられたことがわかり、自分がいかに無知であったかを痛感させられるとともに、様々な感動的な物語を知ることができて、心洗われるような思いになりました。

感じたことのいくつかを書いてみたいと思います。

平安貴族が気にしていた主なものに、怨霊、雷、夢がありますが、当時夢は、未来の吉凶を示すものと信じられていました。そうした夢の、夢解きをするのも、陰陽師の重要な仕事の一つでした。安倍晴明が書いた『神霊感応秘蔵書』には、夢判断表がついています。

雷に打たれる夢は大吉で、人に引き立てられるか、官禄を得るといいます。夜明けや空が明るくなる夢も大吉で、寿命が延びるとされています。蝶の夢は凶で、蝶が飛んでいる姿は、万事が定まらない前兆で、相談事や商売は失敗するとされています。朝顔の夢も凶で、女性で苦労するそうです。当時の人々は、陰陽師に夢を占ってもらい、未来を予測し、来る吉凶に備えたといいます。悪い夢を見たら、それをいい夢に変える「夢違《ゆめたが》え」という呪法もありました。

近代になって、夢は無意識の声で、夢の告げる意味を悟り、自分の自我のあり方と照合し、生き方を改変すると、高次の統合的存在に変わることができるとユングは言っていますが、夢を記録し、夢を生きることで自己実現していった明恵上人は、ユングが唱えたことを十三世紀に既に行っていたわけですから凄いですね。

荘子の考えにも惹かれました。荘子の哲学は、ありのままを受け容れることですね。「私」を離れ、命そのもの、自然そのものと一体になることが、人間にとっての幸せで、そのため、奈良時代は「しあわせ」は「為合」と書いたそうです。「天が為すことに合わせる」という意味です。「ありのまま」とは、「もちまえを発揮している状態」のことで、芭蕉の句、「やがて死ぬ　けしきは見えず蝉の声」はそのことを表現していて、死を怖れず、直前までもちまえを発揮している蝉を詠んだ句です。

私たちも、この蝉のような生き方ができたらいいですね。

ある目覚めがあると、それまでのことは寝て見ていた夢も同然という意味で使われているのが荘子や禅でいう夢だと知りました。現実だと思っていたものも、やがて覚めてしまえば夢になります。状況が変われば意味が変わるということです。荘子のいう夢とはそうした現実のあり様であり、万物の変化の有り様のことなのですね。そういう目覚めがあると、今の時間もやがて夢になります。

このことが象徴的に描かれているのが「胡蝶の夢」で、私は今まで「胡蝶の夢」のことが今一つよくわからなかったのですが、この本を書く作業の中でやっと理解することができました。『地獄先生ぬ～べ～』の、立野広のお母さんの生まれ変わりの話を読んだ時は、とても泣けました。私自身涙脆い上に、歳をとってきて更に拍車がかかり、泣けたのだと思いますが、それは輪廻転生に憧れがあるからだと思います。この輪廻転生に男女の愛が加わると、鈴木光司の『楽園』のような作品が生まれてくるのだと思いますが、二〇一七年十二月に封切られた映画『DESTINY鎌倉ものがたり』では、死んだ妻を黄泉の国へ取り戻しにいく話も加わって、壮大なファンタジーを見せてもらい、とても感動しました。作家の一色正和と妻の亜紀子は、何度生まれ変わっても夫婦になる運命の、赤い糸で結ばれている夫婦ですが、黄泉の国の魔物の天頭鬼が亜紀子に惚れていて、黄泉の国へ連れ去ってしまいます。それを知った正和は、妻を取り戻しに黄泉の国へ行きますが、天頭鬼との闘いに負けそうになった時、亜紀子が貧乏神からもらった茶碗が飛んで来て、天頭鬼を倒し、二人は無事に鎌倉へ戻ってくることができました。亜紀子が貧乏神をもてなしていたことが幸いしたのです。情けは人のためならず、ですね。これがテーマなんじゃないかと思えるくらいです。

黄泉の国へ行った妻を取り戻しに行く話は、イザナミとイザナギや、エウリュディケとオルペウスの話等があり、両方とも悲しい結末ですが、一色正和と亜紀子の場合はハッピーエンドで、幸せな気分で劇場を後にすることができました。映画のファンタジーはエンタテインメントなのでそれでいいのだと思います。前世の自分がそっくりそのまま生まれ変わって、再び結ばれる。こういう形での輪廻転生は、共同幻想の一つでもあると思うのですが、こう考えた方が、幸せな気分で人生を送ることができますからね。

しかし、理性で考えれば、映画で見たような輪廻転生も、妻を黄泉の国から取り戻すこともありえないことで、私は、輪廻転生の本当の意味を、この本を書く作業の中で、仏教思想をわが物にした、宮沢賢治や小泉八雲に教えてもらいました。私たちは、過去に生きていた生命の断片の限りない混合体であり、私たちの思想も感情も、死滅した過去の人々の中に蓄積された記憶の再現であり、美的感覚や芸術的技巧も祖先伝来の経験の復活ということなのですね。そのような形で無限に輪廻転生を繰り返していくということなのですね。

この本を書く作業の中で、いろいろなことを知ることができましたが、私が知ったことは、浜の真砂の一握りに過ぎません。これからも学び続け、命尽きるまで物語を旅していきたいと思っています。

この原稿はパソコンで打っていったのですが、パソコン操作のわからないところは、妻の令に教えてもらいました。感謝しています。また、あさ出版編集部・宝田淳子氏には、編集の段階で大変お世話になりました。厚く御礼申し上げます。

佐藤　義隆

二〇一八年九月

参考文献

『夢の本』、(別冊宝島⑮)、JICC出版局、一九八六年
小此木啓吾『フロイト』、NHKブックス、一九七三年
山根はるみ『ユング心理学入門』、ごま書房、一九九四年
速水豊『シュルレアリスム絵画と日本―イメージの受容と創造』、NHKブックス、二〇〇九年
常石茂他編『中国故事物語』、河出書房、一九七二年
『三島由紀夫全集 21』、新潮社、二〇〇二年
『芥川龍之介全集 第二巻』、岩波書店、一九九五年
司馬遼太郎『胡蝶の夢』、新潮社、一九七九年
カルデロン・デ・ラ・バルカ『人生は夢』、大学書林、一九八五年
『バッタ・コオロギ・キリギリス大図鑑』、北海道大学出版会、二〇〇六年
『改訂新版 世界文化生物大図鑑 昆虫Ⅰ』、世界文化社、二〇〇四年
『難読誤読 昆虫名漢字よみかた辞典』、紀伊国屋書店、二〇一六年
松原哲明『仏教を読む② 宇宙観を開く 華厳経』、集英社、一九八四年
白洲正子『明恵上人』、新潮社、一九九九年
久保田淳・山口明穂校注『明恵上人集』、岩波書店、一九八一年
紀野一義『明恵上人 静かで透明な生き方』、PHP研究所、一九九六年
光岡明『恋い明恵』、文藝春秋、二〇〇五年
「善財童子の旅―『華厳経』を読む―」、NHK「こころの時代」、一九八七年
「さとりへの道―『華厳経』に学ぶ⑥ 今、ここに出会う」、NHK「こころの時代」、二〇一四年
鎌田茂雄『華厳経物語』、大法輪閣、一九九一年
宮沢賢治『インドラの網』、角川書店、一九九六年
ロジャー・パルバース「宮沢賢治『銀河鉄道の夜』」、100分de名著、NHK出版、二〇一一年

西角井正慶編『年中行事辞典』、東京堂出版、一九五八年
山本七平『日本的革命の哲学』、PHP出版、一九八二年
玄侑宗久『荘子』、NHK、100分de名著、二〇一五年
ウォルター・フリーマン著・浅野孝雄訳『脳はいかにして心を創るのか―神経回路網のカオスが生み出す志向性・意味・自由意志』、産業図書、二〇一一年
浅野孝雄『古代インド仏教と現代脳科学における心の発見―複雑系理論に基づく先端的意識理論と仏教教義の共通性』、産業図書、二〇一四年
「こころはいかにして生まれるのか―脳科学と仏教の共鳴」、NHK「こころの時代」、二〇一七年
宮城音弥『夢』、岩波新書、一九七二年
西郷信綱『古代人と夢』、平凡社、一九七二年
秋山さと子『夢診断』、講談社現代新書、一九八一年
ハンス・ディークマン著・野村美紀子訳『魂の言葉としての夢―ユング心理学の夢分析―』、紀伊国屋書店、一九八八年
遠藤祐『宮澤賢治の〈ファンタジー空間〉を歩く』、双文社出版、二〇〇五年
澤口たまみ『宮澤賢治　愛のうた』、もりおか文庫、二〇一〇年
重松清・澤口たまみ・小松健一共著『宮澤賢治―雨ニモマケズという祈り』、新潮社、二〇一一年
『宮沢賢治絵童話集　⑧　シグナルとシグナレス』、くもん出版、一九九三年
竹内薫・原田章夫共著『宮沢賢治・時空の旅人―文学が描いた相対性理論』、日経サイエンス社、一九九六年
大塚常樹『宮沢賢治　心象の宇宙論』、朝文社、一九九三年
川端康成『掌の小説』、新潮社、一九八九年
メベッド・シェリフ「圧縮と移動：川端の作品における夢」、東海学園大学研究紀要、二〇一一年
『筑摩現代文学大系　32　川端康成集』、筑摩書房、一九七五年
山崎甲一『夏目漱石の言語空間』、笠間書院、二〇〇三年
吉田敦彦『漱石の夢の女』、青土社、一九九四年
堀切直人『日本夢文学志』、沖積舎、一九九〇年

國文学編集部編『夏目漱石の全小説を読む』、學燈社、二〇〇七年
宮本盛太郎・関静雄共著『夏目漱石―思想の比較と未知の探究』、ミネルヴァ書房、二〇〇〇年
出口汪《ひろし》『夏目漱石が面白いほどわかる本』、中経出版、二〇〇五年
吉本隆明『夏目漱石を読む』、筑摩書房、二〇〇二年
内田道雄『夏目漱石―『明暗』まで』、おうふう、一九九八年
都築政昭『黒澤明の遺言『夢』』、近代文藝社、二〇〇五年
『ドストエフスキイ全集6』、小沼文彦訳、筑摩書房、一九六三年
『世界文學全集（22）　罪と罰』、中村白葉訳、一九二八年
『世界文学全集　第12巻　ドストエーフスキイ＝罪と罰』、米川正夫訳、河出書房、一九八九年
水木しげる『ゲゲゲの鬼太郎』完全復刻版全九巻、講談社、一九九六年
平川祐弘・鶴田欣也編『アニミズムを読む―日本文学における自然・生命・自己―』、新曜社、一九九四年
増田正造・戸井田道三共著『能をたのしむ』、平凡社、一九七六年
荻野昌利編『読みのパノラマ』、こびあん書房、一九九四年
フィリップ・アリエス『図説―死の文化史』、日本エディタースクール出版部、一九九〇年
真倉翔・岡野剛共著『地獄先生ぬ～べ～』コミックス版全三十一巻、集英社、一九九四～一九九九年
『セーラーチーム公式ファンブック』、講談社、一九九六年
『ＮＨＫ文化セミナー・江戸文芸を読む（上・下）』、ＮＨＫ，一九九四～五年
元田與一『秋成綺想　十八世紀知識人の浪漫と現実』、双文社出版、二〇〇三年
井上泰至『雨月物語の世界―上田秋成の怪異の正体』角川学芸出版、二〇〇九年
池田雅之『小泉八雲　日本の面影』、ＮＨＫ１００分de名著、二〇一五年
平井呈一『全訳小泉八雲作品集第十巻　骨董・怪談・天の川綺譚』、恒文社、一九六四年
平川祐弘編『小泉八雲　怪談・奇談』、講談社、一九九〇年
工藤美代子『ラフカディオ・ハーン　漂泊の魂』、ＮＨＫ人間大学、一九九四年
田代三千稔『怪談・奇談』、角川書店、一九五六年

著者紹介

佐藤義隆（さとう・よしたか）

1948年、父光儀、母タツの次男として、長崎県大村市に生まれる。

南山大学大学院文学研究科英文学専攻博士課程修了。

元岐阜女子大学文化創造学部教授。

著書 『物語が伝えるもの―『ドラえもん』と『アンデルセン童話』他―』（近代文藝社、2017年）

論文 「『赤毛のアン』の魅力を探る」「英語と日本語の語彙の比較」他多数

物語《ものがたり》を旅《たび》する
夢物語《ゆめものがたり》と妖怪物語《ようかいものがたり》

〈検印省略〉

2018年 10 月 22 日 第 1 刷発行

著　者――佐藤 義隆（さとう・よしたか）
発行者――佐藤 和夫

発行所――あさ出版パートナーズ
〒151-0053 東京都渋谷区代々木 2-23-1 ニューステイトメナー 929
電　話 03 (3983) 3227

発　売――株式会社あさ出版
〒171-0022 東京都豊島区南池袋 2-9-9 第一池袋ホワイトビル 6F
電　話 03 (3983) 3225 (販売)
F A X 03 (3983) 3226
U R L http://www.asa21.com/
E-mail info@asa21.com
振　替 00160-1-720619

印刷・製本 (株) シナノ

乱丁本・落丁本はお取替え致します。

facebook http://www.facebook.com/asapublishing
twitter http://twitter.com/asapublishing

ISBN978-4-86667-089-8 C0095